培文通识
大讲堂

中國論衡

系统动态平衡发展理论
与新十大关系

王曙光　著

图书在版编目（CIP）数据

中国论衡：系统动态平衡发展理论与新十大关系 / 王曙光著.
—北京：北京大学出版社，2018.7
（培文通识大讲堂）
ISBN 978-7-301-29574-8

Ⅰ.①中… Ⅱ.①王… Ⅲ.①中国经济-经济发展-研究 Ⅳ.①F124

中国版本图书馆CIP数据核字(2018)第102566号

书　　名	中国论衡：系统动态平衡发展理论与新十大关系 ZHONGGUO LUNHENG
著作责任者	王曙光　著
责任编辑	于铁红　周彬
标准书号	ISBN 978-7-301-29574-8
出版发行	北京大学出版社
地　　址	北京市海淀区成府路205号　100871
网　　址	http://www.pup.cn　　新浪微博：@北京大学出版社
电子信箱	zpup@pup.cn
电　　话	邮购部 62752015　发行部 62750672　编辑部 62750883
印　刷　者	三河市国新印装有限公司
经　销　者	新华书店
	660毫米×960毫米　16开本　20印张　245千字 2018年7月第1版　2018年7月第1次印刷
定　　价	49.00元

未经许可，不得以任何方式复制或抄袭本书之部分或全部内容。
版权所有，侵权必究
举报电话：010-62752024　电子信箱：fd@pup.pku.edu.cn
图书如有印装质量问题，请与出版部联系，电话：010-62756370

目 录

自序　系统动态平衡发展理论与中国未来 / 1

第一章　论新十大关系

　　一、政府与市场的关系 / 9

　　二、公平与效率的关系 / 14

　　三、速度与质量的关系 / 18

　　四、国企与民企的关系 / 23

　　五、新兴产业与传统产业的关系 / 29

　　六、东部与西部的关系 / 35

　　七、富裕与贫困的关系 / 41

　　八、城市与农村的关系 / 44

　　九、金融经济与实体经济的关系 / 48

　　十、国内战略与国际战略的关系 / 54

　　结束语 / 60

第二章　中国经济体制变迁的历史脉络与内在逻辑

　　一、引言：对经济体制变迁的不同模式的反省 / 63

　　二、中国经济体制变迁的历史起点与基本条件 / 67

三、中国经济体制变迁的内在逻辑和传统智慧 / 78

四、中国经济体制变迁的若干检讨和未来方向探讨 / 82

第三章　产业政策与经济发展：争议与变革

一、产业政策与国家角色：两次学术争议及其辨析 / 89

二、产业政策之国际视野：美国和日本 / 93

三、中国产业政策之检讨：效率与公平之争 / 99

四、中国农村银行业的转型与创新：政府和市场各自需要做些什么？/ 102

第四章　百年"国家—市场"宏观景观与中国农村金融发展

一、引言：国家与市场：百年宏观景观 / 106

二、国际上农村金融发展的历史阶段 / 112

三、中国农村金融的历史命运 / 115

四、中国农村金融的存量改革与增量改革 / 120

五、中国农村金融改革的顶层设计 / 127

第五章　中国扶贫开发的战略转型：习近平扶贫思想研究

一、包容式（普惠式）增长、机会均等与赋权 / 131

二、统筹区域发展和城乡发展，推动内生式扶贫，实现全面小康 / 137

三、实现精准脱贫，提高扶贫的精准性和可持续性 / 144

第六章　中国合作金融体系百年制度变迁与未来战略走向

一、发轫与彷徨：1918—1949，

合作金融体系在中国的早期发展与经验教训 / 150

二、辉煌与异化：1949—1979，

工业化与赶超战略背景下的合作金融使命与体制特征 / 152

三、回归与前行：1979—2003，

经典主义合作金融与修正主义合作金融之争 / 155

四、颠覆与变革：2003—2018，

从大历史角度看合作金融体系全面改制的利弊得失 / 158

五、农村商业银行未来战略走向：

三个结构的深化完善和三个视角的创新 / 162

六、倔强生长：草根金融的生命力在何处？ / 165

第七章　放大格局看转型阵痛期的中国经济

一、如何理解当前宏观经济增长的总体态势和趋势？ / 166

二、知变守常：企业家的变革精神与工匠精神 / 168

三、混合所有制构建的意义与民营企业的历史机遇 / 169

四、城乡一体化战略中的商业机遇 / 171

五、如何在"一带一路"战略中把握机遇：义乌奇迹和沙县奇迹的启示 / 172

第八章　中国金融文化的历史与现状

一、金融文化的三个层次 / 175

二、理解金融文化的两个维度 / 176

三、源远流长的中国金融文化：五个阶段 / 177

四、银行家精神和金融从业者的伦理文化建设 / 180

五、金融伦理与金融文化 / 182

六、建立以客户为中心的文化 / 183

七、走向世界的中国金融文化 / 185

第九章　中国企业家精神的历史、传承与创新

一、中国企业家精神的探讨与对"韦伯命题"的批判 / 188

二、先秦至今中国企业家精神演变的四大阶段 / 190

三、中国企业家精神与企业家的六大误区 / 196

四、在传承中创新：中国企业家精神的未来 / 197

第十章　中国供销合作体系与供销合作银行：可行性、问题与定位

一、中国供销合作体系的由来和优势 / 199

二、中国供销合作体系在构建金融实践方面的劣势 / 201

三、未来供销合作银行不要走农村信用合作体系的老路和弯路 / 203

四、未来供销合作银行组建的三大核心定位 / 204

第十一章　中国乡村建设的使命与村社内置金融

一、乡村建设的愿力与使命 / 206

二、宏观形势判断和乡建的黄金时代的到来 / 207

三、村社内置金融的内涵 / 209

四、村社内置金融的三大功能 / 211

五、万物并育，和而不同：乡建事业应有的心态 / 212

第十二章　中国农业文化遗产保护与开发

一、农业文化遗产对农业发展的意义 / 214

二、诸暨人文历史概观 / 218

三、千年古榧历史文化遗产的挖掘和描述 / 220

四、诸暨农业文化遗产保护与农业发展现状 / 225

五、诸暨特色农业产业发展存在的问题与发展趋势 / 227

第十三章　央企混改模式、股权结构与法人治理结构

一、央企混合所有制改革：联通模式的意义 / 231

二、国企混合所有制改革的基本模式 / 233

三、国企混合所有制改革更本质的变化在于内部治理结构 / 234

四、两种不同的混合所有制视角与两种不同的混合所有制改革模式 / 235

五、谨慎推进混改，绷紧国家安全和国有资产保值增值这根弦 / 237

六、国企混改、员工持股制度与激励约束机制 / 238

第十四章　中国金融大趋势与地方中小金融机构创新发展

一、中央金融工作会议的主要精神与我国当前金融领域的成就和问题 / 240

二、我国中小金融机构与农村金融机构发展面临的问题 / 251

三、我国中小金融机构和农村金融机构未来创新与发展之路 / 256

四、结束语：稳健与创新并重，治理与文化共进 / 257

第十五章　边疆民族地区普惠金融建设和金融扶贫机制探讨

  一、村镇银行企业文化、客户关系与边疆民族地区经营战略：
    鄂温克包商村镇银行 / 260
  二、锡林郭勒盟西乌珠穆沁旗：牧区金融特征与差异化监管 / 268
  三、赤峰市：公益性小额贷款机构的机制创新与转型 / 272
  四、河北康保：金融扶贫的六位一体机制创新 / 273
  五、乌兰察布市：金融机构风险控制、
    政府信用和农信社管理体制变革 / 276
  六、包头市达尔罕茂明安联合旗：制度创新、
    信用体系建设与省联社变革 / 279
  七、巴彦淖尔市乌拉特后旗：降低牧区金融成本，
    加大信用环境建设 / 282
  八、包头市：高新银通村镇银行通往卓越之路及其面临的问题 / 285
  九、鄂尔多斯乌审旗：生态建设、金融环境与机制创新 / 287
  十、阿拉善：推进金融扶贫，化解金融机构风险 / 290
  十一、银川：掌政农村资金物流调剂中心的创新与出路 / 299
  十二、总结：边疆民族地区金融发展成就巨大，任重道远 / 300

后　记 / 307

自序

系统动态平衡发展理论与中国未来

一阴一阳谓之道。这是中国古代对于事物矛盾发展规律的特有的观念：事物矛盾的两面总是在不断消长和变化之中。《周易》的"易"，其中既指"简易""不易"，亦有变易之意。事物内在矛盾既有"不易"的一面（事物的性质保持稳定、恒定和确定的一面），也有时刻保持动态变化的一面（事物），而且就其本质而言，万物无时无刻不在"变易"之中，未有绝对静止之时。中国人常说"知变守常"，其中"变易"是"变"，"不易"即"常"，"常"和"变"相伴而生。从最高意义上而言，"变"即是最本质的"常"，而"常"即是"变"本身。阴阳矛盾的互动造成了万事万物，其中所包含的道理极其简单易明，此谓之"简易"，即所谓"大道至简"也。

因此，从任何一个巨大的系统来看，动态平衡就是所有复杂事物内在的基本规律：就其稳定的一面来看，它应该保持一定的平衡，以维持其性质的相对恒定性；而就其变易的一面来看，事物要发展，就必须保持动态的发展，不可能保持绝对的平衡与稳定。系统动态平衡，就是从一个复杂的、巨大的"大系统"角度出发，在事物的运动中保持一种动态的平衡：既不是追求一种绝对的平衡（事实上也不可能有任何绝对的平衡），绝对的平衡不但于事物发展不利，反而会使事物处于一种能量衰退的境况之中，丧失事物发展的活力、动力和势能；也不能追求一种绝对的不平衡，当事物处于绝对的不平衡的时候，如同摆动幅度过大而超过一定限度的钟摆一样，会使事物陷于崩溃状态，整个大系统的基本稳定就会难以维持，这个复杂系统就会进行自我的否定，丧失原有的性质，而不是发展。

因此，系统动态平衡理论所要追求的状态，是既要使事物保持一种相对的不平衡，以使事物充满活力、动力和势能，使事物自身处于一种生机勃勃的动态发展状态之中，又要使事物本身保持一定的稳定性和平衡性，以保持整个事物的稳定，从不平衡走向新的更高级的平衡。因此，系统动态平衡理论强调的是：不过于追求平衡，过于平衡则亡；也不宜过于不平衡，过于不平衡亦亡。

中国就是一个巨大的、复杂的系统。治大国若烹小鲜，不翻容易糊，乱翻容易散。因此黄老所有的治国智慧，在于教我们掌握平衡与不平衡的辩证法，拿捏好这个动态平衡的度。中华人民共和国成立以来，我们经历了社会经济制度的巨大变迁，中国社会结构和经济结构发生了极为深刻的变化；改革开放以来，制度变迁的力度、强度也是极为罕见的，对中国社会经济诸方面的影响极为深远。制度层面的频繁变动，是整个系统具有巨大活力和动能的源泉，但同时也造成了系统的不稳定。然而要稳定是不是就不要变革了？恰恰相反，从不平衡和不稳定的系统状态走向相对平衡和稳定的系统状态，还要靠深刻的变革，这就是系统动态平衡理论的辩证哲学的要义所在。

一个国家的大系统所包含的问题，无外乎有三个：人和自然的关系、人和人的关系、人和自身的关系。我们可以透过这三大关系看今天中国经济社会体制的发展与变革及其影响。

从人和自然的关系来说，今天关于中国经济增长模式的争议就大多涉及这个范畴，外延式增长和内涵式增长、增长速度和质量的争论，无不与此相关。要实现绿色发展，要落实科学发展观，要在发展中保持人和自然的平衡与和谐，不能再以过大的生态代价来发展经济，这是我们在高速发展几十年后所获得的感悟。旧的发展观引发的环境危机、农业安全危机（化学农业所造成的农产品和食品危机）等已经危及民生，从长远来看更危及可持续发展和长期增长。人和自然不平衡了，人过多地剥夺了自然，过早地耗费了自然资源，现在人需要退一退，使人和自然的不平衡重新走向平衡。这就要求我们的增长模式实现变革，包括工业发展模式、农业发展模式、环境保护政策、资源利用机制等都要发生深刻的变革，才能把人和自然的关系重新搞得和谐一些、平衡一些。当然这个平衡，要动态地获得，不要走极端，不要追求绝对化，还要兼顾一下其他变量，要照顾系统的整体稳定，要在动态发展中解决。

从人和人的关系来说，我们今天热烈讨论的经济社会发展的公平和效率问题、收入分配问题、贫困和富裕的关系以及扶贫问题、城乡问题、东西部问题、族群问题，乃至于国企和民企关系问题，等等，本质上都是涉及人和人的关系问题。人和人的关系的不平衡，今天已经成为影响整个社会经济发展和系统稳定的大问题。这里面既有经济学意义上的发展战略的调整问题，也有政治学和社会学范畴的问题。我们要建立一个人和人的关系基本平衡的社会，建立一个人和人和谐的社会，而不是一个隔阂的社会、撕裂的社会、二元对立的社会。处理好人和人之间的关系问题，事关国家这个大系统的基本稳定，没有基本稳定，遑论发展？而人和人之间的关系的和谐，对于发展极为有利，可以降低发展的成本，降低发展的社会代价（社会震荡成本和社会摩擦成本），甚至可以说，人和人关系的问题的解决，可以为发展带来更多的机遇，可以激发更多的需求，激发更多的发展动力。我们以往的发展得益于一定的不平衡，打破原来的僵化的平衡，这在一定历史时期是对的；现在我们要从系统稳定的视角出发，矫正过度不平衡带来的弊端，并从不平衡到平衡的动态发展中获得更多的发展动力。今天中国的反贫困力度的加大、效率和公平兼顾方针的提出、区域发展战略的调整、城乡一体化和城镇化战略的推进、人口政策的改变等，都是从不平衡到平衡的努力，在这个调整过程中，所激发的国内需求和增长动力是无穷的。所以，人和人的关系解决得好，可以激发新潜能，释放新动力，形成新的改革红利，实现人和人的利益格局的再配置与再调整，为中国未来几十年经济的长远稳定增长奠定一个好的基础。

  人和自身的关系，是最深刻的关系。人与自身的和谐，是一切和谐的基础。这个问题，涉及极为广泛而复杂的学科体系，甚至可以说，就人和自身的和谐这个主题而言，它可以调动一切社会科学和人文科学的智慧，举凡心理学、社会学、经济学、政治学、法学以及艺术、哲学、文学等，都在试图为这个问题提供答案。人与自身的和谐，取决于人自身所具备的调整人与自我内心的一切矛盾的能力，使人处于一种均衡的、稳定的状态。这种状态体现为一个人的满足感、幸福感、获得感、安全感以及自我成就感；与这种和谐的状态相反的，则是匮乏感、绝望感、丧失感、危机感和自我否定感。而人所有的积极的感觉，即人和自身的和谐感，既有赖于外部因素（包括可见的、物质的因素，也包括不可见的、社会关系的因素），也有赖于内部因素的支撑。就人的外部因素而言，人类的各种制度安排（养老制度、保险制度、社会福利制度、医疗制度、教育制度，甚至信贷制度、财政制度等）都会影响一个人的幸福感和安全感，都会影响人与自身的和谐程度。所以我们千万不要以为"幸福"这样的心理状态仅仅是一个人自己内心的事情，实际上人作为社会的动物，其内心的幸福感从来就不是一个人自己的问题，而是牵涉到整个社会的制度设计与制度安排。一个没有任何社会保障和社会资本（社会交往所带来的特殊资本）的人，是很难有真正的安全感和幸福感的。但是外部制度条件仅仅是一个人与自身和谐的必要条件，而非充分条件。事实是，很多人尽管具备优厚的外部条件，具备极高的物质条件、社会地位带来的巨大社会资本、极为完善的社会保障等，但他仍然有可能是一个不具有幸福感和安全感的人。反之，有些人可能并不具备优厚的外部条件，但却很可能是一个幸福感和安全感更强的人。这就涉及一个人与自身和谐的内部条件，这个内部条件的具备，主要有赖于一个人内心世界均衡性心理结构的建立。这个均衡性的强大的内部心理结构的建立，本质上也是社会教育（或古代称之为教化）的产物。所以，我们就可以理解孔子的治国智慧：当他的弟子问他如何才能治理好一个地方时，他依序给出了三个答案：庶之、富之、教之。教化的功能，既有帮助人和人之间获得和谐关系的功能，更有帮助一个人获得稳定的均衡的内部心理结构的功能。"观乎人文，化成天下"，这是治国的最难的部分，也是至为重要的部分。一个国家的教化传统、文化积淀、传统意识、人文记忆，其落脚点，实际上都是为人与自身的关系和谐而服务的，此所谓立人之道、达人之道。富了就安了吗？富了就乐了吗？衣食足就知荣辱了吗？不见得。

中国正处在由一个"以发展为导向的社会"向一个"以均衡为导向

的社会"的转变之中。一个"以发展为导向的社会",从非均衡中汲取动力以保持平衡(就像我们前些年极为强调"保八"来维系整个社会的高速发展以避免社会危机);而一个"以均衡为导向的社会",是从均衡中获得长久发展的动力。在这个新的时期,不仅增长的动力源泉和增长的模式发生了转换,人和人的利益关系格局也在发生深刻变化,人和自身的关系同样发生着深刻的变化:一个焦灼的、汲汲于发展的社会,逐渐转型为一个稳健的、追求社会"良治"和人类"良知"的社会;一个强调竞争的、丛林规则的、结果本位的社会,逐渐转型为一个强调公平的、法治的、伦理本位的社会;一个浮躁的、追求外在物质满足的、以财富和资本为中心的社会,逐渐转型为一个从容的、追求内在心灵满足的、以幸福和自我实现为中心的社会。这是中国未来社会的总方向、大趋势、大潮流,顺之则昌,逆之则亡。

金秋时节,《中国论衡》订毕,是为序。

2017年9月23日秋分
王曙光于善渊堂

第一章

论新十大关系[1]

新中国在近 70 年的发展进程中,总体的表现是非常优异的,无论是从全球比较的横向的视角,还是从历史发展的纵向的维度,新中国的经济发展都可称之为人类历史上的奇迹,可以视为中华民族近代以来经济发展的一个重要转折点,一个改变中华民族命运的重要节点。在这个节点上,新中国以无比的勇气,在经济发展体制方面做出了很多创造性的制度安排,同时也付出了巨大的代价,从而赢得整个民族命运的转机。中国从一个一穷二白的工业基础极为薄弱的国家,重新回到大国经济角逐的核心,而且逐步赢得一个相当重要的地位,甚至可以在不远的将来重新回到康乾时代中国的位置,即经济总量占世界的四分之一强,且人均收入居

---

[1] 本文为作者 2016 年 12 月 8 日在北京大学经济学院研究生班上的课堂讲录,发表于北京大学中国与世界研究中心《观察与交流》2017 年第 7 期。

于世界的前列。这个愿景，现在看来是非常真实的，而不是一个虚幻的目标。

在经济追赶和快速工业化的进程中，当然中国走了一条非常特殊的道路。这条道路在整体上看是成功的，但即便如此，随着历史的变迁和中国经济地位以及经济形态的变化，这套发展模式也有着不断修正和不断创新的必要。而且更为严重的是，如果不对我们以前的发展模式做出彻底的深刻的反思，我们就不可能实现这种增长的可持续，甚至会造成社会经济发展的诸多严重后果。在中国这样一个超级复杂和历史超级漫长的大国，任何经济发展战略和政策的实施都应该经过仔细的权衡，所谓"治大国若烹小鲜"，需要极其慎重的考虑和极其高超的平衡术。

而中国在近70年的经济发展中，尤其在近40年来，"非均衡"成为一种典型的特征。这个不均衡，有其深远的历史背景，有其制度和文化背景，是历史地形成的，不是可以轻易地改变的。非均衡是中国经济发展的根本体制特征，当然也是一个文化特征。从绝对的意义来讲，任何经济体的发展都不可能是均衡的，经济总是在非均衡中寻找平衡，总是在非均衡的状态中实现发展。因此，我们所追求的，就必然不是一个静态的平衡的状态，而这种理想的静态的均衡也永远不会实现；我们所追求的，乃是一种动态的均衡，是在不均衡中逐步趋于均衡的一个动态的过程。而且，从经济发展的机制层面来说，某些不均衡的存在也是必要的，不均衡才能激发活力，激发创新，创造各种机会，使得经济社会超常规发展；就如同钟摆的摆动，如果左右力量完全均衡了，钟摆就不摆动了，也就失去了活力。但是钟摆也不可处于一种过度的不均衡中，它的不均衡要保持一个度，否则就难以维系其安全性和正常的运作。经济的道理也是一样。所以我们要客观看待非均衡，不要对经济发展中的非均衡一概以一种否定和批判的态度视之,这是不客观的。但是也不要听任这种非均衡发展下去,不要使这种非均衡影响整个体系的安全和稳定。也就是说,适度的非均衡是必要的和必然的,而过度的非均衡则是有害的甚至是危险的,应该加以矫正。这是我们今天谈十大关系的根本方法论前提,这个思维方法贯穿始终。

今天中国的发展处在一个重要的转折点上。体制机制的问题已经系统性地表现出来。因此,我们的制度框架和政策体系也要有系统性的变革,不能只是修修补补、敷衍了事,以至于拖延了时间,丧失了变革的时机。

今天讲十个方面:一、政府与市场的关系;二、公平与效率的关系;三、速度与质量的关系;四、国企与民企的关系;五、新兴产业与传统产业的关系;六、东部与西部的关系;七、富裕与贫困的关系;八、城市与农村的关系;九、金融经济与实体经济的关系;十、国内战略与国际战略的关系。

一、政府与市场的关系

最近学术界出现了几次激烈的学术争论,我认为所有争议的核心实际上围绕着一个焦点,就是政府与市场的关系问题。从经济史和经济思想史的角度来看,可以说政府与市场的关系问题是经济学中唯一的核心问题。在经济史中,从近一百多年的历史维度来看,实际上崇尚市场作用的经济自由主义和崇尚政府作用的国家干预主义这两种思潮,总是交替出现,互相消长,没有一种力量会绝对地在任何时间起主导作用;总是一段时间国家干预主义起主导作用,占据主流地位,而另一段时间则经济自由主义起主导作用，占据主流地位；而且这个特点在近百年以来特别突出，世界各个国家都是如此。从全球各个经济体的发展进程来看，各个国家在政府与市场关系中也出现了这种交替的现象，美国如此，欧洲如此，日本如此，俄罗斯也是如此。当代世界经济往往把市场和政府的力量融合在一起。

所以，凡是那种绝对地认为国家干预主义或者经济自由主义是不可怀疑的正确观点的说法，都是违背经济史真实规律的，都是教条主义的，不符合辩证的动态的观点。政府和市场，无外乎是经济发展的两种不同的推动力量和要素，一种力量在经济发展中发挥的作用过度了，就必然引发经济发展中各个层面的问题，从而逼迫经济体制必须发生变革，以纠正这种过度的不均衡的情况。比如说，在一个阶段，政府发挥的作用太多了，抑制了市场的作用，从而导致体制不灵活，人民的福利下降，经济增长的效率受到损失，因此就必须加强市场的调节，削弱政府的作用，矫正政府过度介入的情况，克服政府的一些弊端。同样地，如果一个阶段任由市场力量过度发挥作用，市场的自发作用导致社会经济发展极其不均衡，出现了社会公正方面的问题，导致垄断、贫富不均、公共品供给不足、社会混乱、国家经济社会二元结构突出，则应该进一步发挥政府的作用，加大社会公共品支出，防止垄断和社会不公，对市场力量进行矫正和监督。一个良性发展的经济，总是在政府和市场之间保持一种动态的平衡，政府和市场各司其职，发挥各自的作用，不缺位，也不越位。

当然，"把市场当作市场，把政府当作政府"，这句话，说起来容易，做起来很难，所以经济体制的调整，是一个艰苦的过程。政府跟市场的关系问题到现在为止，都没有得到很好的解决。有些学者提出，一个良好运作的经济体制是"有为政府加有效市场"，但是这个概括歧义很大。什么叫"有为的政府"？中国政府对经济运行的各个方面都进行了极其深入的介入，难道还不够有为吗？应该是非常有为了，但问题是这个"有为"怎么解释。有为"应该"是有所作为，不是乱为，更不是不为。"有为"这个词在中国的语境里面，并不是乱为的概念，并不是盲目瞎搞的概念，"有为"一般指的是正当且必要的作为，这叫"有为"。当然我觉得还不仅如此，因为在中国的语境里面，恐怕"有为"不仅是正确的作为，不仅是不乱为，而且意味着国家有主动性，其潜台词是国家要主动做事，主动介入经济发展的各个层面中。政府要有所作为，而且主动地、积极地有所作为。但是在这样的语境下，"有为"政府的界限就不容易厘清，政府的力量就容易发生偏差，就容易出现不当的介入。而且，在中国的历史中，官府（现在叫政府）本来在人们的心目中就天然具有超越市场的权威性，它的自由裁量权常常不受限制，因此提"有为政府"往往会引发决策层面和操作层面的很多扭曲，导致政府权力过大，跨越了"有为政府"本身应该具有的含义界限。

　　有为政府是不是就不顾市场呢？我们看到现在很多的做法都是这样的：政府很有为，地方政府和中央政府总是积极作为，但是对于市场的运作机制不够尊重（当然并非主观上如此），也不够熟悉，因此很多政府干预往往从良好的愿望出发，而收到消极的后果。这个问题我们在计划经济时期已经遇到了。毛主席那时候已经意识到，在社会主义计划经济的实施过程中，不能忽视市场的力量，应该客观看待社会主义计划经济与价值规律的关系，在执行计划经济的过程当中，还必须尊重价值规律，尊重交换规律，你不尊重价值规律的话，计划经济所赖以实施的很多交换关系如何体现呢，全部的计划是难以达到一个供求均衡的状态的。所以在计划经济执行的过程中，那个年代的领导人已经意识到不可能完全排斥市场的作用，不能不顾市场甚至完全取消市场。因此在改革开放之后，才提出以计划经济为主，以市场经济为辅，后来又提出"有计划的商品经济"概念；直到十四大即1992年才提出"社会主义市场经济"的概念，确立了社会主义市场经济体制。十八大提出"让市场在资源配置中起决定性作用和更好发挥政府作用"，这个说法具有原则性，也很巧妙，尤其是"更好"这两个字，值得好好思考，仔细研究。

政府如何在资源配置中发挥更好的作用？我认为还是要在政府发挥正当作用的时候多利用市场机制。也就是说，有为政府的各种正确的作为，要充分利用市场机制、依靠市场机制来达成，这样的"有为"就比较有效率，比较持久，比较节省成本，比较具有可持续性。比如说区域产业的调整。政府看到区域产业结构中的问题，就要想办法进行解决，但是解决的过程中要考虑市场的机制，考虑市场的可行性，要利用市场机制，而不要单纯依赖政府行政手段。前两年某市政府为了产业转移和环境保护的需要，要把大的钢铁企业搬到另一个省份，这是一个好的决策，但是这个过程一定要利用市场机制，否则就会适得其反，造成负面后果。现在很多报道披露，迁入地周围一片荒芜，政府从银行里拿到大量的贷款，大搞基础设施建设，结果最终成了一片空城，到处长满了草，建筑都成了烂尾楼，大量资金就浪费了。你想，这个城市钢铁工业的转移，是一个基本正确的决策，但是光靠行政体系是完成不了的，是没有效率的，产业转移一定要符合市场客观规律，否则就会在好的政策初衷下办坏事，就会事与愿违，造成大量的资金浪费、物质浪费、人力浪费。很多地方政府一厢情愿，盲目发展某种产业，或者盲目建设基础设施，结果造成很大的浪费，政府投资的效率很低，又没有可持续性。这方面我们的教训很多。政府现在很多行为是不顾市场规律的，甚至有时候是逆市场的。产业政策执行过程当中，我们也往往把对个别企业的介入和补贴等当作产业政策，其实产业政策本来不是这样的，产业政策应该是市场机制的一个辅助措施，它不应该行政化，而应该依靠市场机制来完成产业的转型，完成产业的升级和改造。

所以我觉得，在政府与市场的关系方面，我们可以检讨的东西确实很多。政府有时候过度地干预了市场，在某些领域出现了市场化不足的局面，有些领域还处于垄断状态，竞争不充分。未来应该继续加大市场化的力度，开放市场，让更多的民间资本进来，提高市场竞争度，降低准入门槛。但是另一方面，也存在另外一个极端，就是在有些领域出现市场化过度，政府该承担的使命没有完成，简单地甩给市场去办了，而市场在公共品领域是不灵的，所以又存在着政府缺位的问题。"有为政府"里面，政府既不能乱为，当然也不能缺位，不能不为。比如说在养老、医疗、基础教育、社会保障、乡村治理、反贫困、提供文化等公共品方面，政府应该做事情而不做，这个国家怎么办呢，公共品谁来提供呢？

当然，讨论政府与市场的关系问题，还有一个重要角度就是国家治理创新，这是十八大以来中央非常关注和重视的问题。政府要不要承担某项职责，这个问题可以具体讨论，但问题是政府怎么来承担正当的职责。最近大家都在讨论PPP。所谓PPP就是公私伙伴关系，叫Public-Private Partnership，指的是政府可以利用市场机制，与私人部门一道，来提供社会必需的公共品。比如说政府要改造一片贫民窟或者是棚户区，怎么办呢？原来的方法比较简单，就是政府用财政资金盖楼，楼盖好以后，让穷人住进去；但是这种方法成本比较高，政府承担的任务太大，而且有可能办不好。政府在举这样一项善政的时候就要考虑利用市场机制来解决。贫民窟和棚户区的改造，可以有很多商业性的运作方法，政府只做引领者，把银行、企业、基金公司等市场力量整合起来,通过招标和投标等形式进行竞争性的运作,创造一种商业化的机制,开发周围有商业价值的项目,使这些商业机构在参与政府这项善政的过程中获得一定的利益。这样的话,公私伙伴关系就形成了。

公私伙伴关系形成意味着政府的角色和治理国家的模式发生了变化,政府可以从原来单一的介入模式超脱出来,用市场化机制来提供公共品。这样既举了善政,又动员了市场力量,还节省了大量成本,避免了很多风险和政府本身因权力过大而造成的腐败等现象。实际上,对于反贫困等问题,政府也可以改变原来传统的做法,而改用市场化的方法,动员金融机构、企业和其他非营利组织共同参与,动员市场机制,购买私人部门的服务,这样的反贫困效率高,而且不容易滋生腐败。通过这样的公私伙伴关系和市场化机制,国家治理模式得到了深刻的变革,而国家治理模式的创新,又进一步解放了政府,使政府可以从很多繁杂的、具体的行政作为中解脱出来,去关注顶层的制度设计。如此,则乡村的医疗、教育、社会保障、养老、文化事业都会发展起来。这个方法已经在西方国家被广泛使用。所以,我觉得检讨政府与市场的关系,其核心是政府要有效地利用市场机制,而市场不足的地方,由政府来弥补;双方弥补各自的失灵,但是不要越位,政府也不能越位去办本来应由市场办的事情,但是该政府承担的公共品也不能简单推给市场,那就会出现政府缺位的问题。

二、公平与效率的关系

中华人民共和国成立近 70 年以来,公平与效率的关系问题一直是国家战略选择的核心考量。这一关系的调整大体经过了三个阶段。第一个阶段是 1949 年至 1978 年。在这个历史阶段，国家的核心使命是经济赶超和工业化，因此，国家在公平与效率关系问题上所持的政策倾向是"公平优先，兼顾效率"。新中国前三十年解决得比较好的是公平问题。1978 年之前，我国表示国民收入差异的基尼系数总体上在 0.27—0.3 之间，比较好地解决了公平问题，全体国民实现了收入的基本均等化，人群之间的差异变小，尤其是城市居民收入的基尼系数达到 0.16 左右，这是一个极其低的、在全世界都非常少见的收入差异值。一方面，新中国前三十年的公平问题基本得到解决，人民之间的公平感提高，但是代价也很大，就是对国民的激励不足，整个经济发展的效率并没有达到理想的程度。公平度太高了，就影响效率的发挥。但是我们在衡量新中国前三十年的效率的时候，不仅要从单个企业角度来考虑"微观效率"，还要从整个国家的工业化和赶超角度考虑"宏观效率"。从微观效率来说，就单个企业的效率而言，比较其他市场经济国家，确实低一些；但是从整个国家的工业化速度而言，我们的效率又是惊人的。新中国经过 30 多年的努力，就建立起比较完备的工业体系，这是一个极其重大的、值得骄傲的成就，也是全世界的经济史学家们都认同的成就。所以分析这个问题时要考虑两个效率，一个是宏观效率，一个是微观效率。从微观效率上来讲确实是不高，但是宏观效率还是蛮高的，我们快速建立了工业化，用三十年时间走过了西方发达国家两百年的道路。

第二个阶段是 1978 年到 21 世纪初的这段时间。在这个阶段，为了解决效率问题，我们制定了"效率优先、兼顾公平"的发展战略，打破了铁饭碗，重视了激励机制的构建，企业实行优胜劣汰，"允许一部分人先富起来"的政策更具激励性，人和人之间的差距开始拉大，社会经济的活力激发出来。在这个阶段，企业的效率开始提升，社会运转的效率大大提高，整个社会充满活力。同时，也出现了收入差距拉大、贫富差异扩大、社会不公等弊端，效率问题在这个阶段得到比较好的解决，但是公平问题处理欠佳，社会正义、社会公平和平等出现失衡，整个社会的和谐和均衡受到严重影响，导致社会的二元结构和贫富之间的矛盾越来越突出。我国目前的基尼系数，根据学术界的研究，达到了极高的程度，在世界上遥遥领先，这是一个必须重视的现象。北师大李实教授团队的研究成果表明，我国总体上的国民收入基尼系数在 0.55 以上；西南财大甘犁教授课题组调查结果，城乡家庭人均收入基尼系数为 0.61；北京大学谢宇教授课题组的研究成果表明，中国城乡居民财产的基尼系数为 0.73。虽然每一个学者的研究不可能在抽样和方法上尽善尽美，但是却共同指明了一个事实，就是我国现在的社会公平问题和贫富差距问题已成为一个巨大的、不容忽视的问题。这个问题导致社会的撕裂、人群的对立、社会的不和谐，已经极大地影响了我国经济社会的可持续发展。

第三个阶段是 21 世纪初至今。在这个历史阶段，我国经济发展到了一定阶段，国民收入总量已经位居世界第二，人均收入提升很快，开始逼近中等发达国家水平。在这个历史阶段，国家战略发生了深刻的调整，由"效率优先，兼顾公平"，过渡到"兼顾效率与公平"，更加重视社会公平正义。

我们今天面临一个重大问题，就是怎么来处理公平和效率的问题，重点是如何处理社会公平正义的问题。多年来我们光强调效率，结果忽视了社会的公平正义，引发了很多深层次的问题和大量的社会矛盾，甚至出现很多矛盾激化的恶性事件，不少恶性事件的根源是社会公平问题没有得到很好的解决，社会上老百姓的怨气很大。我们现在从公平效率的平衡角度来讲，不应该再提效率优先了，而要既关注效率，关注经济增长，又要关注社会公平,把公平和效率放在同等重要的角度来考量。经济增长和效率提升不能以丧失公平为代价,不能以社会的撕裂和对立为代价。假如解决不了公平问题,可能就会极大地影响经济发展的效率。中国存在大面积的贫困地区,地区差距很大,人均收入如此不均衡、不平等,对经济发展的掣肘效应,大到不可估量,更不用说它对社会安定与和谐所造成的影响。中国如果把用在维稳上的巨大支出用于社会和谐发展,用于促进社会公平,其效果要好得多。公平问题解决好了,对经济发展是大有好处的。低收入人群每增加一块钱所产生的边际消费需求,比富人高得多;低收入人群的消费倾向高,他们的收入增加之后,会极大地提振经济中的总需求。所以为什么中国经济现在出现萧条、疲软和内需不足的情况,我认为很重要的一个原因在于中国发展太不均衡,社会公平做得不够好,低收入人群的收入低,贫富差距大,消费需求难以提振。

要提振经济,增加有效需求,一个有效的方法就是提高低收入人群的收入水平,也就是在民生方面要多考虑。民生问题解决得好了,低收入人群的社会保障、养老、教育、住房、基础设施等问题解决好了,就会极大地刺激社会的总需求,这对经济发展的促进作用是很大的。未来中国的快速发展将更多地依赖于民生问题的解决和公平问题的解决,在民生建设领域多投资,让民生更加好一点,社会公平和正义解决得好一点,经济发展肯定就会快一些,在这方面我国的潜力很大,有巨大的需求空间还未被充分地挖掘。所以我认为,公平就是效率,民生就是发展,这两个方面是一个辩证的相互依存的关系。很多地方棚户区改造之后,激发了大量的社会需求,包括家电、建材、日用消费品等,刺激了当地产业的发展和社会配套服务业的发展。把民生问题解决好了,把农村的基础设施和公共品提供到位了,就会引发巨大的投资需求和消费需求,中国过剩产能的问题就会在一定程度上得到解决。所谓的供给侧改革，如果没有国民旺盛的需求，怎么有动力去改进效率？所以我认为还是要从公平的角度，让这个社会更加均衡发展，不能以牺牲公平来提高效率，一个不公平的社会最终是没有效率的。

当然，这并不是说要以损失效率来求得公平，经济发展和效率提升本身也是公平的前提之一，没有社会经济的可持续发展，公平问题也很难得到彻底的有效的解决。只有在发展中解决公平问题，在动态的平衡中解决社会正义问题，才是有效的办法。在对待公平和效率的问题上，我们要反对两种极端的观点。一个是民粹主义和平均主义的观点，就是要绝对地实现社会公平，把公平视为绝对的、静态的，这种主张绝对平均主义的民粹主义观点，会误导社会舆论，同时对公平问题的真正解决也是无益的。第二个观点是认为我国的社会公平问题能够自然地在经济发展中得到解决，不必过于担心，甚至认为关注公平会妨碍发展，这种观点也是错误的。持这种观点的人不懂得社会公平与经济发展效率之间的辩证关系，不懂得两者之间的互相依存、互相促进的关系，没有充分认识到社会不公对经济可持续发展的掣肘效应。

未来要系统解决社会公平问题，需要在收入分配体制、财政体制、税收体制、区域经济发展战略、反贫困战略等方面进行通盘考虑，制定系统性的、兼容性的政策框架，综合运用各种手段调节国民收入差距，但又要掌握一个合适的度，不以损害增长和效率为前提实现社会公平。

三、速度与质量的关系

经济增长的速度与质量的关系问题，是中国在经济发展过程中面临的老问题,也是极难处理的一对矛盾。中华人民共和国成立之初的几十年,我们的底子薄,基数小,因此经济发展的速度很快,工业化和赶超战略的实施速度极快,使中国迅速摆脱了一穷二白的落后面貌,扭转了1949年之前积贫积弱的局面,中国踏上了快速增长之途。在1949年之后的二十余年中,中国一直保持赶超和跃进的姿态,经济社会迅猛发展,速度前所未有,其功绩需要充分肯定。但是,其弊端和后遗症也是明显的。

改革开放以来,我国的经济增长速度持续加快,连续三十年保持了9%以上的增长速度,这在全球经济发展史上都是罕见的,可以说创造了"中国奇迹"。高速度在我国发展中发挥着巨大的作用,有了高速度,就有了国民收入的迅猛增长,有了经济总量的大幅度扩张,有了国民福利的迅速提升,有了比较充分的就业。所以在很长一个历史时期,我国十分注重经济发展的速度,速度成为经济发展的重中之重,甚至在决策层面把速度作为经济发展的第一追求,很多年把"保八"提高到战略高度。为什么特别重视"保八"?其根本原因在于,在我国经济发展的一定历史阶段,如果没有较高的增长速度,就业问题就难以得到很好的解决,失业率一旦提高,就会引发社会各个方面的严重问题,引发社会动荡。同时,经济发展的速度下滑,也会给整个社会一个消极的预期,给政府带来巨大的舆论压力。因此,很多年以来,"保八"成为经济发展的基本目标,"速度决定论"成为大家的共识。

在这种社会氛围底下,大家过于关注经济发展的速度,对于增长率十分敏感,一旦GDP增长率下滑,整个社会就会非常紧张。民众已经习惯于高的增长率,统计部门于是就要满足民众的这个心理期望,在统计数字方面大做文章。几十年的高增长,从一方面来说当然是好事情,但是也会带来很大的弊端,就是增长的质量往往低下。地方政府为了保持快速的增长，往往以拉动投资为突破口，政府投资平台发挥了巨大作用，但是地方政府的投资往往并不特别重视投资效率和投资质量，因此大量的投资，从成本—收益核算的角度是不合算的，造成了资本和人力的巨大浪费。片面追求经济增长的速度，也导致地方政府的行为失当，政府直接介入经济发展和企业发展，直接命令商业银行给企业贷款，从而引发"政府—银行—企业"关系的错位，扭曲了市场机制，导致发展不可持续。片面强调经济增长的速度，忽视经济增长的质量，使得我们的经济发展的代价很大，付出的成本很高。比如今天我们遭遇的严重的环境问题，雾霾问题，饮用水问题，等等，都与这种片面追求高速度的增长模式有关系。片面追求高速度，大量投资下去而不顾质量，不仅没有可持续性，带来的环境成本和福利成本也特别大，我们又要花费巨大的成本去治理环境污染，老百姓要花更多的钱去治病，国家财政在医疗保障方面也会付出更多的资金。

20世纪90年代初，克鲁格曼曾经在美国《外交季刊》上发表了一篇质疑亚洲奇迹的文章。他认为亚洲的所谓增长奇迹是建立在大规模资本投入和劳动力投入的基础之上的，但是从投资效率和投资质量角度来说，亚洲国家单位投资所生产的GDP是比较低的；投资效益低，就导致这种增长奇迹不可持续。亚洲奇迹不是建立在技术创新的基础之上的，所以这种奇迹比较脆弱。结果三四年之后，克鲁格曼的预言果然应验。真正可持续的经济增长和高速度，一定是建立在技术创新的基础之上，而不是仅仅靠投入巨大的资本。当然，克鲁格曼这篇文章并没有深刻指出亚洲国家在体制机制上的深层弊病。

在持续半个多世纪高歌猛进的高速增长之后，我国经济发展进入了一个崭新的阶段。在这个阶段，我们不仅要使得经济以一定的较高的速度增长，而且要特别注重经济增长的质量，注重经济增长的效率，注重经济增长与环境保护的很好结合，注重经济增长的长期可持续性。在"好增长"和"坏增长"之间，我们要选择"好增长"，而摒弃"坏增长"。我们已经知道并不是所有的高速度都是好的，高速度如果以严重雾霾为代价，那么这种高速度只能带来更大的社会矛盾。所以这几年，我们更加强调"科学发展观"，更加强调人与自然的和谐发展；尤其是十八大之后，我们更加强调"适度快速增长"，要在经济增长的同时实现环境的改善、投资效率的提升。

这几年我国经济增长率明显下滑，2016年可能会在6.9%—7%。而且我估计今后还会慢慢下滑，在未来十年左右，会达到5%—6%的增长速度。但是这个成绩已经很好了。2016年的6.9%的增长速度，是在产业结构得到深刻调整、单位GDP能耗不断下降、就业目标基本实现的前提下实现的，我认为是一个好的迹象。虽然经济增长速度下滑了一些，但是这种增长模式已经在向好的方向调整，所以下滑是好事情，不值得忧虑。为什么要放慢速度呢？就在于我们不能再以牺牲质量来追求高速度了，不能再牺牲环境和公民福利来追求高速度了，单纯追求高速发展带来的负面影响越来越大。

关于增长速度和质量问题，我们首先要认识到，这是一个发展阶段的问题，不要单纯指责高速度，因为在一定历史阶段高速度是必然的，质量问题被忽视也是必然的。从某种意义上来说，重视高速度是赶超国家的普遍特征。赶超国家发展空间和潜力大，因此粗放型增长带来经济复兴和经济增长质量低并存之局面。但是一旦跃上中等发达国家收入水平后，高增长自然会变成中等速度的增长，此时增长质量更为关键。这是一个自然的变化，不是人为的。在这个阶段，增长模式要转换，产业要升级，环境和福利更加被重视，粗放型的增长就变为集约式的增长和可持续的增长。

这个变化，是历史的变化，是不可能超前的。

当前我国要重视经济增长的质量，但并不意味着就完全地、绝对地不要较高的速度。最近我看到一篇文章讨论雾霾的问题，作者的观点很鲜明，你可以不要雾霾，可是你必须接受4％的增长速度，可不可以呢？如果你能忍受的话，很多工厂就可以停工，高污染行业可以很快倒闭破产，这样每天就基本可以享受蓝天。可是，如果经济增长速度是4％—5％是什么概念呢？那就是很多人可能就没饭吃了，很多家庭的收入就没有了，就会出现数千万人的失业，就会引发更大的社会矛盾。因此，在吃饭与好天气之间，我们有一个权衡。所以我想，增长速度和质量是一个辩证的关系，高速度带来了中国的繁荣，带来了低收入家庭的衣食无忧，当然也带来很多负面效应。现在我们到了一定的发展阶段之后，要更多地追求质量，可能要牺牲一点速度，需要在动态中把握这个平衡，为那些因为经济结构调整而出现的失业人口找到出路，通过技术创新和产业结构升级为他们找到新的就业门路。这样的话，增长速度下滑带来的负面效果就会大大降低。我们应该把速度和质量这两个目标均衡起来，在保持一定增长速度的动态过程当中，提高增长的质量。

中国目前保持较高增长速度的前提是继续释放改革红利，使潜藏在某些领域的活力可以得到进一步激发，这方面的潜力还是巨大的。为此我们要不断简政放权，减少行政干预，鼓励企业创新。同时要打破垄断，鼓励更多社会资本进入垄断领域，激发经济发展的活力。我们还要通过制度创新，改善全民的创业和创新环境，使经济得到较快的发展。当然，提高增长质量和投资效益更为关键。为此国家要提高企业的环保标准，深刻改变政府的行为方式，要从单纯刺激增长中退出来，鼓励企业的技术创新，鼓励产业结构的升级改造，淘汰落后产能。对地方政府的考核指标体系也要彻底改变，不要"唯 GDF 论"，而是要把环境保护作为考核的重要指标，注重投资的环境效应。

四、国企与民企的关系

构建混合所有制经济是我国经济体制改革中的一项系统工程，涉及我国经济所有制的变革、国有企业的改革和国有资产管理体制的创新。因此，混合所有制改革，相当于再造国基，其重要性和战略意义不言而喻。然而对于混合所有制改革的具体内涵，对于如何推动混合所有制改革，不同学者有不同的看法，在国家层面和业界也意见纷纭。不厘清混合所有制的内涵，我们在推动混合所有制改革的具体操作层面，就会出现一些偏差。

学术界对混合所有制的理解，概括起来可以分为两个视角：一个是宏观视角，一个是微观视角。所谓宏观视角的理解，是从整个国家的所有制构成来看，既有国有经济，又有民营经济，那么这个国家的所有制就可以称之为混合所有制，这个经济体就可以称之为混合所有制经济，或者说混合经济。自二战之后，实际上很多西方国家也建立了大量的国有企业，经过经济自由化浪潮之后，很多国家至今还保留了若干的国有企业。日本是如此，美国也是如此。纯粹由私人经济构成，而绝对排斥国有经济形态的经济体，在这个世界上并非常见，大部分国家都是既有国有企业，又私营企业，这就形成了一种混合型的所有制、混合型的经济形态，当然在不同国家国有经济和私营经济的比例是不同的，不可一概而论。中国当前的经济形态，就是一种典型的混合所有制经济；我国既有国有经济，又有民营经济，国有经济和民营经济大约三七开，这种经济形态和经济所有制，就可以称之为混合所有制经济。以上说的是宏观视角的混合所有制。在西方主流经济学界，混合所有制经济就是这样理解的。

目前在中国学术界对于混合所有制经济有一种理解，认为混合所有制是指在一个企业中，既有国有经济股份，又有民营经济股份；也就是说，在一个企业内部掺杂了国有和民营两种不同性质的资本，这才叫混合所有制经济。这种微观视角（即在一个微观企业内部）的理解，与西方主流经济学界的理解大相径庭，但是在中国经济学界和中国的决策层，这种观点非常普遍，甚至是更加流行的概念，这种倾向不能不令人深思。从微观层面来说，企业（无论是国有企业还是民营企业）是一个独立的法人实体，其资本构成即所有制构成如何，要看企业本身的具体条件和它面临的外部约束，到底是否在一个企业中纳入别的所有制的资本，需要企业视自身情况做出独立的决定。一个国有企业，在自己的资本构成中是否纳入私营资本，需要由这个国有企业根据自己面临的约束条件来决定，而且一般而言，在外部资金能够解决自身问题的情况下，企业是不能轻易通过改变资本构成来解决自己的问题的，所以国有企业在引入民营资本的时候应极其慎重才行，要尊重国有企业的独立决策。一个民营企业也是如此。它在自己的资本构成中是否引入国有资本，也要视自己的约束条件而定，不会轻易引入国有资本；因为一旦引入别的性质的资本，其内部治理结构和决策机制就会发生深刻的变化。在西方主流经济学界看来，这种微观视角的混合所有制经济是不能轻易实现的，企业作为一个独立的微观经济主体，它的决策是独立的，资本构成的改变对任何一个企业而言影响都极其重大，不能轻易改变。

当然，微观视角的混合所有制经济之所以在中国比较普遍，甚至成为一种比较主流的存在，跟目前中国的经济形态有直接的关系。中国目前正处在国有企业改革的关键时期，国有企业的内部治理机制急需改善和规范，因此就希望通过引入民营资本来实现这个目标。但是引入民营资本，需要出于国有企业个体的独立的决策，不宜通过自上而下的行政命令，也不可一哄而上，不可拉郎配，要注重市场机制，尊重市场规律，要使得国有企业在引入民间资本之后真正能够改善法人治理，真正改变决策机制，要按照市场规则给民营资本一定的话语权。

目前在中国学术界和决策层，应该说两种视角的混合所有制经济并存。这两种不同层面的理解，就导致两种不同的混合所有制推进方式，从而对中国整个经济形态产生不同的影响。宏观视角的混合所有制，强调一个国家中国有经济和民营经济的平等竞争，并行不悖，因此推进混合所有制主要是要通过为国企和民企提供平等的市场竞争条件和准入条件，在产权保护、市场准入等方面采取一视同仁的政策，让国企和民企共同发展，平等竞争。在中国目前的环境下，恐怕要更倾向于支持宏观视角的混合所有制改革，打破竞争性领域的国有企业的垄断，使得民营资本有平等的进入市场竞争的权利，这样既发展了民营经济，又提高了国有企业的竞争实力，同时还提高了我国经济运行的市场化程度。一旦消除了市场垄断，在法律上赋予国企和民企平等的地位，则市场竞争本身就会实现优胜劣汰，就会倒逼国有企业的体制变革和产权改革。所以，在现阶段，我国的混合所有制改革的主导性的方向，应该是鼓励市场竞争，打破垄断，降低市场准入，给国企和民企营造一个平等的竞争环境，这是我国经济体制改革的大方向。

对于微观视角的混合所有制改革模式，也不能给予否定，在中国现阶段，这种模式的出现有一定的必然性，也有其一定的必要性。但是在推动的过程中，必须遵循这一基本原则，允许国有企业根据自己的情况做出相应的科学决策，以稳妥的方式改变其资本结构，任何强迫命令、简单粗暴的方法都是不适合的，都有可能留下后遗症。在国有企业引入民间资本之后，要真正实现法人治理结构的科学化，不要把引入民间资本作为一时的权宜之计，要眼光长远，以市场规则来设计法人治理结构，不能让民营资本丧失话语权。同时，在推动微观视角的混合所有制改革过程中，又要鼓励各个地区和各个企业以不同创新模式来解决问题，鼓励混改模式的多元化，因地制宜，因时制宜，因企制宜，具体问题具体对待，不宜强制性地照搬一个模式。要建立完善的市场机制，建立产权交易市场，通过市场手段推进混合所有制改革。

　　推进混合所有制改革的核心，是正确处理国企与民企的关系。这个问题，在新中国各个不同历史时期，都是非常重大和敏感的话题。国有经济和民营经济是我国社会主义市场经济中平等的重要组成部分，都应该得到发展，其产权都应该得到保护，这是社会主义市场经济和社会主义法治的题中应有之义，不言而自明。最近中央深化改革领导小组出台了保护民营经济产权的若干举措，受到民营企业家的极大关注和欢迎，这是极其有利于经济发展的一项带有根本性的举措，是关系到我国社会主义市场经济健康发展的战略性举措，十分及时而且必要。为什么现在要强调保护民营经济产权？其原因在于在实践中，很多人对民营经济发展持有误解，因此政府在保护民营经济产权中就会出现各种偏差，甚至出现损害和践踏民营企业产权的事情，严重破坏社会主义法治。只有民营经济产权与国有经济产权得到平等的保护，我国民营企业家才会持续投资、放心发展，才会营造国家经济增长的良好局面；如果民营经济的产权得不到有效保护，我国经济增长就会受到严重的阻碍，企业家投资动力和创新动力就会大打折扣，必将给经济发展带来巨大的消极影响。

近年来学术界出现了一个词组，叫作"国进民退"，我认为这个概念用得不准确。这几年国有企业发展很快，通过产权改革、体制改革，不断并购重组，做强做大，中央密集地出台关于国有企业改革和国有资产管理创新的各项措施，对国有企业的重视空前地增强，这是一个明显的事实。但是我们也不要忽视另外一个事实，就是近几年民营企业也在飞速发展，在整个经济中所占的份额、在就业中所占的份额不断上升，在很多原来的国企垄断领域有了更多的平等竞争的机会，民营企业的重要性与日俱增。比如近几年，民间资本开始进入银行业，银监会批准建立了十几家民资银行，这在几年前是难以想象的，这是金融领域混合所有制改革的重要成果，说明民营经济在很多领域的准入门槛在降低，国有企业和民营企业实际上是同步发展的。当然现在还要革除很多妨碍平等竞争的若干政策，还要进一步为国企和民企平等竞争创造法律环境和市场环境。

我认为将来最好的状态就是"国进民进"。什么叫"国进民进"？就是国有企业和民营企业同时得到规模的扩张和质量的提升。"国进"不意味着"民"要退，国有企业发展了，民营企业也要发展，要共同发展，这才是一个双赢的局面。假如哪一天中国的国有企业发展了，民营企业落后了，甚至民营企业被挤垮了，我认为这是国家之灾，而不是国家之幸。国有企业和民营企业在整个国家中是互相依存的，是互为唇齿的，不是此消彼长和互相替代的关系。而且在现实的经济运行中，国有企业和民营企业已经形成互相依存的产业链上下游关系，国有企业和民营企业在产业层面上已经互相融合、互相连接在一起，一方弱了，萧条了，另外一方也会变弱，变萧条，所谓一损俱损、一荣俱荣。

民营企业就业占全部就业数的70%—80%，民营企业所创造的国内生产产值大概占到全部产值的70%。因此，无论从它创造的价值和就业机会来讲，民营企业要是不发展，中国就不会发展，这是当前中国最大的现实，我们必须清醒地认识到这个事实。民营企业如果得不到国家的鼓励、保护与支持，那这个国家就丧失了发展的基础，因为今天中国的经济结构和所有制结构已经发生了深刻的变化。为什么国有企业这几年发展迅猛？我认为恰恰是因为中国民营企业发展了，才促进了国有企业迅猛发展，因为民营企业吸纳了大量的就业人口，化解了国有企业下岗、倒闭、破产、重组带来的成本，这些成本都由蓬勃发展的民营企业承担了，才使得这个国家在国企发生深刻变革的同时防止了经济社会的不平衡和严重动荡，避免了大量失业带来的危机，没有导致一种严重的社会震荡，国民的总体福利没有下降。所以，民营企业作为增量式改革的重要成果之一，是中国改革成功的基础；如果没有它，国有企业的改革怎么能成功，国有企业怎么能瘦身，你光破产倒闭，那你的结果谁承担。现在我们在发展国有企业的过程中，不要忘了民营企业的功劳和作用，要给予客观评价。

最近我们知道，关于民营企业发展，国家有几个重要举措。一个是强调要保护民营企业产权。第二个，要消除垄断。2016年6月份，国家出台了一个关于在一切领域进行竞争性审查的指导意见。这也是中共中央、国务院深化改革领导小组亲自抓的一件事。其目标是消除一切竞争性领域的垄断，要放低门槛，民营企业要跟国有企业一样享有同等的国民待遇。让民营企业能够同等竞争，尤其是原来封闭比较严重的像金融业、通信产业等等，要向民企开放，这是关系中国未来发展的极其重要的问题。国企与民企最后应该形成怎样的良好关系呢？我认为应该是平等竞争、共同发展、共荣共赢的关系。千万不要在社会上形成一种歧视民营企业的风气，要消除所有制歧视。当然也要消除对国有企业的歧视，现在流行着国有企业低效的所谓"所有制相关"的神话。我们的研究成果证明，在市场机制完善和内部治理规范的前提下，所有制与企业效率没有相关度。所以要突破效率神话，打破"所有制相关"的认识误区，重要的是给国企和民企平等的竞争环境和法律环境，使两种力量公平竞争，共生共赢，这才是我国社会主义市场经济完善和经济可持续增长所要走的正确道路。

五、新兴产业与传统产业的关系

新兴产业与传统产业关系问题的核心，是中国产业结构的转型与升级。发展新兴产业，改造升级传统产业，首先是中国经济可持续发展的需要。我国产业存在着严重的产能过剩、产业结构不够优化、技术创新能力低、竞争力和效率低下等一系列问题，严重影响经济社会的可持续发展。我国目前环境保护和生态问题日益突出、国内产业难以满足社会需求的矛盾日益突出，这些问题的根源，都跟产业结构问题密切相关。另外，发展新兴产业、改造升级传统产业，也是应对国际市场竞争的迫切需要。在经济全球化的今天，一个国家的产业结构、产业层级和产业技术水平的高低，直接关系到其国际竞争力的高下。因此，必须把产业结构问题放到整个国际大格局中去考察和比较，才能得到正确的结论。

近两年，国家一再强调供给侧的结构性改革，其核心使命，就是从供给角度改善产业结构，促进产业结构的升级和改造。单方面的需求管理，已经不能触及我国经济发展中很多深层问题的核心。在很多领域，社会上有了强大的需求，但是如果供给方不能给予及时的准确的响应，这个需求是难以被满足的。比如在消费方面，有了需求，但是供给方技术水平和创新能力跟不上，就难以满足社会需求，经济就得不到发展。我国有高端的宇航技术，但是在日用消费品方面却不能满足市场的巨大需求，还是有大量消费者到日本购买马桶盖，这说明什么问题？说明我国的产业结构本身有问题，我们的企业创新能力有问题，我们的产品质量还不高，还不能满足高端消费者的需要。实际上在各个产业，包括能源产业、钢铁产业、机械制造产业，乃至于轻工业领域以及文化产业领域，都存在着这样的问题：不是没有需求，而是你的供给能力满足不了高层次的需求。所以从产业结构角度，消解落后产能、增强产业创新能力、促进产业的升级改造，是经济增长的核心问题。因此在需求管理之外，还是要加大对供给侧的结构性改革。

2016年11月29日，国务院发布了《"十三五"国家战略性新兴产业发展规划》。什么是战略性新兴产业？就是那些代表新一轮科技革命和产业变革方向的产业领域。这些产业领域是培育未来我国经济发展新动能、获取未来全球竞争优势的关键领域，包括节能环保产业、新一代信息技术产业、生物和制药产业、高端装备制造产业、新能源产业、新材料产业等。战略性新兴产业的发展，一方面是要培育中国产业竞争力，而在这些战略性新兴产业上的竞争力，代表着一个国家在新的技术革命时代的综合竞争力，因此必须发展战略性新兴产业，并且要占据制高点，如此才能在全球产业竞争和分工中获得比较优势；另一方面，发展战略性新兴产业，也是中国产业结构转型和升级的必然要求。我们现在强调"去产能"，是要去掉那些低层次的产业的产能，去掉那些高污染高能耗的产业的产能，把投资用在新兴产业上，使我们经济增长的质量更高，经济增长的后劲更足，从而实现经济增长与环境的和谐发展。

但是问题在于，我们在战略性新兴产业的发展过程中，应该运用何种策略和机制。不必说，政府在战略性新兴产业的发展中必须起到重要的作用，政府的引领、导向和政策扶持，都会对战略性新兴产业的发展发挥关键性的作用；但是我认为，在战略性新兴产业的发展过程中，更关键的，还是要创造一种市场机制，运用市场机制促进产业的竞争、促进技术的研发和扩散、促进产业要素的合理配置。政府要运用法律和政策框架，鼓励大学、科研机构和企业进行合作，并促进科技成果的产业化。我们现在鼓励大众创业、万众创新，实际上创业和创新的最大障碍在制度层面。我们的税收体制、财政体制、技术创新体制、知识产权保护体系、校企合作体制等，都要有一个明确的法律规定和政策框架，从而为创新提供一个很好的环境，使创新变得容易，使创业变得容易，降低创业和创新的成本。美国在鼓励科技创新和科技成果转化方面有一整套政策和法律框架，尤其对中小企业技术创新有很多政策扶持，对企业和大学之间的合作有完善的法律和政策扶持框架。现在大学和企业的合作渠道不顺畅，企业缺乏技术创新能力，而大学的技术创新又难以得到产业转化，大量成果躺在那里发挥不了作用，我认为这是阻碍战略性新兴产业发展的最为关键的问题。所以产业结构的背后就是一个国家创新机制的优劣问题。如果国家没有一个系统的鼓励创新和鼓励成果转化的法律体系，你专利再多都没用，中国的专利数已经位于全世界前几位了，可是专利放在那儿没有人转化，为什么呢？因为企业和大学、企业和研究所之间的这种深度科研合作机制和成果转化机制还没有形成，国家还没有重视这个东西。所以新兴产业的发展取决于制度条件和技术条件，新兴产业的发展，必将倒逼国家的制度创新与变革。

中国产业结构的转型实际上要同时解决两个问题：一是要实现新兴产业的发展，一是要实现传统产业的转型升级。要处理好新兴产业与传统产业的关系，就要克服很多理念上的误区。第一个误区是，有些人把新兴产业和传统产业对立起来，认为传统产业就是夕阳产业，就是落后的、应该被淘汰的产业。这是一种严重的误解。实际上，传统产业如果有较高的技术水平作支撑，如果能够实现高附加值和低能耗，也完全有可能成为有竞争力的行业。农业是不是传统产业？农业是个最传统的产业，但是农业同时又是一个最新兴的产业，问题是怎么搞。美国和欧洲的农业很发达。美国是全球最大的农业出口国，是美国竞争力的最重要组成部分。所以在农业这样的传统产业上，只要我们通过技术创新、机制创新，就能够实现农业产业的转型和升级，从而具备更高的竞争力。在产业这个层面上，实际上并没有新兴和传统之分，有的只是技术创新和机制创新能力的高下之分。制药业不是一个数千年的极其传统的产业吗？但是随着生物制药技术的创新，这个产业就能成为战略性新兴产业。传统产业的转型与新生一要依靠技术创新，使产业层级不断上升，从而提升其附加值；二要依靠产业转移，某些传统产业通过区域之间的产业转移，有效降低成本，降低对环境的压力；三要靠理念的转换和概念升级。比如服装业、物流业、文化产业等，这些产业都可以用新理念和新概念来改造，实现传统产业的重新定位和崛起。这些年随着电子商务的发展，物流业又被重新定义，这个传统产业所创造的价值成百倍增加。很多文化产业的转型也是如此。前些年全国的电影院都很不景气，但是这些年电影院又在新的文化理念的改造之下成为一种生活时尚的标志，传统上看电影的概念也彻底被颠覆了，影院和剧院从而获得了新生。我们有理由预见，在未来，大量传统产业，包括餐饮业、食品加工业、影视业、出版业、医疗和健康产业、物流运输产业等，在新的互联网技术和新的社会生活形态的引领下，必然会极大地改变其内核，从而引发整个行业的颠覆式的变革。最近有些人讲中国陷入产业资本、商业资本和金融资本这三大资本的过剩时代。我不同意这个观点。随着技术和制度的创新，中国很多新兴产业的增长将极为迅猛，传统产业的改造空间也极其巨大，所以资本过剩的判断是不能成立的，是一个表面现象。

在产业结构转型和传统产业改造方面，还有第二个误区，就是我们往往认为这个过程是可以一蹴而就的。我们一看到现在的环境问题，看到雾霾，就希望政府把这些雾霾的制造源全部铲除，让那些钢厂、煤电厂、炼焦厂、炼油厂等一时间全部消失掉，否则就是政府不作为。这种焦急的、渴望迅速消除环境污染的愿望确实是可以理解的，但是并不科学，也并不理性。国家环保局局长曾经公布了这样一组数据：京津冀周边地区统计了六个省市，北京、天津、河北、山西、山东、河南，国土面积占全国7.2%，消耗了全国33%的煤炭，单位面积排放强度是全国平均水平的4倍左右，6省市涉气排放主要产品产量基本上占全国的30%到40%。比如，钢铁产量3.4亿吨，占全国43%；焦炭产量2.1亿吨，占全国47%；电解铝占全国38%；平板玻璃产量1200万吨，占全国33%；水泥产量4.6亿吨，占全国19%。还有排放氮氧化物的一些化工产业，比如原料药产量占全国60%，农药产量占40%左右。此外，煤电占27%，原油加工占26%，机动车保有量占28%。高污染、高能耗产业大量聚集，燃煤、燃油集中排放，是京津冀周边大气污染的直接原因。然而这种产业结构的不合理、部分领域的产能过剩、产业布局的僵化，是粗放型增长的后遗症，需要逐步克服，而不可一蹴而就，一蹴而就的政策也不具有任何可操作性。这些技术落后的产业、产能过剩的产业、高污染的产业带来的问题，不是简单地关闭工厂就可以解决的，而是要有系统性的制度安排，才能稳妥地加以解决。这些高污染的产业，背后有大量的就业问题，涉及几千万上亿人的就业和吃饭问题，关系到底层人民的生活和社会保障问题。

因此，在治理污染、淘汰落后产能、提升产业层级的过程中，要系统地解决好失业问题、社会保障问题、新的增长点的培育问题、失业人员的教育和培训问题、新技术的应用和生产流程改造问题等，这是一个系统工程，需要时间和耐心。立竿见影的政策往往看起来简单有效，但是却很容易反弹，可以应急，却不可持续。因此应该着眼未来，从系统论的视角，对落后产业进行系统性的改造，同时进行系统的社会保障体系建设和新兴产业的培育，如此才能彻底地解决这个问题。

第三个误区是，把我国目前污染很严重的状况全部归罪于制造业的发展。因此很多人认为产业结构的改善就是要"去制造业"，不要去发展制造业，而要多发展第三产业，比如旅游业、文化产业等。发展第三产业的大方向是对的，但是发展第三产业并不意味着不发展制造业，不意味着绝对排斥制造业。实际上，第三产业越是得到发展，制造业可能发展得越好，因为每个第三产业的发展都会激发制造业的发展。比如教育和培训产业的发展，会极大地促进为教育提供技术支持的电化教育设备制造业的发展，投影仪、电视、电脑、遥控器、扩音器等设备的需求就会被激发，甚至家具制造业、房地产业和装修行业都会因一个地方的教育产业发展而活起来。我们不能完全摒弃制造业，而是要进行制造业的升级和转型。所以，产业结构的转型不是产业的"空心化"，不是排斥制造业而只发展第三产业；美国最近又提出"再工业化"战略，就是看到了产业的"空心化"带来的恶果，看到了片面的"去制造业"给国家竞争力、社会就业、居民收入增长甚至国家安全带来的严重影响。

六、东部与西部的关系

假如有人问：你对"西部边疆民族地区"这八个字的第一印象是什么？听到这个问题，我脑子里面会立刻出现两个词，第一个词就是"贫困"。从贫困角度来说，目前中国的贫困大部分发生在西部民族地区，包括新疆、西藏、青海、甘肃、贵州、云南、内蒙古、广西、四川等，其中新疆、西藏、内蒙古等还同时属于边疆地区。所以西部边疆民族地区是我国贫困发生率特别高的地方，族群型贫困和区域型贫困非常集中。这是影响我国经济社会发展极其关键的因素之一。我想到的第二个词就是"文化"。西部（边疆）民族地区是一个文化极其特殊的地区，区域文化、宗教信仰、社会习俗都具有鲜明的民族特点，与东部地区有着巨大的差异。这种特殊的区域文化和宗教习俗对民族之间的和谐共处形成深刻的影响，同时也成为我国多民族国家的一种宝贵的精神财富，成为我们考虑诸种社会经济宗教政策的重要出发点。

东西部的概念，涉及我国的区域发展战略问题。中国区域发展战略从新中国成立以来经历了两个不同的阶段。第一个阶段就是 20 世纪 50 年代一直到 70 年代末期，毛主席和中央出于整个中国未来发展战略考虑，主张发展边疆民族地区，发展中西部地区，要努力实现边疆民族地区和中西部地区的工业化和现代化，实现整个国家的均衡发展。中国的现代化少不了中西部地区的现代化，尤其是大面积的边疆民族地区的现代化。

改革开放前的区域发展战略主要体现在三线建设、西部开发、产业转移、均衡发展。新中国一开始就重视发展西部地区的经济，尤其是边疆民族地区，因此在五六十年代，我国大面积的西部地区（含边疆民族地区）的经济社会状况发生了深刻的变革，经济发展速度前所未有，民族和谐的状况也是前所未有。到了60年代，国家从战略和战备的角度，开始三线建设。所谓"三线"，是指长城以南、京广线以西的非边疆省区，包括四川、云南、贵州、陕西、甘肃、宁夏、青海七个省区，以及豫西、鄂南、湘西、粤北、桂西北和晋西以及冀西地区。这个三线是相对于一、二线而言的。一线，指的是地处战略前沿的地区，三线就是全国的战略后方，二线指的是一、三线之间的地区。这就是当时所谓的"大三线"。

最近经济史学家们对三线建设做了大量的研究。三线建设距离现在已经50年了，时隔半个世纪，我们对这件事情的判断更加理性和客观了。从战略层面和长时间视角来说，三线建设对于中国的整体的工业化和现代化，尤其是对于西部的工业化和现代化，发挥了极其重要的、不可估量的、深刻的作用。尽管三线建设时期企业的微观效率由于各方面的原因可能不高，但是三线建设所形成的工业基础，包括当时从东部到西部迁过来的科学技术人员和科研机构，为中西部的发展和工业化奠定了很好的基础。三线建设对于缩小中西部尤其是西部民族地区和东部的差距，对于中国区域间的均衡发展，起到了重要的作用。这些成就，如果得不到公正和客观的看待，是不对的。

到1975年，三线地区的11省区全民所有制工业固定资产原值在全国全民所有制工业固定资产原值总额中占的比重上升到35.3%；工业总产值在全国的比重提高到25%。全国将近1500家大型企业，40%以上分布在三线地区。1965—1975年间，内地工业总产值增长143.9%，快于沿海123.3%的速度；内地工业总产值在全国工业总产值中的比重由1965年的36.9%提高到1975年的39.1%。区域经济均衡发展战略的实施，在中华人民共和国成立后30年里取得了巨大的成就，改变了以往不合理的生产布局，对区域之间的平衡发展和民族之间的和谐发展，均起到了重要作用。

  2016年夏天我到柳州考察，参观了柳州工业博物馆，深受震撼。看完工业博物馆，我才对柳州上百年的工业史，尤其是1949年以来的工业发展史有了清晰的认识。柳州是中国工业版图上一个具有特殊重要战略地位的城市，为什么说有重要的地位呢？是因为在三线建设过程当中，毛主席把柳州定位为西南工业的重要基地。看了柳州的工业博物馆之后我才深切地直观地感觉到，三线建设的作用是很大的。柳州现在在汽车工业、电器工业、日用品制造业，甚至在航天工业方面，都比较发达，有很强的竞争力，其重要原因在于六七十年代的三线建设为柳州奠定了雄厚的工业基础。在西部，由于三线建设所建起来的工业城市比比皆是。比如说攀枝花、绵阳、包头、酒泉、兰州、成都这些城市，在石油、机械、电力、汽车制造等领域拥有很强的实力，这些城市如雨后春笋般成长起来，是与当时的区域发展战略分不开的。三线建设还打通了中国西部的交通线，使西部的交通发生了翻天覆地的变化，比如川黔、成昆、贵昆、湘黔等铁路线，就是三线建设的重要成果。

  现在看来，五六十年代由于战略原因和国防考虑，把东部的工业向西部转移，均衡发展中国的区域经济，实际上这个战略是非常正确的；当然在这个过程中也有很多教训值得总结，即在一定程度上延缓了沿海地区的发展，在某些项目上资金的浪费比较严重，可以说有利有弊。但是从中国区域均衡发展这个大战略来看是一大贡献，为中西部奠定了工业基础。

  80年代之后，区域发展战略发生了变化，改革开放后我们执行了非均衡区域发展战略，也就是梯度开发战略。80年代初期，先把东部的14个沿海城市定为开放城市，北部的秦皇岛、大连，到烟台、青岛，最后到海口，成为第一批开放的城市。这一梯度开发战略使东部的发展突飞猛进，同时东部的开放和发展对于全国的开放和发展也具有一定的扩散效应和溢出效应。然后国家的开放由东到西逐步推进，我们称之为梯度开发。梯度开发战略有些像80年代提出的东亚发展的"雁行秩序"，就是顺序开放，本质上是一种非均衡的区域发展思路。梯度开发战略是不得已而为之的，也是符合当时的经济发展要求的，但是这个梯度开发的战略，也为今天中西部的不发达和落后，埋下了一个伏笔。西部的整体开发建设比东部大概晚了三四十年，浪费了宝贵的发展机遇，这是人为造成的。比如说张家口这个城市，离北京开车只有两个多小时距离。在80年代，决策者认为张家口是一个战略城市，不能开放，直到大概90年代末期才开放，比其他沿海城市整整落后大概二十多年，这些地区的发展就与东部沿海发达地区拉开了差距。现在西部发展的滞后、中部的塌陷，其原因在于我们在长达二三十年的时间中没有注意到区域的均衡发展，大量资金和人才跑到东部沿海开放城市，导致区域之间的差距越来越大，中国经济社会发展的二元结构越来越明显。云南、广西、贵州、四川、西藏、新疆、青海、内蒙古、宁夏，以及中部很多地区，这些大面积的地方，经济发展的速度在改革开放之后与东部沿海迅速拉开了距离，中国在一个国家的国土上就出现了第一世界、第二世界、第三世界。我们现在要好好反省梯度开发战略。到1999年，中国才提出西部大开发战略，离1979年改革开放已经过去了整整20年；到了21世纪初才提出中部崛起战略，因为中部地区的发展明显滞后了，跟东部已经形成了发展的鸿沟。因此非均衡区域发展战略是造成中国二元结构的主要原因之一，所以我们现在要均衡发展，尤其要加大对中西部的支持力度。进入新世纪以来，我们重新开始区域发展布局，西部大开发和中部崛起的一系列决策，均产生了明显的效果。均衡发展战略的目标，是实现中国各区域间的协调发展，实现各区域的共同发展；否则区域之间的差异、族群之间的差异，对中国的经济可持续发展，对中国的民族和谐，均会带来消极影响。

在区域均衡发展方面，我们要注意几个问题。

第一，区域均衡发展的"均衡"，不是静态的平衡，不是运用纯粹行政力量而刻意造出来的平衡，而是一种动态的平衡，要在东西部的动态发展过程中实现平衡。要善于运用市场化的手段，促使各种要素在整个国家均衡地、自由地流动，既要鼓励西部的人才和资源向东部流动，也要鼓励东部的人才和资源向西部流动，其中资本的转移尤其重要。要利用政策引导，更多地将东部的资本引到西部去，到那里投资兴业，促进西部地区的经济发展。同时要加强西部的基础设施建设和人才培训，给西部更多的倾斜性政策，使经济欠发达的西部实现跨越式发展。

第二，我们要认识到，东西部是相互依存的关系，而不是对立的关系。西部长期发展滞后，对东部的发展也会起到消极的作用。在改革开放之后的前三十年，大量人才和资源从西部来到东部，"孔雀东南飞"，丰富的人力资本的涌入，极大地促进了东南沿海一带的经济发展。但是最近一二十年，这种趋势已经开始有所变化，之前的梯度效应已经开始减弱。东西部的经济社会发展差距已经引起了诸多社会问题，这些问题的存在也在影响着东部的发展。西部发展的滞后，降低了当地人民的有效需求，从而使东部地区的很多产品找不到市场，也使得优秀的人力资本的再生产受到阻碍，没有人才的源源不断的涌入，东部的发展甚至整个国家的发展都受到严重影响。所以我们必须深刻认识到东部和西部的依存关系，要鼓励要素的自由流动，尤其是鼓励东部向西部的资本转移和人才转移，这方面的空间和潜力是非常大的。

第三，我们还要鼓励建立区域之间的战略合作联盟，实现跨区域的资源整合。在东部和西部的省份之间，合作的空间很大，不同的地区要建立一种基于市场机制的战略合作关系，在教育、金融、制造业、技术合作、能源合作、环保产业等领域进行深度的合作。东西部各有比较优势，东部有技术、人才和资本优势，而西部有广阔的市场、有较为低成本的人力资本、有大量的投资空间。我考察过浙江鄞州农商行在新疆建立的国民村镇银行，他们的市场空间比在浙江要大得多，那里的金融市场几乎是空白的，因此金融业的盈利空间很大。东部和西部的战略合作，会得到双赢的结果。

第四，在区域发展方面，我们今天还要实行"多极发展的区域战略"。在中国广大的版图上，由于地理因素和经济社会因素，天然地形成若干跨省区的区域，这些区域是形成"多极发展的区域战略"的基础。各个区域之间，各个"极"之间，形成了一个天然的要素集散中心，相互之间的经济和社会联系极其紧密，一损俱损，一荣俱荣。因此，要构建区域性的核心，使得各种要素在区域（极）内部既有集聚效应，又有扩散效应。这几年，中央高瞻远瞩，建立了诸如海西经济规划区、京津冀经济规划区、辽宁沿海经济规划区、成渝经济规划区、广西北部湾经济规划区、长三角经济区、珠三角经济规划区、关中天水经济规划区等区域性的发展"极"。这些区域性的"极"的发展，对于缩小区域差距、激活区域内要素的流动，都会起到巨大的作用。但是在"多极发展的区域战略"中，关键的是要打破各个省区之间的诸侯割据，破除地方保护主义，消除人为的行政隔离，促进要素的自由流动。

七、富裕与贫困的关系

中华人民共和国成立以来所做的最根本的一件事就是反贫困，也就是使中国从一个一穷二白的国民收入极低的状态，进入一个工业化的、国民福利较高的状态。毛泽东时代通过中国大规模的工业化，通过大力加强人民公社的公共品的供给，通过大力改善农村的医疗、教育和基础设施，进行了卓有成效的反贫困工作，从而使得中国的贫富差距大为降低。在那个经济发展水平还比较低的阶段，国家能够比较好地解决贫富差距过大问题，使农村的贫困状况得到显著的改善，贫困人口大规模降低，是很不简单的，这个成就，就连国外也都承认。当然在那个阶段，由于体制和机制的原因，也发生了严重的问题，这是我们不能回避的，需要从各个层面给予深刻的反思；但是总体成就也要理性地看待，不容抹杀。

改革开放之后的近四十年中，尤其是1999年提出"西部大开发"战略和2005年提出"建设社会主义新农村"以来，中国强劲的经济增长势头和逐步深入的农村市场化改革使反贫困步伐明显加快，反贫困被提高到国家战略的高度，反贫困战略实施的广度（人口和区域覆盖面）和深度（减贫绩效）也得到空前的拓展，为世界贫困人口的减少做出了决定性的贡献。但是改革开放之后的这四十年，也有很多值得反思的地方，贫富差距的拉大，使中国出现严重的二元现象，使得我们的国家有变成一个撕裂的国家、社会变成一个撕裂的社会的潜在危险，这需要我们高度重视。现在中国所有的社会问题，其根源几乎都出在人均收入差异太大这个问题之上，其中城乡差异、区域差异、族群差异、职群差异过大都是其中的原因。这个二元性造成的中国社会的脆弱性不可估量。当前我国还有数量巨大的贫困人口，彻底消除贫困的任务是相当艰巨的，当然，彻底消除贫困，也是我们这个时代最伟大、最光荣的使命。这个任务是相当艰巨的，当然，彻底消除贫困，也是我们这个时代最伟大、最光荣的使命。

在这个伟大的历史进程中，我国各个地区根据自己的地域经济和社会文化特点，有针对性地探索出大量具有创新性的扶贫理念和做法，为世界反贫困提供了极有价值的思想资源。在长期的探索和实践中，我国的扶贫思路和制度也经历了深刻的转变。从早期着重于普惠式的农村基础设施的供给和农村贫困人群的救济，到后期更加注重精准式的扶贫和构建机制化和常态化的扶贫模式，我国扶贫事业一步步得到深化，其机制设计和制度安排日益科学化。

从贫困发生学的角度来说，中国大部分的贫困都是制度供给不足型贫困，我们的很多制度安排是不合理的，有很多必要的制度安排是缺失的，这是造成贫困的一个最重要的原因。医疗制度、教育制度、金融制度、社会保障制度、养老制度、财税制度等，这些制度不弄好的话，你想搞扶贫是没有办法的。所以，我们的当务之急是要完善这些制度，推动制度变革。中国还要大力推动基础型扶贫和生态恢复型扶贫，要大规模改善基础设施条件。我们现在不要以为中央强调精准扶贫了，这些事政府就可以不做了。精准式扶贫不是国家推卸基础设施建设责任的借口，不能说我们现在搞精准扶贫了，就不管基础设施了。其实对于反贫困来讲，最有效的就是基础性扶贫与制度变革型扶贫，要变革制度，要提供基础设施条件，尤其是交通、通信这些基础条件；这些条件不好的话，你要搞精准扶贫是不可能奏效的。毛主席说"一万年太久，只争朝夕"，基础设施的提升必须快，现在国家是不缺钱的。还要搞好生态移民、异地安置，使贫困者能够跳出低水平均衡陷阱，实现整体脱贫。我们还要重视能力增进型扶贫，针对可行能力不足的不同情况，进行结构性的扶贫，也叫造血型扶贫。我们老说"授人以鱼不如授人以渔",有些人有劳动能力,我们要给他提供更多的条件,增进他各方面的能力,让他自我脱贫,这方面中国在最近几年有很多进步。其中一个途径就是通过融资,通过微型金融,来解决贫困人群的问题。

我在2010年从云南大理考察回来之后,写了一篇文章《把贫困送进博物馆》。我当时预计,中国的贫困尽管极其严重,是全世界贫困发生率最高的国家之一,可是中国正在进入一个极其快速的增长时期,反贫困的速度将会加快,很快我们就将把贫困送到博物馆当中去。2016年我又到大理弥渡县做了一个演讲《内生性扶贫和社会网络扶贫的理论和实践》,系统地阐述了什么是内生性扶贫,什么是社会网络扶贫。

所谓"内生性扶贫",就是要在扶贫过程中着重于各种要素整合和机制创新,激发和挖掘内生于贫困人群自身的力量,使贫困人群产生一种持续的自我减贫的动力和创造力。我们的扶贫模式要从借助外部力量的外生性扶贫向内生性转变。比如说基础设施不好,制度条件缺失,这些都要通过政府的力量,外部力量来解决,这叫外生性的扶贫。外生性扶贫是一个不可逾越的阶段,内生性扶贫在后期必须接上来,要通过机制创新,通过贫困人群自身的能力建设实现贫困人群的自我脱贫。只有这样的脱贫,才不容易返贫。

所谓"社会网络扶贫",就是要构建一个牢固的社会网络,使贫困人群依靠这个社会网络获得摆脱贫困的一切物质资本和社会资本,使贫困人口被牢牢地维系在这个社会网络上。这个"社会网络",既包括必要的社会制度条件(社会保障制度、教育制度以及其他社会福利体系和社会服务体系),也包括社会组织条件,比如农民合作社组织、村民自治组织以及其他农村社会组织。一个人陷入贫困不能自拔,主要原因在于这个社会网络没有把他粘住,他掉下去了,成为一个离散的、没人管的、孤独的、无助的个体,没有一种制度、没有一种网络把他托起来,这个人就成了一个永远不能脱离贫困的个体。一家一户的分散型的扶贫不是精准扶贫的初衷,相反,我们要强调贫困农户一定要建立一种相互联系、相互凝聚、相互扶助的机制,要强调社会网络,要建立一种让贫困者永不散落的机制,使贫困人群不成为一个孤独的个体,而要融入整个社会。归根结底,就是让他获得庞大的有效的社会资本。

对于反贫困,我们注意到,不光农村存在大量的贫困,其实城市中也存在着大量的贫困,城市贫困人群的情况比农村贫困人群的情况更严重。我 2015 年春节之前冒着零下二三十度的低温,到黑龙江省七台河市考察煤矿塌陷区的棚户区改造,城市贫困人群的情况,你是很难想象的。这几年我们对城市反贫困问题开始重视起来,城市棚户区改造在全国大面积展开,使城市的这些"贫民窟"迅速变成宜居家园,这个工作是极其艰巨而伟大的。当然,城市棚户区的改造要取得彻底的成功,最终还要靠产业的发展、就业途径的拓宽,要为城市贫困人口创造一个可持续的发展条件,为他们提供就业机会,构造一个产业链。

八、城市与农村的关系

城乡二元结构是我国经济长期以来的基本特征之一。在传统社会中,极少的发达城市和大面积比较落后的农村的并存,是我们习以为常的现象。这种现象一直到近代都没有得到改善,而且在内外因素的推动下出现越来越激化和恶化的趋势。1949 年之前,城乡之间的割裂和巨大差异已经达至极点。1949 年后,消除城乡差距成为基本的国策和国家战略之一。新中国的近70年，我们最大的目标就是工业化和赶超，即建立完备的工业体系，并实现对发达国家的经济赶超。这两个目标实现的程度如何呢？从第一个目标来看，我国已经基本实现了初步的工业化，工业制造业的能力在全世界首屈一指。我们建立了完备的工业体系，这为国家经济竞争力和国防工业都奠定了牢固的基础。一个国家的工业制造业尤其是重工业的发展程度，是在国际上赢得别国尊重的基本要素之一，也是大国角逐的核心后盾。就第二个目标来看，赶超战略也是极其成功的。我们用了将近70年时间，全国的人均收入基本达到中等收入国家水平，大面积的城市地区已经超越了很多发达国家，国家总体经济规模超过美国成为全球第一亦指日可待。

中国执行重工业优先发展战略和赶超战略，前提是必须有足够的资源来支撑，而这些资源的主要来源，就是农村。也就是说，工业化和赶超战略必须以从农村获得大量剩余作为前提，农村成为大量剩余的供给者。在工业化过程中，工业部门和农业部门就产生了一种相互依赖的关系。在中华人民共和国成立初期，毛泽东等第一代领导人就意识到工业部门和农业部门的这种相互依存、相互支撑、相互促进的关系。一方面，工业部门需要从农业部门获得大量资源，包括原材料资源、人力资源、资金等，而工业部门的大量产品也需要农村这个广阔的市场来消化，不然这些工业产品就卖不出去。所以，如果不从农村获得大量剩余，工业部门就得不到发展，工业部门需要通过各种方式来汲取农村的剩余，包括财政手段、金融手段、价格手段；但是如果工业部门汲取得太多了，导致农村发展滞后，则农民收入减少，购买力下降，工业部门的产品就会因缺乏有效需求而滞销，工业部门的发展也会滞后。所以，在工业部门和农业部门的关系上，在城市和乡村的关系上，在汲取和给予的关系上，执政者需要掌握一个均衡，拿捏一个合适的"度"。如果你要考察新中国的经济史，这是一个核心的"红线"，新中国经济发展的起起伏伏、经济政策的千变万化，大多与此有关。粮食的统购统销制度、合作化运动、人民公社等等，实际上都是工业化和赶超战略的产物。当然，在中国实现初级工业化的整个历史阶段，这个问题始终存在，农民为我国工业化和赶超战略的实现做出了历史性的贡献，付出了历史性的代价和牺牲。从城市和乡村的关系来看，在计划经济时期，城乡的隔离仍然很严重，城乡二元化的福利体系对城乡关系影响深刻，农村的公共品供给的大力改善主要得益于农村集体经济本身的发展，即便如此，农村的社会福利水平与城市还是有着巨大的差别。

中国当下的工业化水平和经济发展水平已经超越了那个阶段。在今天这个阶段，中国的赶超战略和初步工业化已经基本完成了，在这样的历史时期，城市和乡村的角色，也要发生根本的变化。现在应该进入一个城市跟乡村并行发展、互相依存、城市反哺乡村、工业反哺农业的崭新的历史时期。因此，原来传统体制下导致城乡隔离的各种制度藩篱，必须彻底消除，给城乡之间的新型关系疏通道路。

改革开放以来，中国靠什么支撑了巨大的增长呢？我认为主要是靠大量的要素——包括人力资本、资金、土地——由农村单向地流动到了城市，这是中国改革开放以来创造经济奇迹的主要根源。大量廉价的劳动力，带来了城市大规模的发展和进步；大量的资金由农村流向城市，金融机构像抽水机一样把农村的资金吸到城市；农村城镇化过程导致大量农村土地成为建设用地、城市用地，支撑了城市的繁荣，但是，农民并没有从土地功能的转变中获得足够的级差地租。这种单向的要素流动实际上阻碍了城乡一体化的发展，我觉得现在应该重新反省我们的发展道路，应该走一条城乡交融、城乡一体化的道路，促进要素在城乡之间的相互流动。所以，2016年我在对外经济贸易大学的一次演讲中，提出要建立"城乡联合体"，要建立城乡发展的共享机制。其中的核心就是鼓励两个下乡：资本下乡和精英下乡。资本下乡进行资源整合，才能够带动乡村产业的发展，包括文化产业、农业产业、旅游业等等。城市精英下乡也是非常重要的，城市的各种人力资源来到农村，会带来资金、技术和理念，会极大地盘活农村的各种要素。所以，要把原来的农村向城市的单向要素流动，改为城乡之间的双向要素流动。要有以上两个回流、两个下乡，这样农村和城市之间的藩篱才会被拆除，才会实现城乡的协调发展。原来的农村被"掏空"了，现在我们要运用各种政策实现"回填"。

现在城市各种要素下乡的趋势已经非常明显，城市资本和人才回流乡村的热情正在逐步升温。各类企业（包括金融机构）、社会公益组织、志愿者团队、技术人员和知识分子等正在以空前的热情进入农村创业和开展服务。但是城市要素的下乡，要有系统性的制度支撑。一个企业要进入农业领域，进入农村创业，会遭遇各方面的困难，其中土地要素、宅基地要素等问题日益凸显出来，这些问题阻碍着城市要素下乡。同时，一些城市资本下乡也带来很多负面的问题，侵害了农民的利益。这些问题，都需要通过法律的完善逐步得到解决。随着城市化的推进，随着城市要素的下乡，农村土地流转问题的解决就成为当务之急。土地流转有利于实现要素的合理流动和合理配置，有利于提高要素配置的效率，有利于农村土地的规模经营，有利于提高农民收入、提升农业的产业化和集约化水平。因此，国家近年来大力鼓励农村土地流转，并出台了多项政策规范农村土地的流转。土地流转政策既要保障土地要素的流动性，又要保障农民的权益不受损害，要严格按照法律，要尊重农民的意愿，不要让某些不良的城市资本侵害农民利益。所以我曾经提出，在土地方面，要保持"自由主义"和

"福利主义"的权衡,既要遵循市场机制,又要保障农民福利,不可偏废。

在城市化、城市资本下乡、农村土地流转过程中,要彻底解决农民的后顾之忧,要彻底实现城乡的协调发展,还有一个必备条件,就是要实现城乡社会服务的一体化,实现城乡社会保障体系的一体化和均等化。城市和农村的居民在享受社会公共服务方面享有同等的公民权,没有一等公民和二等公民之说。当然,这取决于国家的财政实力。近年来,农村的社会保障体系、医疗体系、养老体系、教育体系等有了长足的进步,有些经济比较发达的地区农村居民所享受的医疗待遇、养老待遇已经逐步与城市居民齐平,这是一个可喜的现象,也表明我国经济发展已经到了一定的阶段,完全有能力实现城乡居民在社会服务方面的均等化和一体化。当然,农村公共服务水平的提高,不仅要依赖于国家财政实力的提升,还要依赖农村集体经济的发展。没有农村集体经济的发展,光依靠国家财政,是解决不了农村社会公共品供给问题的。最近国家出台了进一步明晰农村集体经济产权的若干政策,就是为了进一步发展集体经济,壮大集体经济实力,使农村集体经济成为支撑农村发展的牢固支柱;集体经济壮大了,农村的教育、医疗、文化、乡村治理等,就有了可靠的基础。

九、金融经济与实体经济的关系

金融经济与实体经济的关系,一直是经济学界聚讼不已的话题,很多实证研究和理论研究的结论都是完全相左的,莫衷一是。有些经济学家肯定金融的作用,甚至把金融体系的作用抬得很高。比如熊彼特,在20世纪30年代左右,著文肯定了金融体系的重要作用。他的两句话非常有名,一句话是:"纯粹的企业家在成为企业家之前,首先必须使自己成为债务人。"这是从侧面强调了银行家的作用。另外一句流传更广:"银行家是企业家的企业家。"银行家成为企业家的企业家,凸显了金融体系在整个创新当中的作用,银行家引领企业家创新。有些人反对把金融体系的作用抬得太高,与熊彼特同时代,英国有一个著名的女经济学家罗宾逊夫人,是英国剑桥学派一个主要的代表人物。她说金融无非是经济的面纱而已,不宜把金融体系的作用过度强调。她认为企业在领导,而金融是追随者。直到现在,经济学界对于金融和经济之间的关系,仍然是一头雾水,没有一致的意见。熊彼特和罗宾逊夫人说了问题的两方面:一方面,金融体系确实很重要,它对于资源的配置、企业家的创新、技术扩散、社会分工和福利,都会产生极为深刻和广泛的影响;但是我们又不应该把金融体系评价得过高,当金融体系脱离了实体经济而过度发展时,这个经济就会发生很多问题,甚至会崩溃。美国戈德史密斯教授在《金融结构与金融发展》中的结论是,金融相关度即金融资产占国民财富的比重有一个临界值,不能过高。金融如果不支持实体经济的发展,而是支持社会上的投机和制造泡沫,这个金融就是坏的对经济有害的金融,而不是好的对经济发展有益的金融。历次金融危机都说明了这一点,金融体系是一个双刃剑。金融经济促进实体经济的发展,而实体经济也制约和影响着金融经济的发展,是一个相互的关系。实体经济发展不好,金融经济就成了无源之水、无本之木。

我国的金融体系在中华人民共和国建立初期成为一个大一统的、高度集中的、为工业化和赶超战略服务的体系,这个体系的最大目标函数不是银行本身的效率,而是国家的工业化和经济赶超。改革开放后,金融体系的市场化和商业化步伐加速,产权结构的多元化和市场竞争主体结构的多元化使得中国金融体系的面貌焕然一新。商业化和市场化塑造了独立的金融企业主体，金融体系的独立性增强，金融业不再是国家执行赶超战略和工业化的工具，而是能够自主决策、自负盈亏的独立的企业法人。这个变化是巨大的、深刻的。银行业终于可以从商业可持续原则出发进行决策，而不再是政府的资金中介，银行与政府的关系逐步走向规范，政策性业务逐步剥离，金融业的市场机制逐步建立，传统体制下的金融抑制和国家干预逐步得以改变，金融深化进程使得中国金融业的绩效逐步提升。

在这个过程中，金融体系与实体经济的互动关系更为紧密和深刻。金融机构主动发现和甄选客户，根据风险和成本收益计算并自主确定价格，定价机制逐步灵活，促进了利率自由化和市场化的进程。金融体制的变迁促进了实体经济的发展，同时也为自身的扩张创造了条件。实际上，在过去的一二十年中，尤其是21世纪初期到2013年左右的十年中，中国银行业度过了十年"黄金发展时期"，实体经济超过10%的迅猛发展，促使金融体系超常规发展，我国的巨型银行很快成为全世界最大的银行，中小型银行也是遍地开花，银行业存量和增量改革都有了长足的进步。

十几年来，一个崭新的金融谱系已经建立起来。这个崭新的金融谱系中，既包含政策性和开发性的金融机构，如国家开发银行、中国农业发展银行和进出口银行，也有数家巨型的在全世界银行业独占鳌头的国有控股商业银行，还有几十家全国性的股份制商业银行，同时还包含着全国数百上千家城市商业银行和农村商业银行等中小型金融机构，以及大量如村镇银行、小贷公司和农民资金互助组织等微型金融机构。这个庞大的充分多元化的金融体系，满足了不同层级、不同规模和不同性质的客户要求，形成了一个多层次的银行体系。同时，我国多层次资本市场建设也在这十几年有了巨大的发展。

近年来实体经济的不景气，使得金融机构的日子不好过。金融业的好日子已经过完了，闭着眼睛都赚钱的日子一去不复返了，现在要准备过紧日子、苦日子、穷日子。近两年，商业银行的资产质量有所下降，有些城市商业银行和农商行的不良贷款率反弹很明显。银行在实体经济不景气和互联网金融所引起的"脱媒"这两股力量的夹击之下，营利能力和市场占有率受到很大影响，外界的环境约束越来越明显。在这个所谓"经济新常态"时期，银行业应该更加注重稳健发展，注重风险的防控，尽快从高风险领域脱身出来，采取"瘦身"策略，把有限的资金和精力聚焦一些风险可控且有把握的行业上，不要好高骛远。要高度注意政府债务平台的风险，注意房地产等领域的系统风险，系好安全带，争取安全渡过这几年经济下行压力极大的难关。

中国现在金融业最大的风险来自金融脱离实体经济而空转。银行的资金大量地都是在银行内部空转，我买你的理财产品，你再买他的理财产品，都不去放贷；银行业都在进行金融内部的资本空转，不是去鼓励企业创新，不去支持实体经济的转型发展，而是试图以信托、理财这种方法获得收益，可是这些收益最终只能来自实体经济的发展，而不会来自天上掉馅饼。银行不投资于实体经济，哪里会有收益呢？这个击鼓传花的游戏总得有一个最终的成本承担者。所以要解决中国银行业的困境，关键还是银行要支持鼓励实体经济的发展，支持企业自身的创新，助力供给侧结构性改革，而不能靠自我循环。

银行业在服务实体经济过程中，既要顺应国家战略，同时更要注重市场机制。比如2017年年初的央行工作会议，号召银行业要进一步加大对钢铁煤炭去产能、重点行业转型调整和京津冀协同发展等国家重大战略的金融支持力度，要继续做好金融精准扶贫工作，加大保障性安居工程、健康养老等领域的金融支持力度。这些都是具有国家战略意义的领域，对于我国经济社会长远可持续发展具有重要意义，同时其中也蕴含着大量对银行业而言非常宝贵的发展机遇。银行业一方面当然要响应国家战略，对相关行业和领域搞好金融服务，同时还要牢记自己是一个商业银行，要按照市场机制去运作，要在服务国家战略中找到一种商业上可持续的市场化机制，而不能简单地理解为"政治任务"。须知，国家对银行业的引导，也是基于银行业能够对相关领域发展提供一种可持续发展的机制这一基本考虑的，而不是要给银行硬性摊派一种政策性使命；要使银行在这个过程中发现商业机会，创造商业机制，在响应国家战略的过程中提高营利能力，提高资产质量，而不是相反。实际上，正是在国家的这些战略性领域和民生领域，存在着大量金融服务空白和商业机会，商业银行在服务国家战略的过程中，要通过制度创新、机制创新、产品创新和技术创新，尤其是要结合互联网金融创新和自身的服务创新，降低成本，挖掘新的客户群体，发现新的战略新兴产业，从而提高自己的竞争力。

金融要更多地服务于实体经济发展，还要加大普惠金融体系建设，尤其是鼓励微型金融发展。在我国金融体系中，巨型和大中型金融机构较多，而服务小微客户的微型金融机构比较缺乏，这导致在很多农村地区，尤其是边远地区、民族地区、山区等，农村金融服务的空白很多，极大地制约了农村经济的发展，制约了少数民族地区的发展。2017年年初的央行工作会议提出，要加大对少数民族地区的金融支持力度，要加大对微型客户的支持力度，这是完全正确的，这正是我们几十年来金融服务的短板，也是我国普惠金融建设的最大盲区。我十几年来考察了西藏、新疆、内蒙古、云南、甘肃、贵州等少数民族聚居区的金融服务情况，对民族地区金融服务的滞后深有感触。所以我们在国家层面，在战略高度上，要极为重视扶持微型金融发展，尤其是支持不发达地区的金融发展，支持边境民族地区的金融发展，鼓励金融资源的跨区域配置，使实体经济得到更多发展。

要重视股权融资。金融支持实体经济的最佳方式之一是股权投资。现在天使投资和创业投资这些东西发展很快，这是金融业支持实体经济发展最重要的管道，把这个管道打造起来，金融资本就可以源源不断地输送到实体经济。商业银行也要认识到这一点，投贷联动，与实体经济紧密结合，融为一体。银行要切实构建与实体经济的命运共同体，通过产业链金融，通过投贷联动，通过互联网金融创新，通过搭建共生机制。

最后谈谈金融危机问题。英国《金融时报》预测中国将发生金融危机。国内很多人也屡次讲过这个观点，而且讲了很多年了。金融危机在中国会不会发生呢？我认为系统性的金融危机是不会发生的，中国的金融体系从总体来说是风险可控的，是比较健康的。这几年全球实体经济都在下滑，中国也不例外。由于实体经济不景气带来的金融机构不良贷款的增加，是目前必须重视的现象，中国的银行业也在密切关注且努力化解这些因经济下行带来的风险。当然我们也要看到中国经济增长的积极的一面。中国仍然是全世界经济增长的火车头，仍然是全球经济增长最快、最有活力的国家；中国的城市化还有相当大的空间，中国还有大面积的农村潜藏着巨大的市场和需求尚未开发，中国的区域发展仍然不平衡。这些都预示着中国未来还有很大的增长空间。因此，金融机构的健康发展，取决于国家的整体经济发展态势，从长远来看，中国的金融体系是稳健的。当然在支持实体经济方面，在化解风险方面，中国银行业要提高警惕，也要进一步创新体制机制，主动迎接变革，在促进经济转型和产业升级中提高自己的竞争力和生存能力。

十、国内战略与国际战略的关系

毫无疑问，中国现在比以往任何时候都重视国际战略，比以往任何时候都更加开放，都更加融入世界经济的大循环之中。中华人民共和国建立之初，毛泽东等第一代领导人是做好了与包括西方世界在内的世界各国进行交往的准备的，可是由于当时"冷战时期"的国际环境的限制，这个愿望没有完全实现，中国当时被迫采取了"一边倒"的政策，这一进程一直持续到改革开放时期。西方国家在此期间对我国采取长期的封锁禁运政策，但是新中国并没有被吓倒，反而在如此不宽松的国际环境中实现了全面的经济赶超和工业化。当然，几十年的时间，也使我们丧失了很多融入国际社会的机遇。要历史地看待这个阶段的国际战略，而不应当苛求前人。1978年之后，我国抓住了历史机遇，适时提出开放战略，经济开放程度迅猛提高，广泛参与了国际资本流动、国际贸易、国际技术转让以及国际文化教育领域的交流。可以说，"开放"和"全球化"，已经成为1978年后成长起来的一代人共同的根深蒂固的理念和价值观。

近来国际上发生的一系列事情，使我们对"全球化"有了新的认识。2017年1月16日，我接受《韩国日报》采访，他们问：继英国脱欧、特朗普当选美国总统之后，国际社会有一个引人注目的现象，那就是反对经济"全球化"的浪潮一浪高过一浪，如何看待这种国际社会现象？我的回答是：全球化，从积极的一面而言，使得这个世界愈加紧密地联系在一起，整个地球的经济融合和文化融合愈加深刻；然而，从消极的一面而言，"全球化"却加重了这个世界的隔离和二元化。一个世纪以来，"全球化"已经由一种经济话语，转向一种政治话语、军事话语。强势的国家，利用自己的政治、经济、军事和文化力量，推行"全球化"的一整套话语体系，强迫别的弱势国家接受这些话语体系和价值观。近一百年以来，这个趋势持续推进，西方发达国家通过推行"全球化"，获得了大量的利益和全球的话语权，为了获得这些利益和话语权，甚至不惜采用战争的手段。现在，国际格局发生了变化，英国的脱欧运动、特朗普的当选，都在预示着一种趋势，就是这些原来推行"全球化"、倡导全球自由贸易、门户开放最为有力的国家，开始逆潮流而动，开始"反全球化"，民族主义的趋势愈加明显。不发达国家也在"反全球化"，然而其动因却与这些发达国家完全不同，因为这些不发达国家在上百年的全球化浪潮中不断被剥夺，不断被边缘化。

改革开放之后近四十年来，中国可以说是全球化和国际贸易最大的受益者。当特朗普在选战中提出若干带有浓厚贸易保护主义的措施时，中国却旗帜鲜明地有力地举起自由贸易的大旗。这种现象，让很多对美国怀有美好想象的人们感到疑惑，在他们的想象中，美国应该永远都是一个自由贸易的鼓吹者与倡导者，而不可能是贸易保护主义的鼓吹者。几十年以来，不正是美国把贸易保护主义"污名化"，而把自由贸易神圣化吗？现在美国的价值观怎么发生变化了呢？这些人不清楚，国际经济交往和贸易中的所谓价值观，实际上是由经济地位支配的，并没有一个一劳永逸的永远正确的价值观。

在历史上，我们可以发现一个基本规律：凡是正在迅猛上升的经济体，一般而言都积极推动国际自由贸易，以寻找国际市场，快速发展自己的产业和就业；凡是正在走下坡路的经济体，则会采取贸易保护主义措施，以保护自己弱势的产业和就业。100年前的欧洲、美国，都是在上升阶段，主张全球开放门户、自由贸易，而当时的中国闭关锁国。现在，全球的经济格局发生了深刻的变化，中国经济对全球经济的贡献率已经超越了美国，中国的经济总量已经或者正在超越美国。在这个迅猛上升的阶段，中国为了发展自己的产业，拓展自己的全球市场，必然主张自由贸易；而美国逐渐走下坡路，处于守势，必然主张贸易保护主义。可以预见，在未来的很长一段时间，美国可能是鼓吹贸易保护主义最激烈的国家，美国对引进外资、对引进别的国家的企业、对国际贸易、对移民，都将采取保守的、消极的姿态；而中国必将成为主张自由贸易最有力的国家。这是由两个国家不同的经济地位所决定的。这是历史规律，价值观受经济地位支配。

现在，中国的国际战略正处于一个相当关键的时期，我们必须继续扩大开放，扩大对外合作，扩大中国与国际的交往（包括经济和文化交往），中国将更深地融入国际社会，这是国际社会的需要，更是中国自己的需要。一个真正的大国的崛起，不是靠封闭，而是靠开放；不是靠排外，而是靠更加具有包容性；不是靠挤垮别的国家，而是与其他国家共赢。中国在文化传统上的极大包容性，是中国未来成为世界大国的精神基础，也是中国的优势所在。

中国现在正在大力推进"一带一路"战略。"一带一路"是中国营造新的全球秩序的核心战略，其重点是"五通"：第一是机制互通。中国要和沿线国家实现经济运行机制的一体化，借以实现中国国内经济运行体制的转变。二是基础设施互通。要帮助"一带一路"沿线国家实现基础设施的转变，中国的高铁技术、油气管道技术、光缆建设技术等在全世界都是一流的。三是贸易互通。要实现与沿线国家的自由贸易，打破美国贸易保护主义。四是资金互通。实现金融合作。五是民心要通。加强教育、文化、旅游方面的合作。"一带一路"秉持的理念是开放的区域主义，强调的是共享、共建、共商。中国人内心深处，还是一个"天下"和"王道"

概念，与霸权思路有着根本不同。我认为，"一带一路"会构建一种全新的经济政治格局，必将引发全球经济和政治格局的深刻变化。

未来对中国国际战略影响最大的变量还是中美关系。2017年将是对中美关系影响重大的一个特殊年份，特朗普执政后的很多变数将对中美关系、对中国的国际战略造成一定的影响，甚至是较为深远的影响。特朗普在选战中宣称要将中国列为汇率操纵国，甚至要对中国输美产品征收45%额外关税，引起国内外的很多讨论和疑虑。从特朗普的民粹主义和民族主义倾向而言，他执政后可能会对中国采取若干限制的政策，但这些所谓惩罚，是没有任何力量的，对美国经济也会产生极大的消极后果。现在中国和美国已经成为一体，你中有我，我中有你，一方对另一方采取这种不理性的惩罚措施，必然也会伤害自己。中美互为最大贸易国，中国现在已经是全球最大贸易国，在这种情况下，征收额外关税只会损害美国人民的福利，不符合美国人民利益。因此，从长远来说，特朗普政权如果考虑到中国美国之间的经济利益关系，应该收敛甚至停止他的所谓惩罚措施，因为这些惩罚对中国毫无意义，他手里针对中国的牌不多，对美国则意味着自我伤害。

中美在贸易领域引起大规模摩擦的可能性有多大呢？总体来说，我认为美国人是务实的，选战是一回事，执政又是一回事。相信在特朗普政权上台之后，这种大规模贸易摩擦的可能性很小。相反，随着中国综合国力的不断提升，美国需要中国企业的投资来带动就业，美国消费者需要中国最优质和低价的商品，美国政府需要与中国政府在任何国际战略上采取合作的态度，从国际金融事务，到汇率问题，都应该采取合作的态度。两败俱伤的结局不太可能出现。

有分析认为，由于特朗普宣布退出跨太平洋伙伴关系协定(TPP)，中国主导的《区域全面经济伙伴关系协定》(RCEP) 带来利好，并且认为随着美国减弱包括经济在内的外交、安保、军事等领域国际社会中的影响力，中国的影响力势必会得到增强。国外的这种分析往往暗含着"中国威胁论"的潜台词，而实际上，一个国家在国际舞台上发挥多大作用，是由这个国家的综合实力所决定的。中美两国在国际事务上到底各自发挥多大作用，也是由两国的经济和综合国力决定的，不以任何人的意志为转移。美国的全球战略，摊子铺得太大，成本巨大，管的事情太多，到处插手，美其名曰维护全球秩序，实际上是全球很多麻烦的制造者，已经引起了美国人民的强烈反对。毛主席六十年代在多个场合对此做出了精辟分析，认为美国必将为此付出巨大代价。特朗普的政策转向代表了美国人民的意志，尤其是中下阶层的美国人民的意志。因此，美国政府未来的战略收缩是必然的，因为他的国力已经难以支撑。中国在国际上的影响力正与日俱增，但中国不会效仿美国在全世界划分势力范围，更不会推行霸权，中国还是会坚守我们的传统文化，就是"王道"思想，以共赢合作的方式，实现中国的崛起梦想和世界的和平梦想。在这个方面，中国人有自己的根深蒂固的历史哲学，也有丰富的历史经验。

中国有望在2017年成为超越美国的全球第一大国际贸易国，成为全世界最大的开放国家，中国现在面临一个国际开放的大格局。在这个大格局下，对于人民币的国际化，对于中国企业"走出去"，对于构建一个新型的国际经济格局和政治格局，对于协调好国内战略和国际战略的关系，就要有一个比较成熟的、长远的、通盘的考虑。要汲取别的国家在全球化中的经验和教训，不要走弯路，不要被一时的胜利冲昏头脑，要有长远的战略考虑。当下的中国，已经到了必须"走出去"的阶段了，到了必须面对国际事务的阶段了，可是我们的眼光、胸怀、知识储备、文化适应能力等，是否做好了充分的准备呢？我感觉我们的准备还不够。我们对国际贸易和国际交往的基本准则，对国外的文化传统和法律环境，甚至对最近国家大力推动的"一带一路"战略沿线国家的历史、经济、社会、法律、宗教、文化等了解得还不够，要尽快补课。中国的很多企业家到国外去办企业，比如到非洲，到中东，往往习惯于套用国内的方式，甚至是那些不太光明磊落的方式，试图用这些手段迅速"搞定"对方的政府和企业，闹了很多笑话，教训很大。另外，中国企业"走出去"之后，在投资目的地赚取利润，但是并没有与当地的社区和人民融合在一起，与所在国人民的沟通不够深入和顺畅，功利主义的倾向很严重，没有承担相应的社会责任，没有把自己的企业形象树立起来，结果被当地的人民所憎恶甚至仇恨，这种现象很多，需要深刻反省。中国的国际战略成功与否，中国企业能否真正走出去，取决于我们对国际事务、国际游戏规则和国外文化环境的认知程度，取决于我们是否具备国际化的眼光和胸怀，具备大国的气度，这些都不是小聪明能够解决的，要有足够的知识准备和文化心理准备。

中国要重新回到康乾时代的国际位置，需要极其稳健的步伐，极其开阔的胸怀，极其冷静的心态。这个过程是长期的，不能过于自信，不能盲目求速。无论是人民币国际化，亚投行和"一带一路"的推进，还是中国企业和金融业对外的投资和拓展，中国在世界银行等国际组织所承担的国际义务和话语权的提升等，都要有缜密的考虑和理性的推进，不能头脑发热。20世纪80年代，日元迅猛大幅升值，日本的企业家到处疯狂购买企业和资源，疯狂购买各种资产和艺术品，出手阔绰，大方之极，日本的银行迅速跻身全球最大银行之列，日本的产品遍及全世界，成为直追美国的全球"老二"。但是这种情况没有持续太久，很快随着日本大举投资海外，国内的产业空心化越来越严重，国内的投资需求和消费需求疲软，经济增长的动力不足；二十年来日本饱受经济不景气的困扰，经济增长缓慢，失去了宝贵的二十年时间。直到现在，日本的经济都还处于一种疲软的状态，这不能不说是与日本的国际化战略有一定关系。中国不能走日本的老路，要把国际战略和国内战略平衡起来，不能只是"向外发力"而忘记了"练好内功"。日本从20世纪90年代开始到现在，二十年的萧条，增长缓慢，其根源在于国内的企业创新和产业升级受到忽视，国内的投资成本高，大量资本跑到国外，国内和国际失衡，看问题过于短期，目光短浅，贻害至今。中国这个"沟"能不能迈过去？现在中国企业的国内成本是不是有高企的趋势呢？很多企业家认为在美国开企业比在中国还要便宜，税收低，人工便宜，地又便宜，为什么不在美国开工厂呢？所以特朗普提出，美国要"再工业化"，要吸引全世界过去开工厂，提振经济，提高就业率。日本的"产业空心化"和美国的"再工业化"，这两个现象都值得我们好好思考，考虑我们的国际化战略和"走出去"战略，不要盲目，不要偏颇，要平衡，要理性，要循序渐进，不要空想主义和理想主义。

结束语

以上我们讨论了中国经济社会发展的十个方面的重大关系，这些重大关系处理得稳妥正确与否，对中国经济社会的均衡和谐发展影响极大。从宏观经济管理的角度来说，中国目前采取的是需求管理和供给管理并重的政策。需求管理一端，就是要通过各种政策的激励，扩大内需，尤其是扩大广大农村地区的需求，这是一个无比广阔的巨大的市场；供给管理一端，比较引人注目的是中国近年来提出的供给侧结构性改革，其主要目的是从长远的产业结构转型的角度，改造传统产业，消化过剩产能，发展战略性新兴产业，实现中国产业的进一步升级，从而提升中国产业的国际竞争力，增强中国经济增长的可持续性。供给侧结构性改革，也会倒逼经济体制和机制的变革，也就是中央十八大提出的国家管理创新，即整个经济运行机制的变革。如此，中国的经济增长就会实现彻底的转型，从更重视速度，到更重视质量；从更重视规模的扩张，到更重视结构的优化；从更注重经济发展，到更重视增长的可持续与社会的和谐以及民生的改善；从更重视效率，到更重视公平和效率的统一，重视弱势群体和欠发达地区的发展。

经济增长方式转型一直是近年来中国政府追求的核心目标，为了达到这一目标，中国在处理经济增长速度和质量关系方面实行了新的策略，牺牲一点增长速度，而着力解决产业结构问题、经济运行机制问题和经济增长质量问题，以保证经济的可持续发展，保障经济和环境的和谐。中国的宏观经济政策不仅着眼于眼前的保增长，还要着眼于长远的未来的调结构、惠民生，实现产业结构的优化和社会内部的和谐稳定。因此，容忍一定的低速度，换来长远的增长的可持续，是值得的；用各种过激的财政货币政策来刺激经济发展，结果只能有害于未来的长远经济发展。

未来中国变革的核心，是要创造一种合理的、弹性的、灵活的、创新的机制，给广大人民尤其是在社会经济结构中处于底层地位的人民以改变命运的机会，降低他们的生活和创业成本，给他们以生存的基本保障，提供其发挥才智的空间，使他们活得有尊严，有幸福感，有稳定感，有对未来的希望。要高度警惕和极力防止两极分化，防止某些垄断性的阶层运用自己的垄断地位谋取垄断利益。要创造一种公平的、竞争性的、透明的游戏规则体系，让整个社会富有弹性和协调性，打破僵化的社会结构。我们要尤其关注城乡一体化和区域一体化的发展，尽最大努力消除地域性和族群性的贫困，促使公共服务和社会保障均等化和普惠化，使人民尤其是农民和城市贫困居民能够分享社会发展和社会变革带来的红利，以此来保证整个社会的长治久安和经济的可持续发展。中国需要一种均衡的发展——区域均衡、城乡均衡、人群均衡、族群均衡——而不是撕裂式的发展。

最后，请允许我引用经济合作与发展组织秘书长安格尔·古里亚（Angel Gurria）为《中国经济的长期表现：960—2030年》一书所作的序言中的一段话：

> 当历史学家回顾我们的时代时，可能会发现几乎没有任何国家的经济发展可以像中国的崛起那样引人注目。可是，当他们进一步放开历史视野时，他们将看到那不是一个崛起，而是一个复兴。如今，中国可能正在变成世界上最大的经济体。然而，昔日她曾享此殊荣，那不过就是一百多年以前的事情。

第二章

中国经济体制变迁的历史脉络与内在逻辑[1]

一、引言：对经济体制变迁的不同模式的反省

本文的主旨是探讨中国经济体制变迁的历史起点、变迁路径以及内在逻辑，并对中国经济体制变迁的路径和经验进行反省，对其成就和偏差进行探讨，以期寻找未来中国经济体制变迁的大致方向。首先值得说明的是，在本文中，我不用"经济转型"或"经济转轨"这个经济学界常用的术语，而用"经济体制变迁"或"经济体制改革"这个虽比较陈旧但更准确的术语。其原因在于，"经济转型"或"经济转轨"这种术语，弥漫着西方经济学以自身为中心的一种极不恰当的学术傲慢气息，它以自己为标准衡量一切其他体制，以自己为中心观察一切其他的社会经济形态。

---

[1] 本文发表于《长白学刊》2017年第二期。

因此，"经济转型"或"经济转轨"这种词，与历史学研究中的"西方中心主义"在思维方式和逻辑体系以至于研究心态上是有内在的一致性的。近代以来，在整个科学界（包括自然科学和人文社会科学），这种思维方式、逻辑体系和研究心态不是覆盖着所有领域的一种主流的、我们习以为常而不知反省的"意识形态"吗？诸如"哥伦布发现新大陆"式的西方中心主义话语体系，笼罩着整个学术界，在经济学界尤其如此，以至于我们已经深深陷入这种极不适当、极不客观和科学的话语体系而不自觉，这极大地妨碍了我们对现实和真理的探索。事实上，世界上所有的经济体，即使是最发达的经济体，它的经济体制亦不可能是达到一种完美境地的、静态的、一成不变的。因此，经济体制的变迁是无处不在的，不绝对存在一种经济体制必然向哪一种经济体制"转轨"的问题。在经济史上，国家干预主义和经济自由主义的消长在任何国家都存在着，且随着时间和社会经济结构的演变不断发生着嬗变。因此，无论是国家干预主义还是经济自由主义，都不可能绝对化地被奉为永久的教条，而应因时而变，因地而变，相机抉择，不可"刻舟求剑"式地采取教条主义的态度，盲目崇信某种思潮而将其定位一尊。[1]

实际上，在西方的所谓"转轨经济学"界，从来没有统一的共识，对经济体制变迁的激烈争议从来没有停止过。这些争议不应当被理解为仅仅是经济学家纯粹的理论思辨，而恰恰相反，在真实的经济体制变迁当中，不同路径选择确实极大地影响着变迁的绩效，影响着这个过程中不同交易主体的利益结构的变化。强制性变迁和诱致性变迁、渐进式变迁与激

---

[1] 关于国家干预主义和经济自由主义思潮的消长，可参见王曙光：《金融自由化与经济发展》，第1—16页，北京大学出版社，2004年第二版。

进式变迁是其中的两组主要争议。虽然这两组概念的划分标准是有显著区别的——前者以制度变迁的主导者为标准，而后者以制度变迁的路径选择为标准——但是，这两组概念其实指向同一个事实，即在执行强制性变迁的经济体中，其制度变迁往往是以国家权力所有者为主导来推进的，其制度变迁的路径也往往带有激进式的特征；而在执行诱致性变迁的经济体中，其制度变迁则以初级行动团体为主导来推进，其制度变迁路径也常常带有渐进性的特征。但是在现实中，完全有可能出现另外一种不同的组合，即在国家主导的强制性制度变迁中，其推进模式有可能是渐进的，国家控制着制度变迁的节奏和速度，有意识地、有选择性地推进制度变迁策略，能够主动地决定何种制度需要快速推进，何种制度需要缓行或变相执行；而在初级行动团体为主导的诱致性制度变迁中，也有可能并不是和风细雨地推进，而是采取极其果断或迅猛的模式，从而使国家发生革命式的制度变迁。

在苏联和东欧社会主义国家的制度变迁中，除了个别的国家之外，大部分国家采取了国家主导的激进模式，制度变迁的节奏很快，变革很迅猛，对社会经济的冲击也很大，从而导致社会经济在制度变迁的冲击之下，长期难以恢复正常状态，使社会摩擦成本极高，付出了比较惨重的代价。究其根源，并不是其目标函数发生了颠覆性的失误，而是其制度变迁的路径选择存在严重的问题。这些国家在西方经济学家的引导之下，渴望按照新古典经济学的教条，以急风暴雨式的制度变革，迅速实现整个国家经济体制的自由化、市场化和产权的私有化。所谓"震荡疗法"（shock therapy），是一种大爆炸式（big bang）的跳跃性的制度变迁方式，希望在较短时间内完成大规模的整体性制度变革，也就是所谓"一步跨到市场经济"。大爆炸式的激进式制度变迁之所以往往很难取得预期的效果，甚至在很长时间之后仍然难以恢复正常的经济增长，其原因是早期的过渡经济学往往忘记了"制度"这一变量的特殊性。制度实质上是社会经济主体之间相互制约与合作的一种社会契约，因而制度变迁实际上是旧的契约的废止和新的契约的形成过程，而契约的重新设计、创新以及签订本身均需付出一定成本。比如在发生产权关系变革的制度变迁过程中，重新进行资产价值评估，重新以法律形式界定各方的权利义务关系，制定新契约和保护新契约等方面所花费的时间和费用，还有人们学习适应新的规则和关于新体制的知识所耗费的各种成本。这些成本的存在，注定了制度变迁不可能是一个一蹴而就的、急风暴雨式的瞬间的"历史事件"，而应该是一个"历史过程"。

我们需要深刻理解这个"历史过程"。具体来说，这个"历史过程"包含着经济主体的学习过程和知识更新过程（即政府、企业与居民为适应市场经济运作模式而必须逐渐获取和接受有关市场经济的理念和知识）、政府和立法机构的法律建构过程（即政府和立法机构对传统法律体系的修正以及建立新的法律架构和法律秩序，从而实现法律体系由传统计划体制向市场化体制的变迁）以及国家政治体制的完善过程。这些变迁都不可能在很短时间内迅速完成，而是必须经过较长时间的学习和适应才能奏效。这个"历史过程"注定是漫长而且艰辛的，驾驭这个"历史过程"，不仅需要路径设计上的前瞻性，而且需要极大的耐心和智慧。要在合适的拐点上积极推动制度变迁，而在制度变迁的时机未到时不盲目行动，这需要整个社会建立起一种协商的机制与关于制度变迁路径的共识，从而在每一个制度变迁时刻求得整个社会的最大利益公约数。

二、中国经济体制变迁的历史起点与基本条件

1978年左右开启的经济体制变迁,虽然基于对传统社会主义体制的系统反思与检视,但是这种反思与检视从总体来说,并不是对传统社会主义体制的一种颠覆式的抛弃,而在很大程度上承继了传统社会主义体制的宝贵遗产,并加以适当的修正。这个检视、反思、承继、修正的历史过程,当然不是一个经过事先详密计划的具有"顶层设计"意味的自上而下的过程,而是一个在既已形成的历史条件的基础上,边修正、边探索、边实验、边创新、边试错、边学习的过程,也就是一个"摸着石头过河"的"干中学"的过程。当我们梳理这个历史过程的时候,切勿把这个过程"断裂式"地看待,不要以为中国的经济体制改革是对原有体制的彻底抛弃和彻底否定,不要想当然地认为经济体制改革不需要任何历史条件和历史积淀就可以轻而易举地成功,也不要简单地仅仅把经济体制改革的成功归结为改革开放以来的制度变迁的自然结果。历史是延续的,一些历史形成的制度元素和物质元素不可能不对未来的制度变迁起作用,有些看起来是后来制度变迁所造成的结果,实际上也许更多地受惠于先前已经形成的制度元素和物质元素,是这些"历史变量"的合乎逻辑的历史发展的结果。从历史的长期的互相联系的角度看问题,比仅仅从当下的、短期的、断裂式的角度看问题,要科学得多,客观得多,如此我们对历史变迁才会有更为全面的认识。

(一)**农村基础设施与农村改革的物质条件准备**。中国的经济体制改革是从农村开始起步的。农村经济体制改革的成功与巨大绩效,不仅为整个改革开放提供了巨大的物质资本,而且为改革开放奠定了群众舆论基础,使改革开放的效果在最初的十几年被广大农民所肯定,从而赢得了更

为广泛的国民支持。农村改革之所以获得如此巨大的成功，当然与结束人民公社体制、改变农村激励机制、释放农民种粮积极性有直接关系，制度的变革使得农民获得了空前的经济自主权，其收益的分配机制也更为灵活，从而极大地激发了隐藏在农民中的创造潜能，改变了传统人民公社体制的一些弊端。但是不能简单地把农村改革视为对传统人民公社体制的抛弃和颠覆，恰恰相反，无论是从制度元素还是从物质元素上，农村改革都从传统人民公社体制中汲取了大量的"资源"，这些"资源"经过农村改革所提供的市场条件和激励机制的催化，释放出巨大的能量。从物质条件来说，农村改革受益于人民公社时期甚至更早的合作化时期所积累的大量物质要素，其中最主要的是农业基础设施的巨大改善。从20世纪50年代到70年代末，政府运用极大的政治动员能力、国家控制力，并借助合作社和人民公社的体制优势，对中国的农业基础设施进行了大规模的改造，实现了农业基础设施的"改天换地"般的巨大变化。

农业机械化在50年代到70年代有了长足的进步，根据农业部提供的农业机械总动力的数据，1957年我国农业机械总动力分别为165万马力和12.1亿瓦，1978年则分别为15975万马力和1175亿瓦。1952年我国的排灌动力机械分别为12.8万马力和0.9亿瓦，1978年则分别为6557.5万马力和482.3亿瓦。[1]。农业机械使用量在计划经济时期获得了较大幅度的增长，如大中型拖拉机1952年全国共有1307台，1962年增至5.5万台，1978年有55.74万台；机动脱粒机1962年全国有1.5万台，

---

[1] 中华人民共和国农业部计划司编：《中国农村经济统计大全（1949—1978）》，北京：农业出版社，1989，第308—314页。

1978年达210.6万台。[1] 在50年代到70年代整个计划经济期间，农田水利设施得到了巨大改善，广大农村地区根据各地的实际情况，充分利用了人民公社的制度优势，对大江大河和各地的区域性水利设施进行了大规模改造，平整农田，改善灌溉和防洪防旱条件，取得了辉煌的成就，这在中国数千年历史中都是极为罕见的。而这些农田水利设施的改善，无疑对于改革开放后的农业增长起到了巨大的作用。农村中的机耕面积和有效灌溉面积在整个计划经济期间有了很大增长，1952年我国机耕面积为204万亩，1978年为61005万亩；有效灌溉面积1952年为29938万亩，1978年为67448万亩；1952年我国机电灌溉面积占有效灌溉面积的比重仅为1.6%，到1978年这一比重已经达到55.4%。[2] 农业技术水平和农业技术投资在这一期间也有极大的增长。第二章有详尽的论述，不再赘述。总之，在整个计划经济期间，农业基础设施建设、农业机械化和现代化、农田水利改造以及技术水平的提升等，都为改革开放后的农业奇迹做出了历史性的贡献。这些贡献应该得到客观评价，其作用不容抹杀，不能被"故意"忽略。

（二）**1949—1978年所准备的人力资本条件**。人力资本对经济发展的影响甚大，而人力资本的概念，应该包含教育、健康和生育等多方面的维度。李玲教授在她的研究中正确地指出了改革开放前中国人力资本方面的巨大改善对改革开放后创造"中国奇迹"所起到的巨大作用："新中国前三十年的一条重要经验在于寻找到一条依靠劳动密集投入的路径，保障

---

[1] 中华人民共和国农业部计划司编：《中国农村经济统计大全（1949—1978）》，北京：农业出版社，1989，第308—315页。
[2] 中华人民共和国农业部计划司编：《中国农村经济统计大全（1949—1978）》，北京：农业出版社，1989，第318页。

全民健康、教育，提高劳动力素质，降低人口的死亡率和生育率。用最低的成本启动人力资本内生改善的机制是中国模式的重要特征，使得中国在改革开放前人均收入水平很低的情况下就能够拥有高于其他发展中国家的人力资本禀赋，这为中国在改革开放后迅速地把握全球化的有利时机创造经济奇迹提供了内部动力。中华人民共和国成立后低成本高效率的人力资本的累积方式，不但为探索后续的经济奇迹的来源提供了重要线索，也创造了一种全新的人类发展模式。"[1] 从健康方面来说，中华人民共和国成立以来人民健康事业取得巨大进步，很多流行性疾病如天花、霍乱、性病等得到彻底消除，而寄生虫病如血吸虫病和疟疾等得到大幅度削减。平均寿命从1949年的35岁增加到1980年代早期的70岁，婴儿死亡率从1950年约250‰减少到1981年的低于50‰。这些成就，不但在发展中国家遥遥领先，而且很多指标超过了中等发达国家，甚至接近某些发达国家水平。中国在70年代相对较低的生育率水平和社会成员的健康与教育水平联系紧密，婴儿死亡率和儿童死亡率明显低于相同经济水平和更高收入水平的发展中国家，这使得家庭减少了通过多生育子女来提高子女存活数量的激励，而妇女地位提高、教育水平提高和科学避孕技术的采用是生育率下降的另一组重要原因。节育、教育、健康在伴随着妇女解放的过程中螺旋式上升，在性别和代际间不断改善人力资本的存量。[2] 从教育来看，中华人民共和国成立以来到20世纪70年代，中国在初等和中等教育方面成效显著，农村青壮年文盲率大为降低，由1949年的80%左右

---

[1] 李玲:《人力资本、经济奇迹与中国模式》,载潘维主编:《中国模式:解读人民共和国的60年》,北京:中央编译出版社,2009年版,第201页。

[2] 李玲:《人力资本、经济奇迹与中国模式》,载潘维主编:《中国模式:解读人民共和国的60年》,北京:中央编译出版社,2009年版,第210—215页。

降低到 15% 左右，而改革开放初期印度的文盲率为 60%。在正规教育方面，1949 年中国小学入学率在 25% 左右，而到改革开放初期，学龄儿童入学率稳定在 90% 左右，1979 年小学净入学率高达 93%，接近工业化国家水平，其中小学生中 45% 为女生；中国拥有中等教育水平的人口显著高于其他发展中国家，甚至高于某些发达国家。[1]1978 年之前人力资本的积累，为改革开放的成功提供了雄厚的人才基础，反观 80 年代之后，在人力资本的某些方面（比如农村医疗体系、人均健康水平、基础教育体系等）反而退步了，这些需要深刻的反思。

（三）**人民公社体制的调整所准备的制度变革条件**。改革开放后实行了家庭联产承包责任制，人民公社体制慢慢退出历史舞台。实际上，人民公社体制在六七十年代也在不断调整，不断消除其一些弊端，其中核心的调整就是激励机制的调整。这些调整的方向实际上与改革开放后的制度变革是一致的，这就为改革开放后的制度变革提供了历史条件和基础。第五章对人民公社的制度调整做了详细的研究，在此只简要回顾一下。调整主要体现在两个方面：基本核算单位的改变和建立农业生产责任制的尝试。1959 年 2 月 27 日至 3 月 5 日召开的郑州会议提出了指导人民公社建设和整顿的具体方针："统一领导，队为基础；分级管理，权力下放；三级核算，各计盈亏；收入计划，由社决定；适当积累，合理调剂；物资劳动，等价交换；按劳分配，承认差别。"[2] 这是人民公社体制的第一次调整。1960 年 11 月 3 日，中共中央在《关于农村人民公社当前政策问题的紧急指示信》中又强调了以下几点：（1）三级所有，队为基础，是现阶段

---

[1] 李玲：《人力资本、经济奇迹与中国模式》，载潘维主编：《中国模式：解读人民共和国的 60 年》，北京：中央编译出版社，2009 年版，第 216—217 页。
[2] 《建国以来毛泽东文稿》第 8 册，中央文献出版社 1993 年版，第 916 页。

人民公社的根本制度;(2)坚决反对和彻底纠正一平二调的错误;(3)加强生产队的基本所有制;(4)坚持生产小队的小部分所有制;(5)允许社员经营少量的自留地和小规模的家庭副业。[1]经过各地调查和试点,以及1962年年初七千人大会的讨论,1962年2月13日正式发出《中共中央关于改变农村人民公社基本核算单位问题的指示》(以下简称《指示》),指出,以生产队为基本核算单位,更适合于当前我国农村的生产力水平,更适合于当前农民的觉悟程度,也更适合于基层干部的管理才能,是调动广大农民集体生产积极性的一项重大措施。《指示》还指出,实行以生产队为基础的三级集体所有制将不是一项临时性的措施,而是在一个长时期内(例如至少30年)需要稳定施行的根本制度。[2]据此,中央对《农村人民公社工作条例(修正草案)》再次作了修改,并于9月27日由八届十中全会正式通过。此后到1978年12月中共十一届三中全会重新制定了《农村人民公社工作条例(试行草案)》之前,这个修正草案一直是对农村人民公社和整个农村工作起指导作用的文件。

与人民公社基本核算单位下调同步进行的是农业生产责任制的建立与健全。在1958年年底和1959年上半年的整顿期间,人民公社基本核算单位逐步下移到生产大队(生产队),平调的财物做了算账退赔,分配上减少了供给制的比例,劳动管理方面明确了人民公社也要建立责任制,也要包产。在这个时期,"三定一奖"("三定"指定产、定劳力、定投资,"一奖"均指超产奖励)或"三包一奖"("三包"指包产、包工、包成本)的责任制形式得到普遍认同,类似的责任制形式在各地不断涌现。

---

[1] 《建国以来重要文献选编》第13册,中央文献出版社,1996年版,第661—662页。
[2] 《建国以来重要文献选编》第15册,中央文献出版社,1997年版,第176、180页。

1961年6月15日公布的《农村人民公社工作条例（修正草案）》规定："生产队是直接组织生产和组织集体福利事业的单位。""生产大队对生产队必须认真实行包产、包工、包成本和超产奖励的三包一奖制。可以一年一包，有条件的地方也可以两年、三年一包。包产指标一定要经过社员充分讨论，一定要落实，一定要真正留有余地，使生产队经过努力有产可超。超产的大部或者全部，应该奖给生产队。""生产队为了便于组织生产，可以划分固定的或者临时的作业小组，划分地段，实行小段的、季节的或者常年的包工，建立严格的生产责任制。畜牧业、林业、渔业和其他副业生产，耕畜、农具和其他公共财物的管理，也都要实行责任制。有的责任到组，有的责任到人。"[1] 既然"责任制的单位较生产队有所减小，可以是'组'和'个人'，一些地方在贯彻执行'六十条'时，走向了不同形式的或者变相的'包产到户'。"[2] 这个修正草案还规定："在生产队办不办食堂，完全由社员讨论决定。""社员的口粮，不论办不办食堂，都应该分配到户，由社员自己支配。"[3] 这就等于事实上宣布取消了农村公共食堂和分配上的供给制，对削减社员间的平均主义具有重要意义。"文化大革命"结束后，定额管理和各种类型的农业生产责任制陆续恢复并有新的发展，直到20世纪80年代初被土地家庭承包经营所取代。从这个连续的历史过程中我们可以看出，人民公社在核算单位和农业生产责任制方面的探索和调整，实际上为改革开放后的农业体制变革开辟了道路。

（四）人民公社体制下的社队企业发展与乡镇企业的崛起。乡镇企业的发展被学术界普遍认为是中国经济改革所取得的最重要成就之一，80

---

[1] 《建国以来重要文献选编》第14册，中央文献出版社，1997年版，第385、393、399页。
[2] 贾艳敏：《农业生产责任制的演变》，江苏大学出版社，2009年版，第131页。
[3] 《建国以来重要文献选编》第14册，中央文献出版社，1997年版，第401页。

年代成为中国经济"三分天下有其一"的重要组成部分。到90年代之后，乡镇企业融入了民营经济发展的大潮，中国的经济结构发生了深刻的变化。乡镇企业在80年代中后期之前称之为"社队企业"，而社队企业是50年代以来人民公社体制的重要产物。可以说，正是社队企业在50年代到70年代的大发展，才奠定了乡镇企业的发展基础，从而为改革开放的成功奠定了基础。

1958年开始，基于毛泽东关于人民公社"工农兵学商"相结合的设想，中共中央正式提出了发展农村工业和社队企业的政策主张。1958年12月10日，中共八届六中全会通过的《关于人民公社若干问题的决议》提出："人民公社必须大办工业。公社工业的发展不但将加快国家工业化的进程，而且将在农村中促进全民所有制的实现，缩小城市和乡村的差别。"1958年后，人民公社所办的工业得到了迅猛的发展。1958年社办工业达260万个，产值达62.5亿元。六七十年代是社队企业发展较快的时期。这一时期，社队企业在全国蓬勃发展，有些地区社队企业的规模比较大，奠定了乡村工业化的基础，也为未来乡镇企业的大发展提供了技术条件、管理经验和人才条件。

在整个"文化大革命"期间，社队企业有了长足的发展。1965年至1976年，按不变价格计算，全国社办工业产值由5.3亿元增长到123.9亿元，在全国工业产值中的比重由0.4%上升到3.8%。到1976年年底，全国社队企业发展到111.5万个，工业总产值243.5亿元，其中社办工业产值比1971年增长216.8%。而江苏省的农村工业又是发展比较好的，1975年社队工业总产值达22.44亿元，比1970年的6.96亿元增长2.22倍，平均每年增长20%以上；同期社队工业在全省工业总产值中所占比重，由 3.3% 上升到 9.3%。[1] 我们可以想象，如果没有这些社队企业的发展，如果没有六七十年代社队企业的管理经验的积累和技术积累，80 年代以来的乡镇企业的异军突起是不可能实现的。据统计，到改革开放前的 1978 年，社队企业恢复发展到 152 万个，企业总产值达 493 亿元，占农村社会总产值的 24.3%，[2] 这就为乡镇企业的发展奠定了坚实的基础，也为我国的改革开放尤其是农村改革提供了雄厚的物质基础。

（五）比较完备的工业体系的构建与技术、人才条件的历史准备。20 世纪 50 年代，随着"一五"计划的实施，新中国的社会主义工业化建设开始启动，经过 20 多年的发展，到改革开放的 80 年代，我国已经基本建立起一个比较完备的工业体系，重工业、轻工业和国防工业都发展到一定的水平，培养了大量的技术人才和基层技术工人。从国际比较的角度来说，我国在 20 多年的时间里，以极快的速度，从一个一穷二白、工业基础极为薄弱的国家，发展成为一个拥有比较完备的工业体系的工业国家，实现了整个国家的初级工业化，这是一个极为伟大的前无古人的成就，在世界经济发展史上也是极为罕见、没有先例的。在第一个五年计划时期（1953—1957），工业发展总体上持续高速增长，工业总产值、工业基本建设投资、基建新增固定资产等指标增长迅猛，其中工业总产值年均增长 18.36%，"一五"计划取得了极大的成功。1952—1957 年间，重工业产值增长了 210.7%，轻工业产值增长了 83.3%，年均增长速度前者为 25.4%，后者是 12.9%，轻重工业都得到了快速发展。[3] 第二个

---

[1] 莫远人主编：《江苏乡镇工业发展史》，南京工学院出版社，1987 年版，第 140 页。
[2] 韩俊：《中国经济改革三十年：农村经济卷》，重庆大学出版社，2008 年版，第 145 页。
[3] 上海财经大学课题组：《中国经济发展史（1949—2005）》（上），上海财经大学出版社，2007 年版，第 290—291 页。

五年计划时期（1958—1962）是"大跃进"和经济调整时期。在这个时期，工业生产总量指标出现波动（1961年达到低谷），从这五年的总体增长而言，工业总产值增长率年均为9.46%。[1] 在国民经济调整和恢复时期（1963—1965），工业生产有所恢复，工业总产值年均增长18.16%。在此期间，工业总产值在社会总产值中的比重持续上升2.02%，1965年年底比重为52.02%，我国工业化程度进一步提高。[2] 1966—1976年间，我国工业发展仍然保持了快速的增长，虽经艰难曲折仍旧有年均9.5%的增长率。从1966年到改革开放的1978年，我国工业总产值在社会总产值中的比重不断上升，从1965年的52.02%上升到1978年的61.89%；尽管经历了十年的曲折，但是我国工业化水平仍然不断提高，工业在国民经济中发挥着越来越举足轻重的作用。[3] 1966—1976年间，国家积极支持"五小"工业的发展，使得小型企业发展迅猛，1976年全国小型企业数由1970年的19.11万个增加到28.76万个，1977年增至31.6万个，占全国工业企业总数的97.97%。同时，这个时期的集体所有制企业的增长也远远超过全民所有制企业的增长，1965—1976年间，城镇集体工业的产值由133.1亿元增长到489.4亿元，占工业总产值比重由9.6%上升到15%。[4] 可以说，前三十年的工业发展为改革开放后的经济发展提供了雄

---

[1] 上海财经大学课题组：《中国经济发展史（1949—2005）》（上），上海财经大学出版社，2007年版，第302页。

[2] 上海财经大学课题组：《中国经济发展史（1949—2005）》（上），上海财经大学出版社，2007年版，第309页。

[3] 上海财经大学课题组：《中国经济发展史（1949—2005）》（上），上海财经大学出版社，2007年版，第319页。

[4] 上海财经大学课题组：《中国经济发展史（1949—2005）》（上），上海财经大学出版社，2007年版，第324—325页。

厚的物质基础，其中中小企业的发展和非全民所有制的城乡集体企业的发展，为改革开放后中小企业遍地开花以及所有制结构的调整奠定了基础。这个发展过程是一脉相承的，而不是断裂的。

（六）社会主义计划的自我调整所奠定的新型"计划-市场"关系。毛泽东、刘少奇、陈云、李富春等第一代领导者在中华人民共和国建立初期，经过一段时间的摸索与试验，已经对计划经济运行的规律有了比较深刻的认识。他们都一致强调，社会主义计划不是一种刻板的计划，而是考虑到一定的自由度，考虑到区域的差异性，考虑到企业的自主权，考虑到计划本身的弹性和可调节性。这些认识对社会主义计划经济的刻画是一种弹性的社会主义模型，而不是一种僵化的社会主义模型。我们在第六章对此有过详尽的探讨，在此只做提纲式的论述。这种弹性的社会主义计划经济既要集中计划和统一，以期消除经济运行的无组织和无政府状态，又要体现一定的分散性和灵活性，使计划不是一个僵死的东西，而是一个弹性的体系。这种弹性的社会主义计划经济是中央计划的统一性和因地制宜的结合，是集权和分权的结合，在强调中央权威的前提下，也尊重地方的一定意义上的自主性和独立性。在中国这样一个大国实行计划经济，必须调动地方的积极性和主动性，而不是单纯强调集中统一。从某种意义上来说，正是地方的博弈行为使社会主义计划能够有效率地实施，且能够完成自我调整。这种弹性的社会主义计划经济强调"大计划"和"小自由"的结合。允许自由市场在一定程度上、一定区域内、一定产业中存在。既要有大一统，又要对一些细小的部分留有一定的余地，使微观的细胞能够充满活力，在非关键领域实施灵活的价格政策和资源配置政策。这种弹性的社会主义计划经济是明确规定的指令性计划和不明确规定的隐含的指导性计划的结合。这个思想早就存在于第一代领导者中，现在这种思想则成为我国制订经济计划的主导性的原则。这种弹性的社会主义计划经济强调把经济计划与价值规律结合，提倡尊重价值规律。这种计划体制其实是试图把计划和市场平衡起来，不破坏市场规律，尤其是价值规律。弹性社会主义模型中对市场规律的包容性解释，实际上为改革开放后解决"计划－市场"的矛盾统一提供了理论上的可能性和现实中的可操作性。改革开放后，我国的经济运行机制发生了深刻的变化，而对社会主义计划的系统性反思和调整，实际上在此之前的几十年就在进行了。

三、中国经济体制变迁的内在逻辑和传统智慧

中国自1978年以来实行的改革开放实践，为全球发展中国家和转型经济国家提供了生动而有价值的参照系。中国改革开放的不断深化和持续的经济增长，蕴含着大量富有创造性的中国智慧，同时也为经济学家探讨经济发展和转型理论提供了丰富的视角。可以毫不夸张地说，中国的经济改革中所包含的一整套思维形态、理论框架和行动模式，必将成为全球经济发展的最重要成果，同时也必将引发经济学内部的一场深刻的反省与革新。从这个意义上说，对中国改革开放模式的总结无疑将具有全球意义，中国的经验为那些处于发展中的转型国家提供了大量值得借鉴的行动框架与制度安排，这些行动框架和制度安排无疑都烙上了独特的中国智慧的印记。然而我们还是可以从中国范式中抽象出一些更为一般的规律或者原则，这些一般原则尽管不可能在另一种文化或制度框架中被完全复制，但是其借鉴价值却值得珍视。中国经济改革的传统智慧可以概括为以下八条：

第一，中国的经济改革具有强制性变迁与诱致性变迁相融合的特征。

其突出的表现是，在很多领域的改革中，初级行为团体在制度选择和制度变革中起到引人注目的关键作用。如农民在影响深远的农村制度变革中就不是作为单纯的"制度接受者"，而是在某种程度上参与和开启了制度选择和制度变革，最后再由政府将这些制度选择和制度变革形式向更大的范围推广，并以国家法律的形式对初级行为团体的制度选择和制度变革加以确认和合法化。从这个角度来看，中国在以国家为制度主体的强制性制度变迁中，又包含着若干的诱致性制度变迁的因素和特征，这构成中国经济转型的一个重要特色。

第二，中国的经济改革具有渐进性变迁和激进性变迁相融合的特征。中国的经济改革总体上无疑是渐进式的，具有试错的"摸着石头过河"的特征，边际化改革有效降低了改革的摩擦成本，减少了社会震荡。但在每一具体改革举措的推行和新制度安排的实施方面，又具有激进的特征。很多具体的改革机制实际上是在很短的时间内完成的，国有企业的股份制改革、国有商业银行的股权结构和内部治理结构的变革、资本市场的股权分置改革等，实施周期都非常短。这显示出中国改革于总体稳健渐进的条件下在具体改革实施层面的果断性以及对于制度变革时机的准确把握。值得强调的是，渐进性改革虽然在制度变迁的长期路径上体现出渐进性特征，但是在制度变迁的每一个具体阶段和具体步骤上，又应该具有改革的实质性和果断性。也就是说，改革的每一个具体阶段和具体步骤都应该触及实质性的经济关系，都应该为最终的市场化目标奠定基石。渐进性制度变迁的使命是尽快建立完善的市场经济机制，结束经济体制长期扭曲和双轨运行的局面，避免经济过渡时期内传统体制的复归和经济矛盾长期累积而发生经济体系的全面危机。

第三，中国的经济改革具有增量改革的特征。中国改革采取边际性的增量改革的方式，整体改革过程不是按照一个理想的模式和预定的时间表来进行的；新的资源配置方式和激励机制不是同时在所有经济领域发挥作用，而是在率先进行改革的部门和改革后新成长的部门首先发挥作用。国有企业的改革就是这种增量改革模式的典型表现。早期的承包制在不触动国有企业根本产权制度的前提下，利用利润留成产生了新的增量使用，取得了在国有企业改革的特定时期改善激励机制和提高效率的成果。乡镇企业的发展壮大是增量改革的另一个典型案例。乡镇企业在未触动传统经济部门和不对原有资产存量进行再配置的前提下，创造了国民经济中新的市场作用的领域，在资产增量的配置中逐渐引入了越来越多的市场机制，从而大大增加了经济的活力。当然，增量改革在不触及原有经济格局、维持社会经济稳定和利益格局均衡的同时，也对资源配置效率产生了某些消极影响。新体制和传统体制的双轨并行产生了大量的租金机会，企业和居民等经济主体倾向于通过寻租而不是公平的市场竞争来获得收益，容易造成大量生产性资源的浪费。

第四，中国的经济改革具有典型的局部性"试验—推广"的特征。政府先在某些经济领域或某些地区进行尝试性的改革，然后将成熟的经验和运作方式向其他地区和经济领域进行推广。这种"试验推广"的局部性改革方式尽管在某种程度上降低了改革风险，保证了整个改革过程的可控制性和稳健性，但是局部性改革本身的推广依赖于国家对不同领域和不同地区的强制性与行政性的隔离与割裂，容易导致不同地区和经济领域的发展与改革的不均衡性。但从总体来说，局部性的"试验—推广"的积极效应远远大于其消极层面，局部的尝试性改革激发了创新精神，同时也是整个国民对新体制和新模式的不断学习、适应和鉴别的过程，这对于降低改革的实施成本产生了积极作用。这种模式对全球其他转型国家无疑也有借鉴意义。

第五，中国经济改革具有建立在有效利益补偿机制基础上的帕累托改进性质。改革说到底是一个利益格局的变化过程。在这个过程中，如何建立有效的利益补偿机制，使得改革中每一个人的福利均能获得"帕累托改进"而不是"非帕累托改变"，是经济改革的核心问题。在中国的整个改革过程中，中央决策者都能够在改革推进的关键时点对改革的受损者进行及时的补偿，使得改革的实施成本和摩擦成本降低到最低限度，避免了社会格局的断裂。尤其是近年来，中央提出"城市反哺农村、工业反哺农业"，农业税的取消、农村合作医疗的推行、农村公共设施财政支付力度的加大、农村教育经费的倾斜等，都是这种利益补偿机制的有机组成。

第六，中国经济改革的成功推行，有赖于有效的财政分权体制以及由此激发的地方政府创新精神。在中国的渐进式转型中，地方创新行为总是充当了相当重要的角色。地方政府以及其他微观经济主体共同形成了地方性的创新主体，从而有力地推动了中央计划者的改革行动；而中央计划者总是在总结地方创新主体的创新经验之后，将其适当合法化，从而形成整个国家的集体行动。很多经济学家认为，转型中的地方政府之所以会有发展经济的行为，是来源于边际激励很强的财政分权体制的作用。财政分权体制使中国转型中的地方政府形成了很强的发展经济的激励。地方政府在财政分权体制下有足够的动力和内在激励去发展地方的经济，并给地方民营经济创造良好的发展条件。地方政府与民营企业的互动，促进了民营经济的发展；而地方政府官员与地方经济发展在利益上的一致性，是地方政府能够选择促进民营经济发展的重要原因。

第七，在中国经济改革中，一个显著的表现是在整体性的制度安排尚未做出系统性改革的条件下，对某些微观主体创新行为采取默许式激励方式，这构成渐进式转型的一个重要特征。农村的家庭联产承包责任制的推行，并不是在全国一刀切式地进行推广的，在家庭联产承包责任制试验的初期，农民和地方政府表现出强烈的创新意识。对于微观主体的自主创新，中央采取了务实的宽容态度，允许农民的自发试验。国有企业改革的各种自发性尝试行为也被中央默许和鼓励，而不是被武断地以一种统一的模式推行。在金融体系的改革中，各地农村合作金融机构和城市金融机构在产权重组与经营模式多元化上也得到了中央的默许式激励。这种对微观主体创新行为的默许式激励被证明是有效的，它容许在一定范围内的自发试验，容许微观主体在合理的程度上进行局部的创新，结果是为整个制度创新和制度变迁提供了必要的舆论前提和经验准备。

第八，在经济改革进程中，中国在保持国家控制力和意识形态稳定性的前提下，建立了有效的不同利益集团的制衡机制与利益表达机制。很多国内外文献指出，中国持续稳定的经济增长和顺利的转型，依赖于强大的国家控制力和政治格局的相对稳定，同时中国在持续的法治化努力下建立了新的制度框架和法律框架，不同利益集团的利益均衡和利益表达有着比较畅通的渠道，这为解决经济改革中利益主体不均衡问题提供了制度基础和有效渠道。这是值得发展中国家和转型国家借鉴的一条政治经济学基本智慧。

四、中国经济体制变迁的若干检讨和未来方向探讨

20世纪70年代末期在中国掀起的意义深远的巨大的改革洪流，奠定了中国在此后40年间改革与发展的基调。它对于中国人民思想观念上

的强烈冲击和对于中国经济体制的深刻影响，已经并将继续随着历史的演进逐渐清晰地显现出来。广泛而深刻的体制变迁使中国获得了崭新的经济形态，40年间高速度的经济增长、广大民众生存与福利状况的巨大改善、国家综合实力的迅猛提升，这些举世瞩目的经济成就，成为近代世界经济发展史上罕见的经济赶超奇迹，中国的改革被公认为经济发展与体制变迁的成功范例。

这场改革带给中国人观念上的震撼是无可比拟的，中国人通过这场波澜壮阔的变革获得了对于传统体制的宝贵的反思力量。我们难以想象，如果没有这种反思的勇气，中国如何能够支撑如此艰巨而漫长的改革进程。如前所述，早在中国社会主义经济建设的初期，毛泽东就力图突破传统的封闭的苏联模式而在发展战略构想中独创具有中国特色的发展道路，这些思想和实践为中国70年代末期的经济改革创造了某种富有弹性的制度空间。邓小平继承并发扬了这种实事求是的反思精神，开启了一个中国民众自主选择发展模式的新时代。通过比较这两个时代背后的精神实质，我们发现，这种反思和叛逆的勇气是一脉相承的。

邓小平同志1992年春天的"南方讲话"是一个具有重大历史意义的事件，他对中国传统社会主义意识形态的冲击，改变了许多根深蒂固的观念。保守主义者心目中奉为神圣的许多信条，如所有制问题，分配制度，社会主义本质特征，市场经济与社会主义的关系问题等，都有了崭新的迥然不同的表述。社会主义成为一种"弹性的解释体系"，它再也不与单一的所有制、平均主义的分配制度、大一统的高度计划经济体制等意识相联系，而是与多元化的所有制结构、承认收入差异性以及更重视价格配置资源作用的市场经济体制相联系。这些观念，对于中共确立市场经济的体制改革目标，对于1999年宪法的修改，都具有先导意义。

如果我们回顾这20年的改革进程，就会发现，凡是遵循经济发展的基本规律、尊重微观经济行为主体的选择权利、坚持改革的市场经济取向的时期，我们的改革事业就会顺利地进行，反之就会出现改革徘徊不前以至倒退的局面；我们还会发现，凡是在那些尊重微观主体的自主选择权利、鼓励和保护微观主体制度创新的热情、始终坚持市场经济的基本取向的经济领域，我们的改革就会取得巨大的成效。改革开放初期农村生产经营体制的成功变革和乡镇企业的迅猛崛起，都是这个结论的最为有力的佐证。中国将社会主义市场经济作为改革的基本目标模式，是经过40年改革的风风雨雨，坎坎坷坷之后得出的正确选择。我们终于认识到，只有将市场调节作为资源配置的基本手段，才能最大限度地激发微观主体的创新热情，才能实现物质和人力资源的最优配置，才能促进生产力的持续稳定的发展。可以说，始终不渝地坚持改革的市场经济取向，是中国20年改革最为宝贵的经验。

一个竞争性的有效率的市场经济体系包含三个基本要素：其一是必须有自主经营、自负盈亏、产权明晰、权责明确的并有自主的市场选择权利的微观经济行为主体；其二是必须有以竞争性的市场价格为导向的、包含各种要素的完善的市场体系；其三是必须有主要通过市场手段进行调节的、规范而有效的宏观管理体系。这三个要素互为条件、互相制约，共同构建成一个完整的市场经济体制。经过40年的改革，我们完全可以说，我们已经初步建立起社会主义市场经济体系，在重塑充满活力的市场主体、构建竞争性的市场机制和完善政府宏观调控体系三个方面都取得了突破性的进展。但是，这并不意味着我们的市场经济体系已经完美无缺，恰恰相反，以上述三个标准来衡量中国的市场化改革，我们还要有很长一段路要走。在重塑具有充分活力的市场主体方面，中国的国有企业改革还要按照市场化的要求继续深化。国有企业一方面要建立产权明晰的现代企业制度，真正成为摆脱行政依附色彩的独立的市场主体；另一方面要按照"有所为有所不为"的原则逐步从竞争性产业中实现战略性退出。在构建竞争性的市场机制方面，中国要切实营造一种鼓励竞争的社会氛围，消除国有经济在某些竞争性行业的垄断地位，鼓励和允许民间资本平等参与市场竞争，并取消在某些行业中仍旧残存的不符合市场经济规律的价格管制。在完善政府宏观管理体系方面，政府要转变传统的强力行政干预的观念，主要运用市场化的手段对经济进行规范的宏观调控，减少对经济运行的直接介入。"把企业当作企业，把政府当作政府"，这是一个极为浅显的道理，但是要实现这样的目标，中国还要付出更多的努力。

我们还要反省渐进式变迁的消极层面。40年以来，中国采取的是一种渐进式的以制度的局部创新和地域的局部开放为突破口的改革模式。在旧有的传统体制尚未彻底消失的前提下进行新体制的尝试，这种从旧体制内生出来的增量改革路径是制度创新成本和体制摩擦成本最小的一种模式；与那些暴风骤雨式的制度变迁的激进模式相比，这种渐进模式更易于被民众接受，避免了巨大的社会恐慌、社会利益结构的震荡性变化以及经济秩序的极端混乱。但是，渐进模式初期的成功并不意味着它完美无缺一劳永逸。它对旧体制的宽容为以后改革的彻底性设置了一定的屏障，丧失了全面彻底改革的最佳时机，使得制度弊端和体制缺欠得以苟延残喘恶化淤积，直到不可收拾的地步。这也是在经过高歌猛进的变革阶段后改革突然变得步履维艰的内在原因。政治体制改革的缓慢和延宕，国有企业产权改革的徘徊，以及行政体系的无效率，对于改革的进一步推进起到严重的阻碍作用；渐进模式在这些领域的犹疑态度在长期中加大了改革成本，旧体制对于经济增长的阻力开始显现，而新旧体制"双轨"并行不悖的增量改革的能量已经释放殆尽。渐进模式并不意味着放弃彻底而全面的制度创新，尤其是政治制度创新。

我们还要防止过度的市场化带来的风险，对某些领域过度市场化的弊端要有足够的警惕和反省。我们要深刻检视国家和市场的关系。十八届三中全会明确地指出："使市场在资源配置中起决定性作用和更好发挥政府作用。"对于后半句，我们恐怕还要有更为深刻的认识。在很多涉及国民基本福利和社会保障的领域，在很多民生和公共服务领域，过度的市场化已经给社会稳定和经济发展造成了巨大的负面影响。医疗领域过度市场化带来的看病难看病贵问题，教育领域过度市场化带来的教育乱象和教育质量下降问题，已经引起了全社会的关注和不满。即使是国有企业的改革，凡是涉及公共领域（比如在廉租房领域，在涉及公共安全的金融领域），也要在市场化方面极为审慎，不能以市场化为名损害广大人民的基本福利，不能以有损整个社会的和谐稳定为代价来盲目推行市场化。我们还要警惕在推行市场化的过程中行政权力与资本的勾结，警惕官僚资本主义对整个国家秩序和市场秩序带来的损害。我们要防止在市场化过程中利益格局的固化和社会结构的固化，要创造一种合理的、弹性的、灵活的机制，给广大人民尤其是在社会经济结构中处于底层地位的人民以改变命运的机会，降低他们的生活和创业成本，给他们以生存的基本保障，并给他们提供发挥才智的空间，使他们活得有尊严，有幸福感，有稳定感，有对未来的希望。要高度警惕和极力防止两极分化，防止某些垄断性的阶层运用自己的垄断地位牟利，要创造一种公平的、竞争性的、透明的游戏规则体系，让整个社会富有弹性和协调性，打破僵化的社会结构。我们尤其要关注城乡一体化和区域一体化的发展，尽最大努力消除地域性和族群性的贫困，促使公共服务和社会保障均等化和普惠化，使人民尤其是农民和城市贫困居民能够分享社会发展和社会变革带来的红利,以此来保证整个社会的长治久安和经济的可持续发展。

第三章

产业政策与经济发展：争议与变革[1]

非常高兴受邀参加一年一度的县域金融论坛，对于我来说也是跟各位请教的好机会。今天我讲的题目是"产业政策与经济发展：争议与变革"，副标题是"兼论中国农村银行业的转型与创新"。这个题目是我最近两三个月以来一直在思考和纠结的一个问题，今天把我最近的若干心得跟大家做一个汇报。我想分四个方面来谈。第一，把最近学术界两次重要的争议做一个讨论，做一番梳理。第二，我们拿美国和日本这两个比较典型的执行不同产业政策的国家做一个对照，看看这两个国家在产业政策方面有哪些不同，我们从这两个不同的产业政策方向当中能够得到什么样的启发。第三，系统回顾和检讨一下中国的产业政策，讨论一下在中国产业政策执行过程当中，如何兼顾效率与公平。第四，结合中国农村银行

---

[1] 本文根据作者 2016 年 11 月 26 日在中国县域金融年会上的演讲录音整理而成。

业谈一谈转型和创新，政府应该承担什么样的职责，市场、乡村银行本身应该怎么做。

一、产业政策与国家角色：两次学术争议及其辨析

最近几个月以来学术界出现了两次比较引起大家关注的争议，一次是林张之争，一次是晏贾之争。我们先说林张之争。北京大学的这两位教授和著名学者，林毅夫老师和张维迎老师，都曾教过我，都是我尊敬的前辈。两位老师在最近五六个月以来，一直处于激烈的交锋状态。11月初两位老师在北大朗润园面对面辩论了一次，这种面对面的交锋在国内也是很少见的，堪称一次历史性的论辩。刀光剑影，互不相让，可是林张之争到底在争什么呢？

林毅夫老师认为，中国现在仍然需要很好的产业政策来支撑经济的发展，他从历史和国际角度证明产业政策对经济发展是有作用的。他主张应该把两个"有"结合起来。第一个"有"是有效的市场，第二个"有"是有为的政府，这两个应该兼容，这是林老师的观点。一方面我们要发挥市场在资源配置当中的主导性、基础性的作用，另外一方面，尤其在中国这样的环境和历史情境下，我们不可能排除掉政府在经济发展过程当中所起到的巨大作用，他主张一个有为的政府。他说"有为"，大家不要以为是"乱为"和盲目的作为；"有为"是正确地作为，不是乱为，也不是不为，而是适当的作为。这个观点很鲜明。

张维迎老师的观点更鲜明。他认为历史上所有的产业政策，全球其他国家的乃至中国的，没有一个案例证明是成功的，因此产业政策应该被彻底抛弃。这是张维迎老师一贯以来基于他对市场的研究，基于他对企业

家精神的研究和尊重，从这个自由主义经济学角度和发挥市场主体性作用角度来讲产业政策是无效的。

这两个讨论表面上看起来完全针锋相对，没有任何调和的余地。我认为林张之争深刻地反映了中国当下在经济发展过程当中两种不同的思潮，两种完全不同的动向。两位教授不是吃饱了撑得没事干谈一个闲话，之所以今天在这个节骨眼上产生这个论辩，之所以在中国目前的经济状态下产生这样的交锋，不是偶然的，而是必然的。他们代表了两种不同的改革思路，对未来中国的走向影响深远。一种认为政府应该在经济发展过程中起到重要作用（但是也不否认市场的基础性作用），另一种认为政府的干预主义行为起到负面的作用，中国的市场化还远远不够。

这两个观点交锋的关键点在什么地方呢？在于对于政府的不同假定。我们学经济学都知道，有些人假定政府也是一个理性人，每个政府官员和部门，都会基于自己的目标函数做出理性的判断，都要最大化自己的效用。这是一种假定。可是在某些文化环境和历史环境的影响下，有些人对政府假定就不一样，尽管有很多中国人可能私下对政府往往颇有微词，可是我们的脑子里面，很多时候却期待政府发挥更大作用，你承不承认？尽管有时候我们会说一些风凉话批评政府，但是你发现，几乎每个人脑子里面都期待政府发挥更大作用，动不动说政府应该怎么样怎么样，而没有说公民应该怎么样怎么样。所以在中国这样一个文化和历史环境下，我们对政府天然有着更高的期待，扪心自问，恐怕都是这样。其实你内心深处对政府期待非常高，希望他做更多的事，最好把我们的事都包办了才好。在这种假定和意识底下，我们不可能完全抛弃政府的作用。我们总是假定政府是一个无所不能而且总是秉持正义的主体，国家出现任何事情都需要政府来处理；我们天然地认为政府应该是一个"有为"且"能为"的政府，我们在政府身上赋予了太多的期待和使命。

同时还有一个重大的假定，就是信息问题。西方经济学认为，政府也会出现信息不对称和不完全，跟市场一样，政府也有失灵的时候，因此政府不是全能的。可是老百姓往往觉得政府无所不能，遇到任何不舒心的事都要骂政府，实际上这个"骂"背后恰恰是期待政府做更多的事情，期待一个全能的政府。这也是中国的企业和公民缺乏社会责任的根源之一，是中国缺乏社会中介机构和公民自律的根源之一。政府是不是全能的呢？实际上政府也是一个信息不对称的主体，他的信息也不完全，但是我们潜意识当中老是希望一个全能的政府出现，帮我们解决一切我们认为不满意的问题。

这两个假定都会影响我们对于政府的看法。林张之争的核心是在如何处理政府与市场的关系，如何对政府有一个正确的假定，这一点很重要，这是核心和前提，假定不同，理论就不一样。我个人的观点，无论是美国还是中国，彻底抛弃产业政策是不现实的。张维迎的观点并没有根本性错误，可是有些矫枉过正。问题是何种产业政策是有效的？在不同经济发展阶段，产业政策有何不同？这些问题需要仔细梳理和思辨，不要过于武断而简单地下结论。我们下面在第二和第三部分再详细探讨具体的产业政策问题。

第二个争论是晏贾之争。一方是北京大学经济学院的老院长晏智杰教授，另外一位是财政科学研究所著名学者贾康教授。贾老师也是北大经济学院的兼职教授，经常受邀到经济学院演讲。两位学者的学养都非常丰厚，在学术界都有极其重要的影响。晏贾之争争的是什么呢？争的是关于供给侧结构性改革的问题。贾康教授是供给侧结构性改革的主要倡导者之一，而且比较早地出版了相关的专著。晏智杰先生就贾康教授的那本书提出了若干批评，当然这个批评是纯学术的，没有任何个人成见。这个批评的核心在什么地方呢？晏教授认为中国目前的问题出在体制层面，中国现在仍然不能说已经建立起一套社会主义市场经济体制，大量的领域仍然存在市场化程度不足的问题。因此，在这种体制变迁还没有完成的情况之下，我们光谈结构性变革是不行的，这是晏智杰的观点。晏教授的观点一下让我联想起厉以宁教授的观点，两个人观点是一样的。厉教授在80年代最著名的一本著作，被评为"当代经济学十大著作之一"的，叫作《非均衡的中国经济》。这本书提出一个著名的概念，叫两类非均衡。什么叫两类非均衡呢？他说西方国家的非均衡是在市场体制比较完善之下的非均衡，有独立的市场主体，这种非均衡怎么解决呢？要靠财政货币政策来解决。你用利率等货币政策以及税率等财政政策来引导企业，企业就会追随，加以调整，从而使非均衡得以缓解。前提是什么呢？前提是人家市场机制比较完善，企业相对来讲比较独立，微观主体产权清晰。他说中国的非均衡是第二类非均衡，我们的非均衡跟西方不同在什么地方呢？我们是一种市场机制还没有完善、企业主体的法人地位还没有确立情况下的非均衡。这两种非均衡的处理方法是不一样的。前者，西方的第一类非均衡需要用财政货币政策来解决，而第二类非均衡需要进行深刻的体制变革和所有制变革。两类非均衡是厉以宁教授所有制改革理论的出发点，我觉得思路是很清晰的，对中国改革的指导意义也是很重要的。

晏教授也从这个角度出发来批评贾康教授的理论。贾康教授反过来反驳晏教授，他说我们进行供给侧结构性改革的一个初衷，不是仅仅从产业角度调整一下产业结构，把原来重污染行业和产能过剩行业压缩一下，不是这么简单。贾康教授认为，我们将来在供给侧结构性改革方面，实际上最终的目标是利用结构性变革来推动整个社会主义市场经济体制的建立和发展。什么叫供给侧？供给侧就是企业，企业是供给的主体，假如供给侧改革好了之后，整个的企业运行机制发生了变化，相应的，政府跟企业的关系也发生了变化。在这种情况下，贾康教授认为，供给侧结构性改革最终将激发中国体制的变革，倒逼体制变革，最终实现中国由一个传统的计划体制向市场体制的过渡。所以说，供给侧的结构性调整实际上最终指向体制变革与创新，而不是纯粹结构性的局部的改变。

我认为实际上晏贾之争的方向是一致的，并不存在根本的分歧，其最终落脚点是相同的。将来结构性变革的重点并不仅仅在调结构，而在于深刻的体制变革，在于系统的经济运行机制变革，绝非产业结构调整这么简单。我们很多深层次的问题，比如说技术创新不行，产品满足不了消费者的需要，这是什么问题呢？表面上看这是一个技术创新问题，很多企业高污染、高投入、高能耗、低产出，表面上看这是产业结构问题，但实际上，深层次的问题是体制问题，就是企业有没有成为一个完全市场化的企业主体，我觉得这一点是非常非常重要的。所以结构性改革的最后堡垒一定是体制问题，这是毋庸置疑的。

以上这两个学术争论，对于学术界、产业界和国家治理层面的决策者，都提供了很多的思考空间和余地，可以得到很多的启发。

二、产业政策之国际视野：美国和日本

第二个问题，我们具体讨论一下产业政策问题。最近半个多世纪以来，中国应该说是产业政策执行最为强劲的国家，我们非常重视产业政策，在不同历史阶段执行了不同的产业政策。在执行产业政策的过程当

中，中国的参照物有时候是日本，比如说80年代之后，我们学习日本的产业政策。有时候我们又向往美国的模式，学习美国的方式。美国跟日本的产业政策到底有什么区别呢？

说到美国，我们应该说，美国是产业政策执行得非常好的一个国家，尤其是最近三十年以来。大家不要以为美国是一个自由市场经济国家，政府就完全无所作为，这是完全错误的想法。与此相反，美国在执行产业政策方面不仅政策制定非常多，而且产业政策出台极其频繁，它在每一个历史阶段都为自己的国家制定了适当的产业政策，非常密集，影响深远。

我举一个小例子。我们在80年代都知道里根政府提出了"星球大战计划"，这个计划可不是玩电脑游戏，而是要使美国在全球的信息产业方面占据制高点，当然这里面包含着国防和工业提升的一整套计划。再比如说我们知道最近美国对于中小企业创新提出一系列计划，希望提振中小企业的创新能力，使其能够在技术创新方面走在世界前列，由此带动经济发展和就业。这些计划和产业政策在美国是怎么执行的呢？美国跟中国最大的不同在于，美国在执行产业政策的过程当中，更多的是重视法治化，大多以法律形式来推动产业政策，而不是靠行政命令。国会立法，立法之后，整个微观主体，包括企业家和大学、科研机构等等这些微观主体，都按照这个方向来努力；政府提供若干支持，包括法律支持和财政支持，进行有效的引导和扶持。

应该说，最近半个多世纪以来，美国执行的产业政策多得不得了。比如说关于农业信贷有《农业信贷法》，关于农业产业发展和粮食问题有《农业调整法》，关于技术创新有《国家技术创新法》，关于小企业创新有《小企业创新发展法》，关于贸易有《综合贸易与竞争法》，关于能源排放方面有《能源法》，它的法律非常之细而且多，我仅仅列了一小部分。美国的政府不是乱来的，它在执行产业政策过程中，必须有法律为依据，并受到国会大量的严格的制约。有时候美国政府要执行某个产业政策，国会有可能给他否决。所以我们看到，美国不是没有产业政策，而是人家用法律的形式来进行产业政策的推广和实施，把政府的行为控制在法律范围之内。你发现中国在执行产业政策方面，政府的自由裁量权很大，政府的活动空间很大，这跟美国是极不一样的。而且我们发现，美国产业政策的定位，是弥补市场缺陷的一个补救性措施，他们不认为产业政策是整个经济政策工具的一部分。美国要调整宏观经济的话，就是财政跟货币政策，产业政策是弥补性的措施，不是一个简单的短期政策工具。比如说近年来中小企业创新不足，怎么办呢？为了促进中小企业创新，为了促进中小企业跟大学的合作，为了促进每一个国家实验室的活力，政府出台法律，给这些中小企业若干的补贴，对中小企业与大学的合作给予扶持，这个当然不是干预和限制中小企业运行的市场机制，政府不介入任何中小企业的经营活动，也不命令银行给中小企业贷款，而是弥补市场机制的局限，用法律的形式，用财政手段来激发中小企业与大学的活力。我认为这是美国产业政策一个非常大的特点，或者说是一个优点。它尊重市场，重点是培养市场机制没有办法创造的条件，推动技术创新和先进技术的产生，保持美国在全球的技术领先地位。美国联邦政府的这种资助、补贴、产业政策引导，只是对私人部门的行动做出引导性的推动，它不干预私人部门具体的活动，而是要增进市场竞争。在这个方面，美国是值得中国学习的。

我们下面再看日本。日本跟中国有共同的文化基础，国民对政府的尊重、依赖，乃至于膜拜的心理跟中国人很相似。日本产业政策执行的时间比较长，而且尝试和探索也比较丰富。各位要研究产业政策，不读日本的书是不行的，因为日本做得最多。尤其是在二战之后，日本大量执行了产业政策，一直到大概70年代都是这样的。日本从1945年到1976年左右，经过30年高速增长，年均增长大概将近9%，实现了所谓的日本奇迹。我认为在日本奇迹的产生过程当中，产业政策当然是一个极其重要的原因，你不能想象日本如果没有产业政策，它的经济增长会这么快。可是到了80年代日本就遇到了一个大问题：由于产业政策执行的时间过长，政府对于整个经济干预的时间也过长，导致产业政策出现了若干弊端。到了80年代后半期，日本开始走下坡路了，尤其是在90年代初期，日本出现了20年的长期萧条和不景气，经济基本上没有增长，甚至扣除通货膨胀率之后增长可能为负，这就引起了日本人的反思。

其中，80年代初期，反思日本产业政策影响最大的一个人就是东京大学的一位教授，叫小宫隆太郎。他最早写了一本书，反省、检讨日本的产业政策。他认为，日本的产业政策是一种"选择性的产业政策"。他说日本人在选择产业的时候，政府如果认为哪些产业需要扶持，就列出一个清单，然后大藏省跟通产省就合作制定一个产业政策来进行支持。这种选择性的产业政策依赖于政府的高度判断能力和信息捕捉能力，不能够拍脑袋决策，但是现实当中政府的判断很难完全理性和科学。这种方法就是依靠政府的判断进行选择性的产业政策扶持或者压制，这是日本产业政策的特点。

在这个过程当中，政府有可能犯错误，也有可能做出睿智的选择，你要碰到判断比较明智的政府，就能做出很好的决策；可是，政府也有可能判断错误，尤其是政府在宏观经济的判断方面，往往也会出现一些偏差。比如他认为某些产业好，而动用财政、金融、外贸、外汇这些手段去扶持，很有可能扶持了一个不值得扶持的产业。或者这个产业本来可以用市场化的方法和机制来获得很好的发展，结果政府大量补贴，反而导致企业没有创新动力；企业觉得拿政府补贴很享受呀，干吗自己要创新呢，结果补贴了五六年之后，本来很好的产业被补贴死了。所以，选择性的产业政策，在日本既有成功的案例，而负面的教训也是很深刻的。

实际上，所谓好的产业政策是基于政府的判断，但政府也会失灵，政府也会信息不对称，政府对整个经济的了解不见得那么深入和全面，这时候政府的产业政策就面临着一些问题。所以我们说，产业政策不是不要，关键是要什么样的政策。产业政策需要在政府和市场之间做出一个很好的权衡，产业政策出来之后，不能抑制市场的作用，而是必须增进市场，以市场机制为基础来发挥作用，而不是替代或者挤出市场。

20世纪90年代末期，在亚洲金融危机之前，世界银行对东亚奇迹做出了一个总结，其中谈到日本、东南亚这些国家为什么发展这么快。由此提出一个理论，因为这些国家的政府在这个历史阶段是增进了市场的作用，这个理论被称为"市场增进论"（market-enhancing view）。确实，如果我们回顾这个时期亚洲这几个增长迅猛的国家的发展史的话，可以发现，在凡是发展特别好的历史阶段，一定是政府做了大量的事情来增进市场的作用，政府的各种产业政策一定是顺应市场的，发挥了市场和政府的双重作用，促进了市场的发展和竞争，让市场良性发展，而不是反市场、压制市场的。我认为这个观点很正确。反之，如果政府替代了市场，甚至压抑了市场，取代了市场，这个国家从长远来看一定是麻烦的。1997年的亚洲金融危机为什么会发生在菲律宾、马来西亚、印尼这些国家，就是因为这些国家实际上并不是完全的市场经济国家，他们是权贵资本主义国家。这种权贵资本主义市场经济对经济发展是有害的，一定会带来大量弊端甚至危机。

我们谈了美国产业政策和日本产业政策的情况，我想有几个基本结论。第一个结论，说一个产业政策好不好，用什么作标准呢？我认为只有一个标准，就是能够强化市场竞争，能够让企业更好地去竞争，能够防止垄断对于经济发展的损害，政府在市场机制的基础上来弥补市场的缺陷，顺应市场，而不是取代市场，这样的产业政策，就是好的产业政策。相反，如果一个产业政策促进了垄断，妨碍了竞争，让微观主体都没有活力，这个产业政策一定是坏的，它的后果是坏的，无论初衷多么好，无论政府出发点多么好，其结果也一定是坏的。

实际上，我们的先贤早就讲过这个道理，比如说司马迁。我们读过《史记·货殖列传序》，司马迁在里面讲到他的观点。他说政府应该怎么办呢？他讲了政府行为的几个不同的层次。第一个层次是"善者因之"。善者，也就是市场当中和老百姓当中那些好的和正常的事物，政府应该因循他，顺应他。"其次利道之"，其次是因势利导。"其次教诲之"，他有错误怎么办呢？就教导他，让他做好事和正当的事，政府有教化作用。"其次整齐之"，如果他真做了不好的事，怎么办呢？对他监管，甚至要加以惩治。"最下者与之争"，司马迁很聪明，他说层次最低的那个政府是与民争利，代替市场。实际上司马迁的"善因论"跟亚当·斯密的《国富论》的经济哲学观是完全一致的。政府的作用是干什么？就是要因应国民需要，因应市场，促进市场竞争，而不要与民争利，不要替代市场，不要加强垄断。

2014年，诺贝尔经济学奖颁给了梯若尔，因为他开创了产业组织学，他主张用公共政策来弥补市场失灵，强化竞争。他在获得诺贝尔经济学奖的演讲《市场失灵与公共政策》中认为，完全竞争几乎是不可能存在的，所以就需要用公共政策（Puplic Policy），也就是产业政策来控制市场失灵，来约束市场权力，强化竞争。梯若尔主张用产业政策来控制市场失灵。但是注意,产业政策的目的是干什么?是要约束市场权力,强化竞争。大家看,这两个好像是矛盾的,约束市场怎么会强化竞争呢?大家注意,让市场一意孤行也不行,为什么呢?因为任由市场竞争有时候会出现自然的垄断。比如说在有些产业中,有些企业家做得特别好,把产业垄断了,这种垄断不是用非法手段,而是用合法手段,用市场方法来垄断的;然而这个垄断也不好,也要强化竞争,政府要干预,用反垄断法来干预。所以我们说,一个设计良好的产业政策,应该是催生创新,促进竞争,促进生产力的发展,而不是要压抑市场,让大家不竞争的。这才是好的产业政策。

三、中国产业政策之检讨:效率与公平之争

第三个问题,我们要检讨一下中国的产业政策。中国的产业政策大概从1949年到现在,走过了漫长的过程。20世纪50年代初,中国确立了社会主义计划经济体制,到1978年之后,慢慢转向社会主义市场经济体制,而我们执行产业政策这样一条基本道路没有发生太大的变化。在这个过程当中,中国因为执行了成功的产业政策而实现了经济的腾飞,包括1978年之前我们也创造了经济的奇迹,年均增长超过了9%,为中华民族的伟大复兴奠定了物质基础。新中国在前三十年建立了比较完善的工业体系,实现了重工业化和经济赶超,改革开放之后,中国又执行了很好的产业政策,实现了经济的超高速增长,我国国民财富巨量增加。这些成就必须客观肯定,不应刻意抹杀。中国现在似乎出现了若干问题,但是你不要以为中国没有希望。为什么呢?中国目前仍然是全世界增长率最高的国家,仍然是全世界最有活力的国家,仍然是全世界创新能力最强的国家,

仍然是全世界对外贸易最活跃和对外投资最活跃的国家。但是中国最近一些年来也出现了一些问题，产业政策方面应该说也有若干问题需要检讨。哪些方面需要检讨呢？在产业政策的制定和执行过程中，我们仍存在不少问题，很多产业政策执行效果不佳，甚至出现大量浪费和失效的情况。政府对认为重点的产业进行扶持，甚至对特定企业、特定技术、特定产品做选择性的扶持，行政干预的色彩比较浓厚，体制复归的苗头开始出现。我觉得这些方面还是值得我们进一步检讨，进行若干极其细致的研究和全面的反思。我们有可能在经济发展过程当中，在经济运行过程当中，更多的带有计划经济色彩，国家介入的功能发挥得有些过了，应该加以警惕。

　　诸位，我们最近几年是不是有这种感觉，就是政府的力量很强大呢？这种强大的政府行为一方面使得产业调整速度非常迅猛，而另一方面政府这种非常直接的、行政化的方法，也带来一些弊端。这种选择性产业政策以挑选赢家、扭曲价格等途径主导资源配置，政府驾驭了市场，甚至替代了市场。我觉得这个值得我们检讨。就像司马迁说的，"最下者与之争"，这个方法是欠妥的。因此，中国未来，我认为要抛弃选择性产业政策，来执行功能性的产业政策。所谓功能性产业政策，就是市场友好型的产业政策，要扩展市场作用范围并在公共领域补充市场的不足，让市场机制充分发挥其决定性作用。十八届三中全会提出，"使市场在资源配置中起决定性作用和更好发挥政府作用"。大家看看"更好发挥"这几个字，非常关键，不是要取消政府的作用，而是要更好发挥作用。"更好"指的是什么？就是政府要把自己的事做好，要把应该担当的事情真正担当起来。

　　现在很多人批评中国的市场化不足。这只是问题的一方面，还没有点到正确的地方。我认为中国现在两大问题并存，一是有些领域市场化程度不足，另一个是有些领域市场化过度。政府该承担的公共品，医疗领域、教育领域、底层人民的房地产领域，这些都是公共品或者准公共品，政府不能把它全部推给市场，如果完全放手就会乱套。公共品领域，是政府要做的，然而这些年市场化过度造成中下阶层问题太多，底层人民不满意，获得感和幸福感不高。最近北大经济学院校友、北师大教授李实先生指出，中国是全世界收入差距扩大最快的国家，我们的基尼系数上升幅度明显，如此发展下去，更多的是不好的结果，这是一个大问题。政府在收入分配调节和提供公共品方面的职能和使命不可推卸，要承担起来。

我觉得要从对政府的正确假定出发，承认政府有自己的优势，也有自己的劣势。政府既有信息优势的一面，也有信息不完全的一面，政府也是理性人，也有可能造成若干的弊端，甚至有可能出现政府被俘获的现象，要警惕政府被既得利益者所绑架。北京大学姚洋教授认为，中国在30多年的改革开放过程当中，之所以取得重大的经济成就，一个重要原因在于中国政府是一个中性政府，不代表任何利益集团，超越于任何利益集团之上，政府要为人民谋福利。这是一个理论，也是我们的一个愿望，政府应该是这样的政府，它不为利益集团所掌控，这才是一个好的政府。政府要兼顾效率与公平，实现人群之间、族群之间、职群之间、区域之间、城乡之间的公平，要关注公共品的提供，要防止市场化不足和市场化过度两种倾向。中国现在按照联合国新的每天1.9美元的贫困标准，还有将近1亿贫困人口。这些贫困人口怎么办呢？政府应该加大公共品的提供力度，让这些人尽快脱贫，来防止整个国家的二元对立和撕裂，让这个国家更加和谐，更具有幸福感。我想这是一个目标。

最近，中央和国务院有两个文件值得大家关注。一是2015年10月12日《中共中央国务院关于推进价格机制改革的若干意见》，这个文件里面有很重要的一个提法,就是要"加快建立竞争政策与产业政策、投资政策的协调机制,逐步确立竞争政策的基础性地位"。第二个文件是2016年6月国务院下发的《关于在市场体系建设中建立公平竞争审查制度的意见》,要求在新制定的政策和新建立的制度中,先要进行公平竞争审查,那些妨碍公平竞争的制度和政策就要进行修改。这是两个极其重要、极其正确的文件,这两个文件释放出什么信号呢?我认为释放出政府的产业政策应该是以促进竞争为基本目标这一明晰信号,政府行为和产业政策要增进竞争,而不是削弱竞争,要对妨碍竞争的政策和制度进行反思和梳理。这对中国未来的产业政策导向有重要的指导意义。

四、中国农村银行业的转型与创新:政府和市场各自需要做些什么?

第四个问题,我们简单讨论一下中国农村银行业的转型和创新,讨论一下在农村银行业发展过程中,政府和市场各自需要做些什么。今天我们讨论的是县域金融。从县域的角度看,我国的县域金融生态有哪些特点呢?我想有这么五个方面:

第一,县域的信用体系极不完善。中小企业、微型企业、农户、合作组织、家庭农场、个体工商户等都缺乏信用记录。这非常不利于乡村银行业的发展。

第二,中小企业创新不足。我们的中小企业在县域非常之多,由于创新不足,导致生存非常艰难。

第三,县域金融机构的竞争还很不充分。大部分的县域金融都是由农商行或农信社来主导,其他的微型金融机构很少,不太发挥作用,竞争很不充分,很多地区还有大量的金融服务空白。

第四，县域中很多微型金融机构缺乏合法性。农民资金互助组织、小贷公司等，发展很不均衡，有些处于地下状态，运行不规范，累积了一定的风险。

第五，乡村治理缺失与农村公共品供给不足，严重影响到农村银行业的信贷质量。我经常讲，没有一个好的乡村治理，农村金融机构就活不下来。现在的乡村已经不再是一个封闭乡村，而是一个开放性很强的乡村，农民的失信情况、伦理情况、乡村治理的情况，跟以前完全不一样。所以我们的农村金融机构面临着更多的不良贷款，根源是在乡村治理的溃败。

政府应该做什么呢？我想政府应该做以下六件事：

第一，政府应该大力加强县域农村信用体系的建设。政府在这方面有感召力，有行动能力，可以整合不同政府部门和金融部门加强信用体系构建，发动村庄和农民建设信用村和信用户，并建立大数据分析机制。

第二，政府应该继续放开农村金融市场的竞争，继续鼓励农村金融这个领域中的村镇银行、小贷公司、农民资金互助、农村担保公司、融资租赁公司得到同步发展。

第三，鼓励小微金融机构升级转型。有些小微金融机构在当地有很好的口碑，经营时间较长，为当地经济发展做出很大的贡献；可是它没有银行牌照，只好地下经营，不但难以监管，而且在发展方面面临困境。我建议，银监会应该考虑给这些小微金融机构发放银行牌照，使这些小微金融机构得到规范和健康发展，而且可以加大农村金融服务的覆盖面，促进普惠金融发展。

第四，政府要加大农村公共品的供给力度，改善乡村治理。这是政府应该做的事情，是政府的责任，这样才能为乡村银行业发展提供一个好的基础，一个好的伦理环境。

第五，要鼓励金融创新，并加大对农村金融领域的监管力度，防范区域金融风险。

第六，政府要下放监管权力，给基层更多的自主权，在监管的集权和分权中找到一个恰当的均衡，增强地方金融发展的活力。

市场和乡村银行需要做什么呢？我认为也有六点应该加大力度：

第一，县域农村金融机构要加大金融创新的力度，尤其是要加大互联网金融创新，借助新型的网络技术和移动通信技术降低运行成本，适应县域金融中新一代客户的需要。

第二，县域的乡村银行要与县域的中小企业结成战略伙伴关系，促进其创新成长，形成共生共荣共发展的良性机制，构建有效的产业链金融。

第三，要进一步构建社区银行体制，为社区提供全方位的服务。要把整个所在社区的金融服务做深、做细、做扎实，充分挖掘每一个客户，满足社区内所有金融服务和其他需求，增大客户黏合力。

第四，乡村银行要完善法人治理结构，要强化董事会的决策作用，改变内部人控制的现状，建立良好的激励和约束机制，使法人治理结构科学化、规范化。

第五，运用要素对接理论，充分对接区域内所有社会要素。动员政府和村庄力量，在社区内构建一个低成本的信息体系，降低乡村银行本身的运行成本。

第六，要进一步优化产业选择机制，深挖当地优势产业，培育新兴产业，退出高风险产业，借助地方的产业升级与转型的机遇，提升乡村银行的资产质量。

第四章

百年"国家—市场"宏观景观与中国农村金融发展[1]

今天非常高兴到农行来做一个学术报告。多年来,我的农村金融研究得到了农行朋友们的大力支持,使我获得了很多鲜活的第一手的调研素材。在农行的支持下,我曾经两次与我的研究团队进行"丝绸之路"农村金融考察,每次都在五千公里左右,从甘肃,到青海,再到新疆,长途跋涉。可以说,这个近于"两万五千里长征"的农村金融田野调查,对我们了解农村的金融供求情况和农村经济变革帮助很大。今天特别高兴跟在座的长期致力于农村金融一线实践的同事们做一个交流,我觉得一定是富有收获的。

今天讲的大题目是"中国农村金融发展的顶层设计与机制创新"。主

---

[1] 本文根据作者 2016 年 10 月 27 日在中国农业银行总行"中国农村金融学会学术研讨会"上的演讲录音整理而成。原标题为《中国农村金融发展的顶层设计与机制创新》。

要讲五个方面。第一,这一百年以来,国家跟市场的关系到底怎么样。农村金融这个领域非常深刻地展现出国家跟市场的矛盾、纠结的关系,把这个历史梳理好了,我相信对于我们理解整个农村金融变革是非常有好处的。第二,在国际上,全球农村金融的历史发展状况和阶段性特征。第三,系统考察一下中国农村金融近七十年的发展史,从中发现一些规律性的东西。第四,讲一下中国农村金融改革的增量和存量,看一看农村金融改革的路径选择有些什么特点。第五,展望未来,中国农村金融改革的顶层设计应该有什么样的特点,宗旨目标应该是什么,应该进行哪些创新。

一、引言:国家与市场:百年宏观景观

金融体系的发展,尤其是农村金融体系的发展,里面贯穿着一个核心,就是如何理解国家跟市场的关系。研究任何问题都要找出一个核心,贯穿研究的始终。我们研究农村金融,一个核心问题就是研究农村金融发展中政府跟市场到底是什么关系。这个关系很复杂,实际上到现在还没有理清楚。最近北京大学两位教授,林毅夫和张维迎讨论了好几个月,你来我往,刀光剑影,讨论的核心是什么?表面上看起来,他们讨论的是中国产业政策的有效性这个问题,林毅夫认为中国的产业政策是很必要的,而张维迎针锋相对,他认为产业政策基本上都是失效的,应该抛弃。

林张之争实际上触及中国未来改革一个非常核心的东西,就是政府在市场经济中要处于什么地位。在中国的发展、改革过程中,国家到底起没起作用?起了好作用没有?我觉得这两个问题,迄今为止,还没有讨论清楚。一个是在何种历史条件下,产业政策是有效的。你不能说所有国家历史上的产业政策都是无效的。在历史上,日本通过产业政策成为现在全

球工业化水平最高的国家之一，美国和欧洲的工业革命和经济腾飞过程中，产业政策也发挥了重要的关键性的作用；而中国通过产业政策，从一个一穷二白的工业化基础极其薄弱的国家成为工业体系比较完备的国家。事实俱在，这就很难一刀切地否定一切产业政策。所以我们要加一个定语，就是产业政策在"何种阶段"是有效的。第二个问题是，"何种产业政策"才是有效的呢？你不能说全部产业政策都是无效的，那就太绝对了，但是一定有些产业政策是有效的，有些产业政策是无效的，甚至是起到反作用的。应该深入具体研究哪种产业政策是促进经济发展的，哪种产业政策可能阻碍经济发展，是起反作用的。这里面核心的问题是理解国家和市场的关系问题。

我们回顾一下最近一百年以来国家跟市场的关系，问题就会看得比较清楚。放眼全球的经济发展，我们看到最近百年以来，世界经济的发展是国家干预主义思潮和实践与经济自由主义思潮和实践彼此消长的过程，而且这个过程的周期性比较明显。大概是三十年"轮回"一次，没有什么太大的出入，真可谓"三十年河东，三十年河西"。

第一个阶段，经济史学家们称之为"无体系的体系阶段"，这个阶段大概是从19世纪末、20世纪初一直到20世纪的30年代。我们学过世界经济史就知道，这个时期在货币上表现为多元本位的货币体系，有金本位，银本位，铜本位，还有纸币本位；同时，在汇率上是任由各国货币自由浮动，是一个比较混乱的时期。所以，在国际经济史上，历史学家们把这个时期称之为"non-system system"，就是没有体系的体系。这个阶段，欧美各个主要国家，基本上信奉经济自由主义，重视市场的作用，尤其是工业化水平比较先进的美英诸国。他们对内鼓吹经济自由主义，强调自由市场调节，对外强调自由贸易和门户开放。

但是这个体系到了1929—1933年达到了总崩溃，大危机出现了。大危机出现对于人类历史是一个极其重大的事件。大危机之前是一个"无体系的体系"，全球没有一个统一的体系，大家奉行自由主义，而大危机之后，就进入了以国家干预为主要思潮的一个时代。我们知道大危机之后，罗斯福在美国执行了国家的强力干预，开始金融管制和其他国家干预措施。在德国，大危机导致希特勒上台，他要建立一套他所谓的"社会主义"，声称要搞"社会主义"来振兴德国，那就是国家强力干预经济的一套政策。大危机之后，整个欧美国家就进入了以国家干预为主要特征的时代，放眼全球，美国在搞国有化，英国、法国在搞国有化，日本战时搞国家统制经济，而战后在执行非常非常严格的产业政策。你不要以为五年计划只有苏联才有，五年计划在日本到现在还在制定和实施，最近日本又出台了一个关于技术创新的五年计划。这就进入了第二个阶段，即一个国家干预主义的阶段，这个阶段大概一直持续到70年代。

在这个阶段，你发现英国、法国、德国的国有化运动在迅猛推进，公用事业、铁路、能源等领域的国有化程度在加深。在四五十年代之后的这一段时间，全球都在倡导国家的作用，社会主义思潮在全球流行，英国、法国、德国、美国、中国、日本、苏联都是如此。在这一期间，如果哪个人倡导自由主义，如果他猛烈批判国家干预，批判国家计划，这个人一定会被主流意识形态所鄙弃。我们都熟悉一位著名的经济学家，后来获得诺贝尔经济学奖，他就是大名鼎鼎的哈耶克。在五六十年代，他的名声是很糟糕的，当他发表那篇著名的著作《通往奴役之路》的时候，遭到了主流经济学界的鄙弃与批判，把这本书批得一无是处，甚至有人批评他缺乏学者的良知。这个人到了80年代才声誉鹊起，后来在中国得到很多人的追捧。哈耶克如此，其他自由主义思想家的命运也是如此，这是时代造就的，历史造就的，形势比人强。在第二个阶段，凯恩斯主义和国家计划经济是主流思潮。

随着国家干预主义思潮和实践的不断深化，整个国际社会发生了很大的变化，人们的价值观也发生了很大的变化。在这个阶段，构建了全球的计划货币体系，1944年在二战还没结束的时候，英美两国主导建立了布雷顿森林体系，和一套以IMF、世界银行为主体的国际金融机构，建立了以美元和黄金挂钩、各国货币与美元绑定的一套货币体系。固定汇率的形成，是国际计划经济思潮的产物。这件事在之前是不可想象的，因为这是一个计划经济套路，全球看美元，美元挂钩黄金。

然而到了70年代中后期撑不下去了，各国开始反对这套体系。同时，在政治思想上，美国、英国、法国、欧洲大陆开始了一场自由主义的浪潮，这场自由主义是以私有化、市场化为主要潮流的自由主义。从那个时候起，哈耶克、弗里德曼这些人才开始得到主流意识形态的关注和追捧。70年代最早开展自由化运动的是哪个国家呢？是英国。当时撒切尔夫人在英国最早提出大爆炸计划，称之为"big bang"，迅猛地开始了私有化和市场化的进程。原来在五六十年代国有化的一些铁路、公路、自来水、公共交通、医疗这些行业纷纷私有化。法国、德国也是一样。在英、美、法、德这些国家私有化的同时，一些原来的共产主义国家也在走向市场化道路。中国是在70年代末期，南斯拉夫在70年代开始了改革，苏联也在几乎同一时间开始了改革进程。我们脑子里面不要一想到转型、改革就想中国和苏联的问题，实际上你看看撒切尔在干什么，法国在干什么，美国在干什么，它们都一样，都在搞私有化、自由化、市场化，都在转型。这个事情大概进行了30年，而且步调极其一致。这30年，是第三阶段，是自由主义空前繁荣的30年，是自由主义与市场原教旨主义极其流行的 30 年。在这段时间谁要是谈计划经济，一定会被主流学界认为是疯了，人们已经忘记了 70 年代之前国家干预主义占主流的时代。

进入 21 世纪之后，开始了第四个阶段，我们可以称之为"新古典修正主义"。到了 2000 年之后，全球的经济思潮又发生了转变，这个转变受几个因素的影响。一个因素是 1997 年左右亚洲发生的金融危机，接着俄罗斯金融危机，拉美金融危机，后来就是 21 世纪初美国的金融危机，这个金融危机到了 2011 年、2012 年又蔓延到欧洲，使得欧洲发生了空前的危机。欧洲现在已经是一个没落的欧洲，除了所谓的 PIIGS（葡萄牙、意大利、爱尔兰、希腊、西班牙）之外，英国、法国、德国，也相继出现了问题。最近的难民问题和经济增长问题又在困扰欧洲，欧元区摇摇欲坠，问题很多。在这段时间，全球的经济思潮又发生了一个新的变化，大家不再无条件相信市场的原教旨主义了。比如在美国兴起的"华尔街运动"，那么多年轻人上街游行示威，要打倒资本主义，因为万恶的资本主义把这些贫困者、中下阶层搞得没有办法生活了。欧洲在经济危机中大量的贫困阶层流落街头无处居住。2008 年之后，像法国、英国这些国家，很多人就在河边搭帐篷住，经济危机后这些穷人没有地方住了。"华尔街运动"直指自由资本主义，这是一个非常重要的时刻，全球都开始反思资本主义。

中国在很多领域市场化程度还不够，有些领域则过度市场化。中国现在慢慢开始反思过度的市场化带来的弊端。中国现在的三座大山，教育、医疗、房地产，涉及人的健康需求、教育需求、住宅需求。在这三个领域，过度市场化带来的弊端正在显示出来，政府应该扮演的公共品供给者的角色远远没有扮演好。现在大家都在反思，我们有些领域是不是市场化过度了？这个问题恐怕还没有答案，可是我们确实到了应该反思的时候了。这么多年我们的学生在西方新古典教科书底下受的教育,都在说市场是资源配置的唯一有效的方法,市场解决一切,市场最终都是均衡的,要出清的,可是现实呢?全球资本主义的现实和中国发展的现实告诉我们,市场不是资源配置的唯一有效的方法,政府应该扮演它应该扮演的角色。为什么现在中央提出"使市场在资源配置中起决定性作用和更好发挥政府作用",我认为这是市场新古典修正主义典型的说法,就是要在一定程度上矫正过度迷信市场的做法。要尊重市场,市场是配置资源的基础性手段,但是要更好发挥政府作用,这句话真是意味深长,说得很巧妙。

回顾全球的这一百年,实际上它是自由主义和国家干预主义彼此消长的一百年,周期大概以30年为限,当然这只是粗略的说法,不是绝对的说法。从这个消长过程我们可以得到三个结论:

第一个结论是,两种思潮——一个国家干预主义,一个经济自由主义,我们不能说哪个是绝对正确的,哪个是绝对错误的,其有效性如何,要看历史发展的阶段。林张关于产业政策和政府角色的争论,我们要加上一个限定词,叫"历史",要历史地看问题,不要脱离历史看问题。

第二个结论是,从这个消长过程中,我们可以看到不同的国家的发展路径是不一样的。主要原因是什么呢?主要原因在于不同的国家面临的约束条件不一样,它所处的历史阶段不一样。德国现在是经济最发达的国家之一,无论是金融、经济体系,还是技术水平,都很发达。可是在19世纪初期的时候,德国是欧洲版图上的落后国,所以你要学经济思想史就非常清楚,在德国产生了以国家干预为主体的经济哲学,这就是官房学派与李斯特经济学。英国强调自由主义,而在德国强调国家干预,为什么呢?道理很简单,因为德国是一个落后国家,因此他必须强调政府的作用。中国也是这样。中国在1949年前后是一个落后国家,要赶超其他国家，不依靠政府的作用能行吗？德国也是如此。在这一点上，无论是德国、日本，还是中国，我认为都是成功的国家。德国通过19世纪以来国家的干预，通过有效的产业政策，实现了经济腾飞。

第三个结论是，同一国家，在不同历史阶段，它的发展模式也是不一样的。以美国为例。很多人以为美国是一个典型的自由主义国家，其实这种绝对的观点是错误的。1933年之后，美国对整个经济体系的干预是非常强的，美国的金融自由化路径走得非常曲折，不是很直的，也不是很快。1933年美国通过了《格拉斯—斯蒂格尔法案》，强调金融体系强力的干预，强调分业经营，直到什么时候才放松了这个管制呢？整整66年之后——1999年美国通过了《金融现代化法案》，才真正废除了这一条。所以，同一国家在不同历史阶段，它的方法是不一样的。因此，是多一点利用市场机制还是多一点利用政府干预，没有一个定论，具体要看这个国家当下所面临的约束条件和目标函数。

以上三个结论实际上体现出两个维度，一个是历史的维度，一个是地域的维度。要因地制宜，因时制宜，不要绝对化地看待问题。

二、国际上农村金融发展的历史阶段

国际上农村金融的发展，从20世纪50年代开始算起，到现在大概70年的时间，中间经过了三个阶段。

第一个阶段叫国家主导阶段。在这个阶段，政府大量介入农村金融体系当中，五六十年代，中国、拉美等发展中国家都是如此，日本也如此。政府直接配置资源，用财政的方法直接补贴农村金融，并建立政策性金融机构，取消那些市场化比较严重的金融体系。到了70年代末期80

年代的时候，这个阶段基本结束。在这个阶段，大部分发展中国家和部分发达国家，都面临着战后恢复经济和赶超的任务，因此在体制上必然采取国家主导的体制，尤其是在农村金融领域。经济赶超决定了农村金融体制的非市场化。

第二个阶段就是市场化和商业化阶段。全球农村金融到了80年代之后进入了全方位的商业化和市场化时期。那个时候大家觉得政府不应该再干预了，政府干预阻碍了农村金融的发展，政府应该放开利率管制，降低金融准入门槛，鼓励金融机构的多元化，同时鼓励原来的政策性金融机构商业化。

第三个阶段我称之为"不完全竞争与公私伙伴关系阶段"。也就是最近的二三十年。最近二三十年当中，经济学爆发了一个革命，就是信息经济学的革命。著名经济学家斯蒂格利茨获得诺贝尔经济学奖，他的贡献在什么地方呢？就是信息经济学。他认为在金融体系，尤其是农村金融体系中，存在严重的信息不对称；在一个信息不对称、不完全的市场当中，政府有必要介入，提供公共品。这个阶段是既尊重市场，同时又强调政府对于市场的介入作用。

这个阶段的核心仍然在于讨论政府的作用，政府在农村金融发展过程中到底起到什么作用呢？这里我要引用1999年世界银行的观点。世界银行认为，当前有三个观点代表着90年代以来学术界对于政府与市场关系的研究倾向。一个观点叫"国家推动发展论"。他们说那么多年的高速经济增长，尤其是东亚国家的经济增长，主要是国家推动的，靠政府大力介入。第二个观点是"市场亲善论"。认为其实不是国家发挥作用了，实际上是市场机制发挥作用，政府其实只是在跟市场保持亲善关系。第三个观点是"市场增进论"。这种观点在前两者之间做了调和，既不是单纯靠政府发挥作用，也不是单纯靠市场发挥作用，而是在经济的运行过程中，政府的行为增进了市场的作用。这三个说法各执一词。我认为实际上在政府—市场关系讨论过程中，第三个观点比较可靠。政府只有推动了市场的发展，增进了市场的机制，同时弥补了市场机制的缺陷，在这个基础之上，才迎来了经济的繁荣。

改革开放以来，政府确实在经济发展中发挥了极大的作用，但是想想看，政府这个作用是替代了市场，还是加强了市场呢？我觉得政府的作用大部分时间是发挥在加强市场，鼓励市场方面，才出现了经济的繁荣。反之，如果政府压抑了市场，扭曲了市场机制，就会带来经济的衰退。

政府的作用如何发挥？我们的老祖宗其实已经讨论得很深入了。司马迁在《史记·货殖列传序》里面有一段非常非常精妙的话，他说："善者因之，其次利道之，其次教诲之，其次整齐之，最下者与之争。""善者因之"，最好的政府对经济的管理秘诀是"善者因之"，因循着老百姓当中好的东西、自然的东西、天性的东西。"因"这个字就是因循、遵循，就是 follow，就是顺其自然。"其次利道之"，第二个层次是因势利导，引导人民走向好的方面。"其次教诲之"，第三个层级就是对老百姓中需要纠正的地方给予教育、教导，也就是比较柔性地规劝和引导。"其次整齐之"，如果老百姓行动当中有不好的方面，要"整齐之"，即要加以管制，甚至惩罚，这是第四个层级。最后一句话，"最下者与之争"，他说政府最坏的是干什么呢？是与民争利，把市场挤出去，自己做事情，这是最坏的、层次最低的政府干的事情。这是司马迁在《史记·货殖列传序》当中讲的一段话，很精彩，相信这几个字，顶得上西方经济学一本大书。他讲到，不同层次政府是不一样的，最坏的政府替代了市场，什么事你都做了，把市场踢出去。比如说假定政府控制的国有企业占据一切盈利的经济领域，不让私营企业进入，这叫"最下者与之争"。怎样做才是最好呢？最好是"善者因之"，也就是顺其自然，无为而治，自由放任，当然在大部分时候这是一个理想的理论。司马迁和他的父亲司马谈是崇信黄老哲学的。在思想史上，大家把司马迁这段话跟亚当·斯密的《国富论》相提并论，认为"善因论"跟《国富论》的思想是一致的。当然，这个理论是非常理想化的。

三、中国农村金融的历史命运

我们讨论农村金融有一个前提，就是要了解中国农村金融体系起点是什么，为什么中国的农村金融体系会具备一些自己的特点，这个问题要从经济史的角度加以解决。说到中国农村金融，必须回到20世纪50年代毛主席所建立的那一套农村信用合作体系。当时那套体系是一个"三位一体"的体系，集供销合作体系、信用合作体系、人民公社为一体。人民公社是一个生产单位，农村信用社是一个合作金融单位，供销合作社是消费合作单位，三位一体构成当时的整个农村的一套运行机制。我认为毛泽东当时建立的一套以供销合作、信用合作、生产合作相结合的体系，实际上是一个非常先进的，也是具有前瞻性的一套体系。

很多同志可能要问了，为什么这套体系如此先进，结果却瓦解了呢？因为大家理所当然地认为必然是先进的制度淘汰落后的制度。这种看法我认为是完全错误的。新中国成立初期创建的人民公社体系，是一种包括供销合作、信用合作、生产合作的体系，甚至把军事、政治和教育功能也包含在人民公社的制度设计中，应该说是一种极端先进也极端理想化的制度设计。它太过于理想化了。人民公社体系是基于一个高度发达的农业经济、规模经济和高度理想化的人类信仰体系而建立起来的一套生产体系。它要求一个人有高度的觉悟，要求农民这个群体有极强的组织性、纪律性，要求信息是很完备的，要求农业是现代化的大农业以及具备与这个大农业相匹配的农业技术和信息手段。可是当时这些条件我们其实都不具备，整个国家还处于比较落后的阶段，因此人民公社体制必然造成大量的失效。

新中国面临的目标函数和约束条件都是很特殊的。50年代，毛主席跟梁漱溟先生有过一场著名的争论，这场争论被记录在《毛泽东选集》第五卷当中。梁漱溟先生在政协会议上提出，现在农民处于九天之下，工人处于九天之上，现在农民很苦。毛主席听了这个发言，很不以为然，认为有些人对当时的国家赶超战略不支持，持消极态度，是"群居终日，言不及义，好行小惠"，强调对农民的照顾，是"妇人之仁"。毛主席提出来，你们行的是"小仁政"，我们要"大仁政"。梁先生是一个很有风骨的人，他提出农民的地位很差，农民很贫苦，难道不对吗？可是当我现在再读这篇文献，我的思想就发生了一些变化。不变的是对梁先生的尊重和钦佩，对他这种知识分子风骨的尊重，可是变的是什么呢？就是从历史的眼光来看，我认为毛主席是站在一个更高的层面上来看问题。因为他知道中国面临着赶超和工业化这个目标函数，要达到快速工业化和赶超，要快速建立一套完善的工业化体系，同时又面临着国家一穷二白的情况，面临着工农业严重分裂的二元结构，面临着极其弱势的金融体系，在这种目标函数和约束条件下，作为国家的执政者，怎么办？唯一的办法，就是要从农业当中获得更多的剩余，用于工业化，用于赶超战略，来建立完备的工业体系。在最近出版的《毛泽东年谱》里面，记载了毛主席1949年10月份发表的一个讲话。他说当我们看到中国这样一个高度文明的大国，今天衰落的情况令我们感到羞耻，我们今天跟这个文明古国的地位很不相称，因为我们的工业体系还处于非常幼稚的阶段。在这个阶段，人民希望发展经济和国家强大的愿望非常强，工业化的愿望非常强。所以，我觉得50年代毛梁之争，从长远的中国百年发展史来看，我认为毛泽东还是正确的。当然，梁漱溟先生也没有错，梁先生为农民代言，为农民鼓呼，具有知识分子高度的风骨，也是没问题的。实际上，纵观整个1949年至1979年的30年，农民和农村在很多方面都有了很大的提升和跃进，工业化目标和农村发展是相辅相成的，不是矛盾的，农业现代化正是工业现代化的条件和基础。这一点，毛泽东已经有非常清晰的认识。

这个阶段的最优解决方案就是要建立一个国家主导的、能够最大限度获取农业剩余的一套机制。农村金融体系就是为了这个目的而创建的。查一下农村信用社体系的历史会看到，这个体系最初起到了很好的作用，强调农民的互助，对于消除农村高利贷发挥了很大效用。后来为什么农村信用社体系越办越官办了呢？为什么不让农民自己办了呢？观察一下当时农信社管理体系的变革，就会发现，这个管理体系几乎是一两年变一次。中华人民共和国成立初期有农民合作银行，后来被取消了。再后来农信社并到农业银行，后又分出来，之后又并，农行本身也变化多次，时而建立，时而被取消。我认为这个变化反映了在那个历史阶段，中国最高决策者纠结、矛盾的心态。当工业化需要资金的时候，我们拼命从农业中获得大量的剩余，把农村的资金调到城市去，强力管制农村金融。管制一两年之后发现农业发展出现了问题，怎么办呢？就开始放松管制，让农民自己办，把管理权下放。这个过程时常反复，两三年变一次，反映了我们当政者的这种纠结。这种纠结，我总结了八个方面。

一是政府和市场的关系的纠结。时而重视政府介入，时而重视市场本身的调节作用。

二是国家和农民的关系的纠结。时而重视国家战略，时而要照顾农民利益。

三是自由与管制的矛盾和纠结。到底自由多好一点，还是管制多好一点。

四是工业和农业的矛盾。工业化过程一定是大量汲取农业剩余的过程，而农业又是工业化的基础，工农业既是一对矛盾，又是相辅相成的。

五是城市和乡村的矛盾和纠结。要发展城市工业，必然导致乡村发展滞后，城乡不协调。

六是国家目标和公民福祉的关系。国家在快速的发展过程中，在快速工业化和赶超过程中，在一定意义上忽略了公民的尊严，忽略了公民的福祉，忽略了公民的幸福感。我妈妈是一个农民，她起早贪黑劳动，劳动强度那时候是很大的，但是在计划经济时期，生产队年末一算账，我们家还欠账。因为国家获取太多了，所以人民就没有幸福感。国家目标与公民福祉发生了矛盾。

七是宏观效率与微观效率发生了矛盾。我们今天说计划经济没有效率，这是错的。计划经济那30年，在全面工业化和赶超方面是很有效率的。我们30年走过了西方一二百年走过的工业化道路，这还没有效率？但是具体到某个企业，在微观层面，企业又没有效率。微观效率和宏观效率是一对矛盾。

八是比较优势和赶超战略的矛盾。林毅夫讲比较优势理论，他认为在50年代，中国的比较优势就是劳动力丰裕，因而中国应该发展轻工业，而不应该优先发展重工业。这个观点我不敢苟同。中国如果按照当时的比较优势发展轻工业的话，诸位，我们今天恐怕在国防方面、在工业体系方面、在制造能力方面会有极大的麻烦，我们造不了汽车，造不了高铁，造不了大飞机，造不了大的船舶，我们也造不了国防工业所需要的原子弹、氢弹和远程导弹。没有强大的机械工业、能源工业、化学工业，没有制造业的基本体系，只搞轻工业，能实现中国的工业化吗？中国能有今天的国际经济地位和国家尊严吗？

我认为1949—1979年的工业化，尤其是重工业化，总体上是有效率的，当然，随着经济的发展，当中国基本完成工业化之后，基本建立起相对完备的工业体系之后，中国的经济要转型，成为一个产业结构更加和谐的重、轻、农几大产业均衡发展的经济，这是没问题的，因为中国到了这个阶段了。最近我看到一篇文章，讲今天如果不是我们自己搞垮自己的话，所有的国家都没有办法战胜中国，为什么？答案只有一条，因为中国现在的工业生产能力在全世界数一数二，美国能制造的我都可以制造。之所以今天中国人敢说这样的话，是毛主席那个时代确实打下了很好的基础。前几十年的重工业优先发展的政策带来了以下后果：

第一，在一个极短的时间内，工业化基本完成了。这是一个非常伟大而且极其宝贵的成果。这个事可以大说特说，恐怕历史上没有先例。

第二，农村的集体化的生产方式与金融运作方式，其遗产是非常复杂的。中国农村集体化运动本身，诚然是超越了当时的发展条件，带来了某些不良后果。可是，集体化仍然给中国农民带来大量的好处，这个好处支撑了中国1978年之后的经济增长。1978年之前，毛泽东那个时代建立起的相对完善的灌溉体系、水利体系，到了1978年之后还在用。农村实行了集体化的合作医疗制度，赤脚医生制度，以低成本维系了相对高的生存寿命、相对高的健康程度、相对低的儿童死亡率，很多疫病消除了。

第三，在农村发展方面强化了二元结构，户籍政策和城乡不平衡，到今天还制约着农村的发展。

第四，造成了长时间的农村金融负投资现象。所谓负投资就是农村资金净流出到城市去，本来农村大量资金要留在当地用的，结果都流到城市去了，这个负投资现象对中国农村的发展影响非常大。我们的整个农村金融体系，包括邮政储蓄、农信社、基层农行，当时实际上扮演了一个向城市输送资金的"抽水机"的角色，当然这种说法是相对的，不是绝对的，因为农行和农信社还是对农村金融有很大的支持。

第五，农村金融体系效率低下。我们强调了宏观效率，强调了工业化，强调了赶超，可是我们在农村金融方面无可讳言的是，农村金融机构有大量不良资产，贷款的质量不高。这个问题直到21世纪初才逐步得以解决。

四、中国农村金融的存量改革与增量改革

2005年之后，中国农村金融发生了巨大的变化。我把2005年当成是中国农村金融改革的元年，因为这一年发生了一件事，中国建立了最早的小额贷款机构，从而揭开了中国农村金融改革的序幕。这件事意味着什么呢？意味着整个农村金融的谱系中出现了新成员，这是一个历史性的事件。

农村金融改革实际上从20世纪80年代就开始了。80年代以来的改革分成两块：一块是存量改革，一块是增量改革。存量改革第一个就是农信社剥离不良资产。农信社身上承担了大量的政策性负担，它是国家工业化和赶超战略的一个工具，因此从微观效率角度来看是非常低的。80年代初期，农信社最大的任务就是要减负和剥离不良资产。农信社要卸掉历史包袱，剥离历史不良资产，这个过程比较曲折，到21世纪初期，国家

用央行票据逐步置换农信社的不良资产，当然政府花了很大的代价，但是这个代价是值得的，是对农信社对于国家工业化贡献的一种补偿而已。剥离不良资产之后，农信社就可以轻装上阵，与其他金融机构平等竞争。

第二个存量改革，就是致力于整个农村金融体系的市场化和商业化，这一点在80年代之后的农村信用社改革和农行改革身上比较明显。主要体现在农信社的"去合作化"和农行的"去农业化"。农信社的改革路径就是一步一步让合作制淡出历史视野，慢慢商业化。原来农村信用合作社当中有两类股份：一类叫资格股，一类叫投资股。但是90年代之后，慢慢把所有的资格股全部淘汰掉了。这个方法我一直觉得不太符合法律规范，这种迅猛的"去合作化"，彻底改变了农信社的合作性质，彻底商业化了，当然这个商业化有利有弊。现在农信社基本上全部改组为农村商业银行，这是一个历史的剧变。其好处在什么地方呢？好处是建立了市场化机制，可坏处是把原来的合作制完全抛弃掉了，脱离了农民。农行在80年代之后，慢慢"去农业化"。农行是支持农业最早的，也是最全面的一家银行，长期以来背负的政策性负担过重，到了90年代以后，仍然作为支农的主力军而存在，但是其不良贷款率是工农中建四家中最高的。因此，改革之后，尤其是90年代，农行经历了一段"去农业化"的过程，压缩基层农业业务，减缩基层农行网点。当然从一个商业银行的定位来说，中国农业银行有"农业"两个字不意味着中国农业银行只是办农业的银行，因为大家已经不是专业银行了，可以打破领域限制平等竞争。事后看来，农行的"去农业化"，在一段时间当中大量撤销农村基层网点，对农行有利有弊，造成的损失也很大。现在农行又在大力布局农村金融，进入县域金融的蓝海，重新考量自己的定位和优势。1999年，工、农、中、建有一个"返城运动"，很多银行在基层没有网点了，把他们的县域和县域以下网点几乎撤得差不多了，这个事情对农村金融的供给影响非常大。

第三个存量改革是邮政储蓄和农业发展银行的变革。这段时间主要是进行了两个工作，一个是功能增进。比如说邮储，在2007年成立了邮政储蓄银行，终于从只有负债业务、没有资产业务的一家机构变成资产负债业务同时做的机构，终于可以对农村放贷了。我们知道邮储是中国农村金融当中最大的"抽水机"，它以前只吸收存款而不放贷款，而这种业务模式也奠定了它特有的企业文化，就是消极等待、不谋进取，因为不需要积极进取就可以吸收大量储蓄。2007年之后，邮储大力改革，组建邮储银行，这一传统的企业文化才得以改变，它要考虑资产业务，要考虑主动出击，要吸收好的客户，要控制风险，这些文化都要重新建立。邮储的力量很大，全国几十万家网点，比农行还多，力量是很强的。我写过几篇关于邮储的文章，认为邮储应该成为支农的主力军。

二是转型。农发行近十几年来开始了组织文化的转型工作。农发行原本只是为粮棉油的收购进行金融支持的一家银行，但是这些年内部的变革很迅猛，组织文化开始转型，也介入基础建设、龙头企业贷款等业务中，其运行机制更加商业化和市场化，既配合国家战略，又更加符合市场的要求。

存量改革绩效怎么样呢？全面来讲，中国农村金融体系的存量改革，我认为有利有弊，有得有失。比如说农信社，是农村金融中最大的一部分，在改制之后，"得"的方面在于机制灵活了，不良资产得以大量地减少、剥离，管理机制更加规范化，更加像一家银行了。而"失"的方面在于，它把中国原有的合作制的金融体系全部抛弃掉了，其商业化的趋势对支农有一定的影响。当然这个损失是历史性的，你也挽回不了，中国农村合作金融的商业化，是一个历史大趋势，不光农业部部长挽救不了，央行也挽救不了,你只能感叹而已。农行大量撤并网点,也是有得有失。"得"在于确实通过改制和撤并网点使机制更加市场化,更加注重商业化,更加注重绩效;而"失"在什么地方呢?失去了农民,失去了农村网点,失去了农行的血脉,失去了根。所以农行最近一些年,花了很多工夫想恢复农行与基层农民的血肉联系,想接续这个血脉,建立农村的基层机构。可是取消容易,建起来非常难;毁坏容易,创造非常难;这个感情消失容易,要想恢复很难。虽然付出了很多成本,但想恢复在县域金融市场的龙头地位,已经难乎其难了。

除了存量改革,还有农村金融的增量改革。所谓增量,就是新建立的很多新型农村金融机构,这里面像小贷公司、农民资金互助组织、村镇银行都出现了。2007年银监会通过了全面放开农村金融市场的方案,提出建立三种新型的农村金融机构,包括贷款公司、村镇银行、农民资金互助组织。很多人都说,银监会为什么做这件事呢?银监会做这件事,从源头上讲是因为跟央行有竞争,央行在2005年率先建立了7家小额贷款机构,开启了中国乡村银行体系的黄金时代,是一个里程碑式的事件,这倒逼了银监会的改革。央行建小贷公司,说起来是有些别扭。一个国家的中央银行,本来是管货币政策的,建立小额贷款公司这个事不属于其权限范围。但是央行干这件事功劳是大大的,这是一个破冰之旅,等于打开了一个闸门,让农村金融机构谱系中产生了新鲜的血液。这件事给银监会以巨大的刺激,银监会在这方面没有任何的动作,这就说不过去。2007年,银监会通过了一个更加有野心和魄力的方案,全面放开农村金融市场,建立三类农村金融机构。如果说中国人民银行建小贷公司是破冰之旅的话,银监会就是一举通过建立三类新型农村金融机构,重新获得了在农村金融江湖上的地位。这个步子很大,手笔也很大,对农村金融体系产生了深刻的影响。

　　现在新型农村金融机构建立快十年了，我们可以盘点一下。在新型农村金融机构的家谱中，可以说有哭有笑，有得有失。增量改革的第一类——村镇银行，到现在一千多家，中国是2800多个县，覆盖了一半左右。大部分村镇银行把网点设在县域，乃至于县域以上，在村镇设立网点的很少。甚至前几年我在宁夏调研，还发现有些地区竟然不允许村镇银行在县域设网点，必须设在地区级，这是我看到的真实案例。村镇银行到现在为止，它的发展仍然是不尽如人意。原因在什么地方？我想有几个原因：第一，村镇银行的发起行都是大银行，农行也发起了几家，他们跟我很坦诚地讲，我们的基因就是大银行，我们都是从大银行过来的，习惯了在大行做大业务，真的没接触过农民客户，对农村的情况非常不熟悉。工、农、中、建都发起了若干村镇银行，农商行、城商行也发起了若干，可是，这些发起人大部分都是有大银行的传统文化基因、跟农民少有接触。第二，这些村镇银行都是"空降"下来的，原来这个地方没有任何业务基础，没有客户基础，空降之后发现，竟然跟当地的农民没有任何关系。这帮空降的村镇银行跟隔壁的农信社比起来，天然就没有优势，没有客户，没有根基。我考察的很多村镇银行，到现在仍然面临着比较尴尬的局面。十年过去了，完全摆脱尴尬的局面、走上一条比较顺畅发展道路的村镇银行实际上并不多。第三，也是很关键的一点，村镇银行是一些大银行发起组建的，而大银行对它的期许其实是非常低的。村镇银行注册资本只有五千万到一两个亿，比农信社还小很多，怎么可能指望你赚钱呢，放在那儿就行了，对村镇银行的发展并不持过多奢望，这种态度也影响了村镇银行的发展。今年村镇银行方案出台十周年，我在《中国金融》杂志上发了一篇文章，就讲到村镇银行的这种纠结，这里面还是顶层设计有问题。

第四章 | 百年"国家—市场"宏观景观与中国农村金融发展

增量改革的第二类——农民资金互助,它的发展可能更纠结。到现在为止,村级农民资金互助社推进了十年,只推进了不到50家。中国的行政村六十多万个,只有50个农民资金互助社获得了银监会的牌照,仅有万分之一的概率。所以我们说,农民资金互助当初喊得很响,理论界、实践界都寄予很大的期望,说农民资金互助可以重建中国的合作金融,实际结果很让理论界和实践界失望。为什么一开始银监会很有动力做这件事,后来推来推去就不推了呢?为什么虎头蛇尾了呢?我认为很大的原因在于他们推了几家之后发现,原来农村金融市场不是他们想象的那么好,决策者在推农民资金互助之前并没有做过严密的论证和充分的田野调查。搞农民资金互助的风险很高,因此在推动过程中开始了急刹车;在十年里几乎停滞不前,银监会也是有它的苦衷的。

与此相反,我们发现在中国农村,没有被银监会给予牌照的资金互助社太多了,农民资金互助社在中国迅猛发展,方兴未艾,一片蓬勃景象。在合作社内部的合作金融方面,全国各地都在努力尝试。比如说山东,前几年就制订了方案,鼓励在合作社内部搞合作金融。其他省份,浙江、北京等,合作社都在做合作金融,基本上是由农业部主导的。农业部主张建立农民合作社,在合作社内部再搞资金互助。另外一个合作金融的尝试是供销合作社的合作金融。我们这个年纪都对供销社有印象。我小时候在山东掖县梁郭公社,隔着一条河的邻村有一个供销社,买任何东西都要到供销社去买。这些年来,尤其是最近七八年以来,供销合作体系已经深入地介入了合作金融,他们组建了合作社之后,在内部搞资金互助,这个量非常大。供销合作社的能量很大,它有大量网点,一搞合作金融,体量就比较大。最近有一部分供销社希望搞供销合作银行,这是一个值得关注的趋势。

增量改革的第三类——小贷公司，在中国成立的已经非常之多。近年来，小贷公司明显增长乏力。为什么乏力呢？因为先天不足，它只贷不存，资金问题一直约束着小贷公司的发展。2008年宁夏有一个企业家要办农民资金互助组织和小贷公司，通过各种渠道认识了我。2011年，经过三年的田野调查之后，我和王东宾博士写了一本书《金融减贫》，探讨了宁夏掌政模式。掌政镇离银川不远，是一个经济比较发达的镇。昨天掌政农村资金物流调剂中心的中层管理人员集体过来看我，他们的资产质量很好，比农信社好得多，跟农民关系好极了，利率比农信社要高，而还款率也很高。现在得到自治区政府大力支持，允许在掌政镇之外的宁夏全区设立网点。政策不可谓不好了，可是现在发展却遇到很大的瓶颈，最大的瓶颈就是资金瓶颈。小贷公司没钱啊，他们又不想干那种乱七八糟的事，公司的发展受到很大的制约，为此很着急。这帮年轻人都是我看着长大的，从二十六七岁到三十四五岁，干这个事很有激情，很有奉献精神，也很有幸福感。可是，受制于资金问题。

小贷公司在中国是个"奇葩"。奇葩有正反两个含义：一个是正面的真实的奇葩，小贷公司一枝独秀，各地金融办都批准建立了很多小贷公司，这些公司很活跃，对中国小微企业和农村经济发展起到很好的作用；另一个"奇葩"是贬义的，它只贷不存，就像一个人一条腿走路。金融机构天生就要两条腿，既有资产，又要负债，哪有只有资产没有负债的呢？所以我在《金融减贫》那本书中提到一条重要建议。我说中国将来农村金融的改革必须突破体制的障碍，就是允许那些有着良好历史记录，对当地农民有着非常好的凝聚力，有比较好的客户基础，资产质量很高，经营五年以上，不良资产在1%左右的机构，转型为小型乡村银行，给它银行牌照。我觉得这些农村金融机构，扎根在基层，属于草根金融，运作比较规范，群众基础好，应该给它牌照，如果让它吸收存款的话，将如虎添翼。这里面也涉及顶层设计的问题，要有一种激励机制，鼓励那些好的小贷机构转型和升级。

五、中国农村金融改革的顶层设计

中国农村金融要进一步改革的话，下一步该怎么走呢？我想中国农村金融改革和发展必须实现五大目标：

1. 农村金融改革要鼓励资源的跨区域配置。因为中国现在地域之间的二元结构非常明显。二元结构怎么破除呢？资源要跨区域配置，打破诸侯割据的局面。比如说广东跟湖南正好交界，广东很发达，湖南有些地方就很差，为什么不让广东的这些金融机构有机会到湖南去办分行呢？我们今天的这个农村金融体系，属于诸侯割据，各自为政，不能够实现资源的有效配置。

2. 要实现竞争主体的多元化与竞争的充分化。现在的农村金融谱系当中，存在的问题很大，还没有实现竞争主体的多元化，竞争也不充分；在很多县域，只有那么几家银行，很多地方基本上处于农信社一家自然垄断的局面。

3. 要实现金融机构组织的规范化与法人治理的科学化。在很多地方，农信社、农商行、村镇银行等，法人治理结构严重不规范、不科学，体制僵化，治理混乱，内部人控制严重，影响到农村金融体系的稳健发展。

4. 在顶层设计层面要鼓励微型金融和普惠金融。几年前我出版了一本书叫《普惠金融》，这是国内比较早的研究普惠金融的专著，后来"普惠金融"这四个字写进了十八大报告。我们现在整个农村金融谱系中微型银行偏少，要加强滴漏效应，让大银行的水慢慢渗透到小的微型客户当中，让那些微型企业、中小客户、农民客户和那些弱势群体分享改革的红利。

5. 要实现金融机构运行机制的信息化、科技化、创新化。今天这个时代跟50年前不一样了。50年前农信社、农行都是工作人员背着一个挎包，给人家放贷去；50年后大家都有了手机，有了移动通信，有了网上银行，互联网金融对银行的体系变革提出了非常深刻的挑战。银行的脱媒现象进一步恶化，大量的储蓄跑到互联网金融那边去了；银行自己的运行机制也变得更加互联网化、电子化、信息化，各种创新层出不穷。农村金融机构要主动迎接这个挑战，拥抱这个变化，利用互联网变革自己的运行机制和盈利模式。

我认为，将来农村金融体系要加大体制机制的创新，要解放思想。

第一，在农信社领域，要强调省联社服务功能，减少行政干预，要强调县级和地区级农商行的独立性，同时要鼓励农商行的跨区域竞争。

第二，村镇银行要鼓励多元化发展，发起人要多元化，要降低门槛，发挥村镇银行在跨区域资源整合中的积极作用。

第三，农行要找准自己的定位，要遵循优势匹配理论与要素对接理论，对自己的比较优势和业务定位做好准确判断。我在第二次丝绸之路考察之后，跟高连水博士合作了一本书《农行之道》，在这本书当中提出两个理论。一个理论叫优势匹配理论。农行一定要找准自己的比较优势在什么地方。我认为农行支农，其定位不是支持小农，而是支持规模化大农，支持现代农业，支持现代要素进入农村，这是农行的优势所在。如果农行定位在支持小农，则必败无疑，因为在这个领域它很难跟农信社、村镇银行和小贷公司竞争。农行永远是中国现代农业发展的主力军、中国现代要素进入农村的引领者，是中国规模化农业的先导。它的优势就在这个地方，它与村镇银行、农信社、小贷公司要有一个分工。农行的优势在于其科技优势、规模优势，在这个层面上要支持大的合作社，支持大的龙头企业，支持科技创新，支持现代农业。这是优势匹配理论。第二个理论是要素对接理论。农行在支农方面不要单打独斗，要营造一个要素对接的机制，要跟政府对接，跟保险机构对接，跟担保机构对接，跟其他微型金融机构对接。这样的话，农行才能有自己的比较优势，同时又不被小农的汪洋大海所淹没。

第四，在政府怎么发挥作用方面我们要重新思考。政府应该在农村金融基础设施的建设方面多做工作，包括硬件和软件，包括农业保险机制、土地流转机制、农村信用体系建设等等。政府要提高行政效率，要为整个市场发展提供很好的基础，这是政府需要干的。政府要放开各方面不必要的约束，要尊重市场，尊重企业的独立法人地位，比如要尊重县联社（县级农商行甚至包括一些地级农商行）的独立法人地位，不要随意干预。

我认为中国农村金融的愿景，就是建立一个多元化、多层级、多主体、广覆盖、可持续的现代农村金融体系。所谓多元化就是产权主体多元化，既要有私营的，也要有国有的。所谓多层级，就是要巨、大、中、小、微各种层级的农村金融机构都有。多主体是不光有信贷市场，还要有农业发展基金、农产品期货市场、农业保险市场、融资租赁市场等等。广覆盖就是普惠，不光覆盖富人，还要覆盖穷人；不光覆盖发达地区，还要覆盖不发达地区、少数民族地区。可持续，就是要建立市场化的机制，要有利润，要实现农村金融的自我可持续发展。当然这个过程可能是极为漫长的。中国农村金融的变革,其成效如何,取决于中国农村本身的发展,取决于中国农业经营体系的变革,取决于农民素质的提高,取决于乡村治理以及整个乡村伦理关系的改善。如果这些基础设施不具备,农村金融就不可能单独发展。在这个改革过程中,第一需要耐心,第二需要智慧,不能乱干,不能盲目地干。我们需要进一步解放思想,把中国农村金融体系推向一个新的高度。

第五章

中国扶贫开发的战略转型：习近平扶贫思想研究

一、包容式（普惠式）增长、机会均等与赋权

中国在近四十年的改革开放进程中实现了高速的增长，创造了中国奇迹，人均收入与国民福利有了极大的提升，这是全世界公认的历史性的成就。1949年以来的工业化与经济赶超，提升了我国的综合国力与国际地位，使近七十年成为中国近代以来发展最为迅猛、社会变革最为深刻、国家民族命运实现转机的关键历史阶段，成为中华民族由衰退到复兴的重要转折点。同时，"我们也要清醒地看到，由于我国还处在社会主义初级阶段，由于我国国家大、各地发展条件不同，我国还有为数不少的困难群众。按照人均年收入2300元的国家扶贫标准，全国农村扶贫对象还有

一亿二千多万人"。[1] 对贫困人口大规模存在这样一个事实，我们要保持高度清醒的认识，切不要盲目乐观、盲目自信、骄傲自满，要知道我们与发达国家之间的差距。要在制定发展战略与发展目标、推动经济发展过程中，时刻想到中国区域发展不平衡、人群与族群不平衡、贫困人口集中等严峻状况，使我们的政策不偏离这个基本事实。

（一）反贫困是社会主义的本质要求与特征

近年来，扶贫工作成为中央和地方各级政府工作的重中之重，得到了方方面面的高度重视。扶贫问题不是一个局部的、枝节的、锦上添花的工作，也不是仅仅贫困地区的工作，而是一个事关全局的、核心的、与全国所有地区都有关的工作。在我们这样一个幅员辽阔、国情极其复杂、发展不均衡的社会主义大国，反贫困是一项艰苦的使命。1949年以来的反贫困成就巨大，尤其是改革开放以来，中国更是进入反贫困的快车道，为世界反贫困作出了突出贡献。消除贫困是社会主义的题中应有之义。"贫穷不是社会主义。如果贫困地区长期贫困，面貌长期得不到改变，群众生活长期得不到明显提高，那就没有体现我国社会主义制度的优越性，那也不是社会主义。"[2] "消除贫困、改善民生、实现共同富裕，是社会主义的本质要求，是我们党的重要使命。"[3] 习近平同志把扶贫开发提高到"社会主义本质"来认识，把"共同富裕"和"消除贫困"视为"中国特色社

---

[1] 习近平：《在河北省阜平县考察扶贫开发工作时的讲话》，2012年12月29、30日，《做焦裕禄式的县委书记》，中央文献出版社2015年版，第15页。

[2] 习近平：《在党的十八届二中全会第二次全体会议上的讲话》，2013年2月28日。

[3] 习近平：《在部分省区市扶贫攻坚与"十三五"时期经济社会发展座谈会上的讲话》，2015年6月18日。

会主义的根本原则"。[1]。

（二）什么是好增长，什么是坏增长？

无疑地，我们在近几十年中实现了快速的，甚至是超高速的增长，直到今天，中国仍是全世界增长最快的经济体。"发展"是中华人民共和国的主旋律，实现经济的赶超式发展，从而以最快的速度赶上并超过西方发达国家，成为中国几代人的梦想。现在，几代人的梦想正在逐步变为现实，我们正在成为全世界经济总量最大的经济体之一，而且有望在不远的将来实现经济总量世界第一的目标。"发展"至今仍然是我们的首要目标，对此我们不能放松，不能停步。但是同时我们也要对单纯追求发展速度与经济规模的"唯发展主义"观点给予足够的警惕与批判，对过度强调"发展"所带来的弊端有清醒而客观的认识。片面强调发展速度与规模，而不重视或者忽视了发展所引发的社会公正问题与经济结构问题，忽视了发展的可持续性问题和代际公平问题，使我们在这几年的经济发展中遇到很多挑战与困难。习近平深刻指出："发展仍然是我们党执政兴国的第一要务，仍然是带有基础性、根本性的工作，但经济发展、物质生活改善并不是全部，人心向背也不仅仅决定于这一点。发展了，还有共同富裕问题。物质丰富了，但发展极不平衡，贫富悬殊很大，社会不公平，两极分化了，能得人心吗？因此，经济总量无论是世界第二还是世界第一，未必就能够巩固住我们的政权。"[2]

---

[1] 习近平：《紧紧围绕坚持和发展中国特色社会主义学习宣传贯彻党的十八大精神》，2012年11月17日，《十八大以来重要文献选编》（上），中央文献出版社2014年版，第78—79页。
[2] 习近平：《在河南省兰考县委常委扩大会议上的讲话》（2014年3月18日），《做焦裕禄式的县委书记》，中央文献出版社2015年版，第35页。

什么是好的增长？好的增长是平衡的增长（当然是动态的平衡而不是绝对的平衡），要实现人群之间的均衡、族群之间的均衡、职群（不同领域不同职业群体）之间的均衡、区域发展之间的均衡。事物总是在不均衡到均衡的动态过程中获得发展和变化，一定的不平衡提供了事物发展的动力和能量，但是过于不平衡则会引发整个体系的危机和崩溃，导致整个体系有倾覆之危。我们在改革开放之后实行了整个经济的非均衡发展战略，区域的不均衡和人群的不均衡在改革开放初期为整个经济提供了活力，促进了资源和要素的流动，从而带动了经济的高速增长。但是，随着经济的发展，这种不均衡却极大地影响了社会的公平正义，给整个社会带来更高的运行成本，社会的不稳定甚至局部的危机逐渐显现，这就给我们执行多年的非均衡战略提出了警示。我们现在的人均收入差别很大，基尼系数在全世界名列前茅，十分值得警惕和反省！人与人之间、地区与地区之间差别太大，使得民怨大，民心丧失，影响了社会的和谐和稳定，反过来阻碍了经济更好地可持续地发展，增大了发展的阻力和成本。毛泽东时代十分强调要促进城乡发展，尽力消除三大差别；邓小平时代特别强调要消除两极分化，实现共同富裕；习近平也极其强调要在经济发展与物质生活改善过程中关注"人心向背"，关注社会公正、公平，追求均衡式的发展。

（三）实现包容式＜普惠式＞增长

好的增长一定是包容式的、普惠式的增长，也就是在经济增长过程中，使那些处于社会中下层的普通群众也能分享到经济增长的好处（福利），从而使所有民众都能在经济增长的福利中获得帕累托改进。与包容式增长相反的是"排斥性增长"，即经济增长只有益于那些拥有一定经济地位与政治地位的个别人群，而无益于中下层人群，尤其没有改善底层人民的境况，甚至使低收入人群的福利状况恶化。这种排斥性增长，不仅是坏的增长，而且是一种十分危险的增长，是社会成本极其高昂的增长，有可能引起巨大的社会摩擦与社会震荡。因此，习近平在多个场合反复强调，要"使发展成果更多更公平惠及人民，是我们党坚持全心全意为人民服务根本宗旨的重要体现，也是党和政府的重大职责"。[1] 他说："检验我们一切工作的成效，最终都要看人民是否真正得到了实惠，人民生活是否真正得到了改善，人民权益是否真正得到了保障。面对人民过上更好生活的新期待，我们不能有丝毫自满和懈怠，必须再接再厉，使发展成果更多更公平惠及全体人民，朝着共同富裕方向稳步迈进。"[2]

（四）赋权、改善民生与提升可行能力

阿玛蒂亚·森认为，贫困的发生，其最根本的原因在于"可行能力"的丧失与剥夺，使得贫困者因不具备基本的能力而陷入贫困不能自拔。可行能力包含着一个人改变自己境况、适应周遭社会的最基本的能力，如认知能力、判断能力、应对挑战的能力、创新的能力等等。但是"可行能力"的获得，需要以一个人获得基本的权利保障为前提，需要比较系统的制度支撑。比如一个人有受教育的权利，只有受到比较良好的完备的教育，才能具备一定的认知与判断能力；一个人要有医疗权，能够获得较好的医疗和保健服务，才能保证有健康的身体以适应工作的挑战；一个人要

---

[1] 习近平：《在河北省阜平县考察扶贫开发工作时的讲话》（2012年12月29、30日），《做焦裕禄式的县委书记》，中央文献出版社2015年版，第19页。

[2] 习近平：《在纪念毛泽东同志诞辰一百二十周年座谈会上的讲话》（2013年12月26日），《十八大以来重要文献选编》（上），中央文献出版社2014年版，第698页。

有劳动权，社会要给他提供相应的就业机会；一个人还要有迁徙、创业、获得信贷、养老的基本权利等。如果一个人的受教育权、医疗和社会保障权、创业权和信贷权、迁徙和其他自由选择权受到损害，不能得到保障或者被剥夺，他的可行能力就是残缺的，他就不能应对来自外界的挑战，因而这个人就有可能陷入贫困。所以，要有效减贫，就要首先加大"赋权"的力度，就要保障人民的基本权利不被侵犯和剥夺。对于这一点，习近平曾多次强调："我们要随时随刻倾听人民呼声，回应人民期待，保证人民平等参与、平等发展权利，维护社会公平正义，在学有所教、劳有所得、病有所医、老有所养、住有所居上持续取得新进展，不断实现好、维护好、发展好最广大人民根本利益，使发展成果更多更公平惠及全体人民。"[1] 教育、就业、医疗、养老、居住等人民的基本权利得到了保障，反贫困就具备了坚实的基础，人民尤其是底层人民的可行能力就会逐步得到提高。这是反贫困的基础工作，也是核心工作。

（五）机会均等与社会公平正义

"赋权"的基本含义是赋予每一个人以平等的权利，其隐含的前提是机会均等。一个公平的制度，其标准不是结果的公平，而是机会的公平、规则的公平，这是起点上的公平。因此，"赋权"的核心是实现机会均等，这是实现社会公平正义的基础。习近平在谈到"中国梦"时极为强调实现机会均等："中国梦是追求幸福的梦。中国梦是中华民族的梦，也是每个中国人的梦。我们的方向就是让每个人获得发展自我和奉献社会的

---

[1] 习近平：《在第十二届全国人民代表大会第一次会议上的讲话》，2013年3月17日，《十八大以来重要文献汇编》（上），中央文献出版社2014年版，第236页。

机会,共同享有人生出彩的机会,共同享有梦想成真的机会,保证人民平等参与、平等发展权利,维护社会公平正义,使发展成果更多更公平惠及全体人民,朝着共同富裕方向稳步前进。"[1]

因而机会均等必然是扶贫工作的核心要义之一,也是进行任何制度变革和制度创新的核心目标。我曾经提出过"制度供给型扶贫"这个概念[2]。实际上,"制度供给"的核心就是"赋权","制度供给"的目的就是实现"机会均等",即每个人都通过制度供给而获得平等的参与权、发展权。因此,我们在扶贫工作中,首先要考虑通过制度供给与制度变革来实现贫困人群获得平等机会。为此,要深刻变革和创新农村教育制度、农村医疗制度、农村社会保障制度、农村信贷制度等,革除现有制度中的一些弊端,从而给贫困人群实现自我的机会,这才是最根本的扶贫,最到位的扶贫,最深刻的扶贫,最有效的扶贫。现在很多地方在扶贫方面做表面文章,搞形式主义,只抓一些表面上的、肤浅的、琐细的、局部的、小打小闹的、修修补补的事情,而不考虑在制度供给层面进行深刻的、系统的、全局性的、根本性的变革。这样的扶贫是无效的,即使暂时脱贫也不具有可持续性,往往很容易返贫。

二、统筹区域发展和城乡发展,推动内生式扶贫,实现全面小康

(一)全面建成小康社会的标准

2020年全面建成小康社会,是我们国家既定的伟大发展目标。但是

---

[1] 习近平:《在中法建交五十周年纪念大会上的讲话》(2014年3月27日),《人民日报》2014年3月29日。
[2] 王曙光:《中国的贫困与反贫困——基于贫困发生学的研究》,《农村经济》2011年第3期。

如何来衡量小康社会呢？这个标准，不能只看经济发展的总量，也不能只看全国人均国民收入，而是要全面地看中国的发展情况，尤其是要看广大农村是不是得到发展，特别是贫困地区和贫困人群是否得到发展；而在贫困地区和贫困人群中，尤其要看边疆民族地区的少数民族群众是否得到发展。习近平在多次讲话中提到："小康不小康，关键看老乡。"也就是把农村发展与农民收入提升作为衡量全面建成小康社会的重要标准。"小康不小康，关键看老乡。一定要看到，农业还是'四化同步'的短腿，农村还是全面建成小康社会的短板。中国要强，农业必须强；中国要美，农村必须美；中国要富，农民必须富。农业基础稳固，农村和谐稳定，农民安居乐业，整个大局就有保障，各项工作都会比较主动。"[1] "没有贫困地区的小康，没有贫困人口的脱贫，就没有全面建成小康社会。我们不能一边宣布实现了全面建成小康社会目标，另一边还有几千万人口生活在扶贫标准线以下。如果是那样，就既影响人民群众对全面建成小康社会的满意度，也影响国际社会对全面建成小康社会的认可度。"[2]

中央近年来特别重视边疆少数民族地区的发展和扶贫，认为促进民族地区经济发展是增进民族团结的重要一环："小康不小康，关键看老乡。看老乡，千万别忽视了分布在农村牧区、边疆广大地区的少数民族群众。中国共产党一再强调，增强民族团结的核心问题，就是要积极创造条件，千方百计加快少数民族和民族地区经济社会发展，促进各民族共同繁

---

[1] 习近平：《在中央农村工作会议上的讲话》（2013年12月23日），《十八大以来重要文献选编》（上），中央文献出版社2014年版，第658页。
[2] 习近平：《在部分省区市扶贫攻坚与"十三五"时期经济社会发展座谈会上的讲话》，2015年6月18日。

荣发展。"[1]族群型贫困是我国所有贫困类型中最为重要的一种类型,在一些边疆民族地区,存在着比较集中的、大面积的、连片的贫困人群。"目前,全国有十四个集中连片特殊困难地区、五百九十二个国家扶贫开发工作重点县、十二万八千个贫困村、二千九百四十八万五千个贫困户、七千零一十七万贫困人口。贫困人口超过五百万的有贵州、云南、河南、广西、湖南、四川六个省区,贫困发生率超过百分之十五的有西藏、甘肃、新疆、贵州、云南五个省区。这些数字,哪一个都是沉甸甸的,凸显了扶贫脱贫形势的严峻性。"[2]"我国少数民族人口占全国的8.5%左右,比例并不算高,但这个比例所对应的人口数量是一亿一千多万。尽管1949年以来少数民族和民族地区得到了很大发展,但一些民族地区群众困难多、困难群众多,同全国一道实现全面建成小康社会目标难度较大,必须加快发展,实现跨越式发展。"[3]族群型贫困的存在,既有自然条件恶劣的原因,也有教育、医疗等制度供给方面的原因,更有历史、文化与传统等深层次的原因。在全面实现小康社会的进程中,少数民族的脱贫是最艰难也是最重要的工作之一。没有少数民族的脱贫和实现小康,就没有全国的小康,因此,"全面实现小康,少数民族一个都不能少,一个都不能掉队。要以时不我待的担当精神,创新工作思路,加大扶持力度,因地制宜,精准发力,确保如期啃下少数民族脱贫这块'硬骨头',确保各族群众如期

---

[1] 习近平:《在参加全国政协十二届二次会议少数民族界委员联组讨论时的讲话》,2014年3月4日。
[2] 习近平:《在部分省区市扶贫攻坚与"十三五"时期经济社会发展座谈会上的讲话》,2015年6月18日。
[3] 习近平:《在中央民族工作会议上的讲话》,2014年9月28日。

实现全面小康"。[1]

（二）实施差别化、倾斜性政策，外生力量与内生力量相结合

老少边穷地区历史欠账多，基础条件差，要进行有效的扶贫开发，就必须因地制宜，"用一套政策组合拳"[2]，综合性地解决贫困人群脱贫问题。首先要对老少边穷地区实施差别化政策。"要发挥好中央、发达地区、民族地区三个积极性，对边疆地区、贫困地区、生态保护区实行差别化的区域政策，优化转移支付和对口支援体制机制，把政策动力和内生潜力有机结合起来。"[3]差别化的区域政策，意味着要对这些老少边穷地区实施特殊的财政税收政策、产业推动政策、农村发展政策，要通过区域之间和各微观主体之间的对口支援政策，通过优化资源配置，把有限的财力和资源向少数民族地区、边疆地区、贫困地区、生态保护区倾斜。

其次，要把外生力量和内生力量结合起来，也就是习近平所说的"把政策动力和内生潜力有机结合起来"。政策动力指来自外部的政策推动力，包括各种优惠政策、激励政策、补贴政策、转移支付政策等，这些政策构建了有利于贫困地区和边疆少数民族地区发展的外部条件；但是光有外部条件还不行，还要激发边疆少数民族贫困地区发展的内在动力，挖掘内生潜力，实现贫困地区的自我脱贫，这就是"内生式扶贫"[4]的最

---

[1] 习近平同志在国家民委《民族工作简报》第6期《"中国扶贫开发第一村"福建宁德市赤溪畲族村各族群众全面迈入小康生活》上的批示，2015年1月29日。
[2] 习近平：《在华东七省市党委主要负责同志座谈会上的讲话》，2015年5月27日；《人民日报》2015年5月29日。
[3] 习近平：《在中央民族工作会议上的讲话》2014年9月28日。
[4] 王曙光：《内生性扶贫和社会网络扶贫的理论和实践》，《中国方略》，中国发展出版社2017年1月版，第152—171页。

核心的内涵。以前我们在扶贫中着重于外力的推动，重视吸引外部的资金，派出外来的干部驻村，利用对口扶贫引入各种外来资源，这些举措都是很好的、很重要的，但是如果没有塑造内生的发展动力，光有外部的因素是很难实现扶贫效果的可持续的。外因还是要靠内因起作用。内生式扶贫就是要激发和动员贫困地区自己的信心和动力，这就是"扶贫先扶志"。习近平说："扶贫要扶志，有志气、自力更生很重要啊！"[1] "脱贫致富贵在立志，只要有志气、有信心，就没有迈不过去的坎。"[2] 说的就是要激发贫困人群内在的力量。要变"输血式扶贫"为"造血式扶贫"，"要坚持输血和造血相结合，坚持民族和区域相统筹，重在培育自我发展能力，重在促进贫困区域内各民族共同发展"。[3] 扶贫要内外发力。一方面，"要优化转移支付和对口支援的体制机制，贯彻落实扶持集中连片特殊困难地区、牧区、边境地区、人口较少民族地区发展等政策举措"，通过外力的作用推动贫困地区的脱贫；另一方面，还要通过"加大基础设施建设力度，推进基本公共服务均等化，增强民族地区自我发展的'造血'能力"。[4] 在几次讲话中，习近平都强调要发挥贫困地区的自强精神，增强内生的动力，要"充分发挥贫困地区干部群众的积极性、主动性、创造性，广泛组织和动员社会力量积极参与扶贫济困"[5]，要"充分发挥贫困地

---

[1] 习近平：《在河北省阜平县考察扶贫开发工作时的讲话》(2012年12月29日、30日)，《做焦裕禄式的县委书记》，中央文献出版社2015年版，第19页。
[2] 习近平：《在湖南考察工作时的讲话》(2013年11月3—5日)，《人民日报》2013年11月6日。
[3] 习近平：《在中央民族工作会议上的讲话》(2014年9月28日)。
[4] 习近平：《在参加全国政协十二届二次会议少数民族界委员联组讨论时的讲话》(2014年3月4日)。
[5] 习近平同志在甘肃考察工作时的讲话(2013年2月2—5日)。

区干部群众的积极性、主动性、创造性,广泛组织和动员社会力量积极参与扶贫济困"[1]。

要实现内生式扶贫,重要的还是要找准贫困地区的优势产业和特色产业,通过发展自己的优势特色产业,依托自己的产业基础进行具有可持续性的自我脱贫。习近平在河北阜平县考察时说:"贫困地区发展要靠内生动力,如果凭空救济出一个新村,简单改变村容村貌,内在活力不行,劳动力不能回流,没有经济上的持续来源,这个地方下一步发展还是有问题。一个地方必须有产业,有劳动力,内外结合才能发展。最后还是要能养活自己啊!"[2]产业的发展要基于一个地方的实际情况,要深刻分析和认识本地区的禀赋和优势,"一个地方的发展,关键在于找准路子、突出特色。欠发达地区抓发展,更要立足资源禀赋和产业基础,做好特色文章,实现差异竞争、错位发展。欠发达地区和发达地区一样,都要努力转变发展方式,着力提高发展质量和效益,不能'捡进篮子都是菜'"[3]。

(三)立足长远和基础,切忌形式主义扶贫

扶贫要立足于夯实基础、着眼长远,要有高瞻远瞩的眼光,不要急功近利。既要有时不我待的紧迫感,又要从长远出发,不做形式主义的扶贫。习近平在中央民族工作会议上说:"确保民族地区如期全面建成小康社会,要实事求是、因地制宜,既坚持一定标准,又防止好高骛远,既考

---

[1] 习近平:《在党的十八届二中全会第二次全体会议上的讲话》(2013年2月28日)。
[2] 习近平:《在河北省阜平县考察扶贫开发工作时的讲话》(2012年12月29、30日),《做焦裕禄式的县委书记》,中央文献出版社2015年版,第17—18页。
[3] 习近平:《在山东考察工作时的讲话》(2013年11月24—28日),《人民日报》2013年11月29日。

虑到 2020 年这个时间节点，又立足于打基础、谋长远、见成效。"[1] "打基础"就是要搞好制度建设，搞好农村的基础设施建设与社会公共服务，为扶贫构建一个坚实的基础。基础不牢，只搞短平快的花架子，即使贫困人群一时脱贫，也会很快返贫，因为根本问题没有解决。我国的贫困，最常见的还是制度供给不足型贫困，因此基础设施的完善极为重要。基础设施（包括物质的基础设施和制度的基础设施）的提供，就是为扶贫"托底"。"基础设施落后是边疆建设要突破的'瓶颈'。要面向边疆农村牧区，打通'毛细血管'，解决'最后一公里'问题，全面推进与群众生产生活密切的通水、通路、通电等建设，为兴边富民打好基础。要继续加快铁路、公路、民航、水运建设，形成对长期发展起支撑作用的区域性大动脉。要抓紧推动与有关国家和地区的交通、通信等基础设施的互联互通，建设国际大通道，推动区域经济合作。"[2] 有些地区，在扶贫工作中搞形象工程，对此，习近平指出："对口支援的项目和资金，不能用钱砸形象，而是要着力提供基本公共服务和改善民生。"[3]

扶贫工作既要有很高的要求，又要量力而行，实事求是，不要好高骛远，要杜绝口号式扶贫、形式主义扶贫。习近平在十八届二中全会上说："为群众办好事、办实事，要从实际出发，尊重群众意愿，量力而行，尽力而为，不要搞那些脱离实际、脱离群众、劳民伤财、吃力不讨好的东西。"[4] 现在各地政府均把扶贫攻坚作为重要工作目标，层层定量考核，层层落实，这本来是很好的做法，但是个别地区搞形式主义的扶贫、口号式

---

[1] 习近平：《在中央民族工作会议上的讲话》（2014 年 9 月 28 日）。
[2] 同上。
[3] 同上。
[4] 习近平：《在党的十八届二中全会第二次全体会议上的讲话》（2013 年 2 月 28 日）。

扶贫，目标不切实际，随意将脱贫时间提前，虽然从表面上看显示了地方政府的决心和意志，但是实际上却损害了扶贫的效果，使一些地方政府不是扎扎实实地搞扶贫，不是着眼于打基础，而是搞扶贫的政绩工程。对此，习近平指出："贫困地区要把提高扶贫对象生活水平作为衡量政绩的主要考核指标。扶贫工作要科学规划、因地制宜、抓住重点，不断提高精准性、有效性、持续性，切忌空喊口号，不要提好高骛远的目标。发展生产要实事求是，结合当地实际发展特色经济，注重提高基本公共服务水平。"[1] "要正确引导舆论，既要大力减少贫困人口，也要从实际出发，胃口不能吊得太高。"[2] 他还说："要坚持实事求是、因地制宜，持之以恒、久久为功，建立精准扶贫工作机制，集中力量解决突出问题，不喊脱离实际的口号，不定好高骛远的目标，在打基础、谋长远、见成效上下功夫，让民族地区群众不断得到实实在在的实惠。"[3] 这些告诫都是非常及时的，对于在扶贫工作中纠正急于求成、急功近利、好高骛远、形式主义的偏向具有重要的意义。

三、实现精准脱贫，提高扶贫的精准性和可持续性

（一）精准扶贫的关键是精准分析贫困根源

在各地的扶贫实践中，对精准扶贫有很多认识上的误区。有些地方把精准扶贫仅仅理解为扶贫干部和对口扶贫单位针对一家一户进行支持，

---

[1] 习近平：《在中央经济工作会议上的讲话》（2013年12月10日）。
[2] 习近平：《在云南省考察工作结束时的讲话》（2015年1月21日）。
[3] 习近平：《在参加全国政协十二届二次会议少数民族界委员联组讨论时的讲话》（2014年3月4日）。

给钱给物，促进其快速脱贫。这就把扶贫工作简单化和表面化了。精准扶贫的核心之一首先是要精准分析一个地区、一个群体甚至每个贫困人口的致贫根源，不能大而化之，而是进行精准分析，深刻地考察到底有哪些因素导致当地人群的贫困。习近平在河北阜平县考察时着重指出了这一点："要真真实实把情况摸清楚。做好基层工作，关键是要做到情况明了。情况搞清楚了，才能把工作做到家、做到位。大家心里要有一本账，要做明白人。要思考我们这个地方穷在哪里？为什么穷？有哪些优势？哪些自力更生可以完成？哪些依靠上面帮助和支持才能完成？要搞好规划，扬长避短，不能眉毛胡子一把抓"；"帮助困难乡亲脱贫致富要有针对性，要一家一户摸情况，张家长、李家短都要做到心中有数。"[1] 深刻分析贫困根源，做好入户调查和数据采集工作是很重要的，但是千万不能搞成形式主义，现在一些地区的基层干部反映，他们在上级（各种不同的上级单位）的指挥下填无数表格，重复录入各种数据，工作量之大令人难以想象，甚至因为根本无暇入户调研而被迫编造各种数据，使基层干部不堪重负，怨声载道。这样的做法导致他们没有办法把精力用在真正帮助贫困人群脱贫上，而是都在应付各种没完没了的检查和表格填写上，对扶贫效果造成严重的消极影响。真正的精准扶贫，不仅是要找到一堆数据，更重要的在于精准分析贫困户的致贫根源，看看哪些是普遍性的、面上的、共性的原因，哪些是个体性的、特殊性的、点上的原因，对于面上的共性的问题，要在整个区域的基础设施建设和制度创新上下功夫，而对于特殊性的问题，要有针对性地进行帮扶，通过民政、社会力量等进行有效解决。

---

[1] 习近平：《在河北省阜平县考察扶贫开发工作时的讲话》(2012年12月29日、30日)，《做焦裕禄式的县委书记》，中央文献出版社2015年版，第21页。

（二）精准扶贫的有效性有赖于因地制宜、精准施策

精准扶贫的核心之二是精准施策。要针对一个地区、一个群体，甚至针对特定的贫困户，制定相应的有差别的脱贫之策，脱贫对策的制定要有目的性，有指向性，而不是盲目施策，或者只做表面文章的肤浅施策。"要更多面向特定人口、具体人口，实现精准脱贫，防止平均数掩盖大多数。"[1] 精准施策就是要因地制宜，不要一刀切："要增加资金投入和项目支持，实施精准扶贫、精准脱贫，因乡因族制宜、因村施策、因户施法，扶到点上、扶到根上。扶贫项目安排和资金使用都要提高瞄准度，不要大而化之、撒胡椒面，更不能搞不符合当地实际的面子工程。"[2]

精准扶贫是我国新时期扶贫工作的重要特点。在前几十年中，扶贫更多的是面向所有贫困人群，进行基础设施的改造，进行制度的建设，进行体制机制的创新。这些措施，对于大面积的贫困人群脱贫是非常重要的，甚至至今仍然是一些地区扶贫的核心工作，尤其是那些基础设施差、制度不到位的欠发达地区。但是同时，我们也要认识到，扶贫工作开展到今天，在多数地区大面积贫困已经基本消除的阶段，精准的扶贫战略就非常必要，要针对不同类型的贫困精准地发力，才能达到瞄准的效果。习近平针对新时期精准扶贫战略指出："精准扶贫，一定要精准施策。要坚持因人因地施策，因贫困原因施策，因贫困类型施策。俗话说，治病要找病根。扶贫也要找'贫根'。对不同原因、不同类型的贫困，采取不同的脱贫措施，对症下药、精准滴灌、靶向治疗。各地要通过深入调查研究，尽快搞清楚现有贫困人口中，哪些是有劳动能力、可以通过生产扶持和就业

---

[1] 习近平：《在中央经济工作会议上的讲话》（2014年12月9日）。
[2] 习近平：《在云南省考察工作结束时的讲话》（2015年1月21日）。

帮助实现脱贫的,哪些是居住在'一方水土养不起一方人'的地方、需要通过易地搬迁实现脱贫的,哪些是丧失了劳动能力、需要通过社会保障实施兜底扶贫的,哪些是因病致贫、需要实施医疗救助帮扶的,等等。国务院扶贫办要在各地调查的基础上,汇总出全国情况,提出分类施策的具体办法。"[1]

(三)精准扶贫要着眼于对扶贫对象进行精准化管理

精准扶贫的核心之三是对扶贫对象的精准化管理。对扶贫对象进行精准化管理,就是要在资源配置上进行有针对性的精细的管理,确保各种资源的使用准确到位。"精准扶贫,就是要对扶贫对象实行精细化管理,对扶贫资源实行精确化配置,对扶贫对象实行精准化扶持,确保扶贫资源真正用在扶贫对象身上、真正用在贫困地区。"[2] "贫困民族地区群众更期盼的是雪中送炭。要建立精准扶贫工作机制,瞄准特困地区、特困群体、特困家庭,扶到点上、扶到根上、扶到家庭,力争用五到十年时间实现民族地区贫困家庭和困难群众稳定脱贫。"[3]

精准化管理强调扶贫的精确性、有效性,各种人、财、物的配置,各种制度措施的落实,都要落到实处。正向习近平所提出的:"扶贫开发推进到今天这样的程度,贵在精准,重在精准,成败之举在于精准。搞大水漫灌、走马观花、大而化之、'手榴弹炸跳蚤'不行。要做到'六个精准',即扶持对象精准、项目安排精准、资金使用精准、措施到户精准、

---

[1] 习近平:《在部分省区市扶贫攻坚与"十三五"时期经济社会发展座谈会上的讲话》(2015年6月18日)。
[2] 习近平:《在参加十二届全国人大二次会议贵州代表团审议时的讲话》(2014年3月7日)。
[3] 习近平:《在中央民族工作会议上的讲话》(2014年9月28日)。

因村派人（第一书记）精准、脱贫成效精准。各地都要在这几个精准上想办法、出实招、见真效。"[1]

（四）针对不同贫困类型，进行分门别类的有针对性的扶贫

根据贫困发生学原理，不同的贫困类型，要实施不同的扶贫政策。我国的贫困大体可以分为制度供给不足型贫困、区域发展障碍型贫困、可行能力不足型贫困（结构型贫困）、先天缺乏型贫困和族群型贫困等类别。针对这些不同种类的贫困，中国的反贫困战略大致也划分为制度变革型扶贫、基础性（或大推进型）扶贫、迁移型（或生态恢复型）扶贫、能力增进型（或结构型、造血型）扶贫、救济型（或输血式）扶贫和族群系统型扶贫，但是在反贫困实践中，各类措施往往齐头并进形成合力[2]。

习近平在部分省区市扶贫攻坚与"十三五"时期经济社会发展座谈会上的讲话中指出的"四个一批"，体现了中央在扶贫战略上"分门别类"的"结构性扶贫"的思想。这一思想正是新时代精准扶贫的核心思想之一："一是通过扶持生产和就业发展一批。对有劳动能力、可以通过生产和务工实现脱贫的贫困人口，要加大产业培育扶持和就业帮助力度，因地制宜多发展一些贫困人口参与度高的区域特色产业，扩大转移就业培训和就业对接服务，使这部分人通过发展生产和外出务工实现稳定脱贫。二是通过移民搬迁安置一批。……目前，初步估算，全国有大约一千万贫困群众居住在深山、石山、高寒、荒漠化等生存环境差、不具备基本发展条件的地方，以及生态环境脆弱、不宜开发的地方。在这些地方

---

[1] 习近平：《在部分省区市扶贫攻坚与"十三五"时期经济社会发展座谈会上的讲话》(2015年6月18日)。
[2] 王曙光：《中国的贫困与反贫困——基于贫困发生学的研究》，载《农村经济》，2011年第3期。

就地采取扶贫措施,不仅成本高,而且很容易返贫,难以取得持久效果。三是通过低保政策兜底一批。对丧失劳动能力、无法通过产业扶持和就业帮助实现脱贫的贫困人口,要通过社会保障实施政策性兜底扶贫,主要是纳入低保体系。……要研究贫困地区扶贫线和低保线'两线合一'的实施办法,把低保线提高到扶贫标准线,对这部分人实行应保尽保。四是通过医疗救助扶持一批。因病致贫、因病返贫的贫困具有暂时性、间歇性特征,只要帮助他们解决医疗费用问题,这部分人就可以通过发展生产或外出务工做到脱贫。"[1]

(五)精准扶贫要广泛动员各种社会力量,建立长效机制

精准扶贫不是政府单方面的工作,更不仅仅是扶贫干部的工作,这项伟大的工作,涉及每一个地区、每一个人、每一个部门。因此,在实际的扶贫工作中,就要强调"全社会扶贫"的理念,把不同区域、不同领域、不同行业的资源动员起来,把政府力量和市场力量结合起来。这就是"社会参与式扶贫"的精髓所在。"要健全东西部协作、党政机关定点扶贫机制,各部门要积极完成所承担的定点扶贫任务,东部地区要加大对西部地区的帮扶力度,国有企业要承担更多扶贫开发任务。要广泛调动社会各界参与扶贫开发积极性,鼓励、支持、帮助各类非公有制企业、社会组织、个人自愿采取包干方式参与扶贫。"[2]

---

[1] 习近平:《在部分省区市扶贫攻坚与"十三五"时期经济社会发展座谈会上的讲话》(2015年6月18日)。
[2] 习近平:《在部分省区市扶贫攻坚与"十三五"时期经济社会发展座谈会上的讲话》(2015年6月18日)。

第六章

中国合作金融体系百年制度变迁与未来战略走向 [1]

一、发轫与彷徨：1918—1949，合作金融体系在中国的早期发展与经验教训

合作社和合作金融在中国的发轫和兴起，是与中国的现代化进程和思想启蒙运动密切相关的。中国合作社和合作金融的发祥地是北京大学。1918 年 3 月，中国第一个合作社"北京大学消费公社"成立。同年，中国第一个合作性质的银行"北京大学学生储蓄银行"成立。北京大学还是最早进行合作社教育的最高学府，在京师大学堂时期就开设了"产业组合"课程，向学生们介绍国际合作社的理论和实践。此后，1919 年，薛仙舟创办了上海国民合作储蓄银行。1923 年，华洋义赈会救灾总会拟

---

[1] 本文是为段志龙著《倔强生长》（中国金融出版社 2017 年版）所写的序言。

定了《农村信用合作社章程》，并在河北省香河县建立了第一家农村信用合作社。早期的信用合作（合作银行）制度，几乎都是由曾在海外留学的知识分子所发起和倡导的，尤其是以日本和德国留学归国的知识分子为主，其中华洋义赈会农村信用合作事业的主要倡导者于树德先生（留学日本）和南方城市信用合作事业的主要倡导者薛仙舟先生（留学德国）是最卓越的代表。这些影响中国早期合作金融发展的人物，有志于将欧洲和日本（日本又主要是模仿德国）的合作社模式移植到中国，试图以此改变中国社会散漫自私的特征，使中国发奋图强，使国人知互助合作之真谛。这是从根本上改造中国人的精神从而从根本上改造中国社会经济制度的重要手段。合作运动的启蒙与实践，影响了五四运动前后整整一代人的思想、精神与行动，并成为贯穿中国整个近现代历史进程的一个大事件，对中国近百年以来的政治、经济和社会制度造成了深刻的影响。

20世纪二三十年代，随着全国的初步统一，在十余年中，合作事业（尤其是信用合作事业）在中国南北广大地区迅猛发展，国民政府亦通过《合作社法》（1934）的颁布和实业部合作司的设立（1935）来大力襄助其发展。但是在中国这样一个小农经济占主体、小农意识浓厚、合作精神薄弱的国家，要想真正组织和发动农民，进行真正意义上的互助合作，其遇到的阻力和挑战是相当大的。国民政府大力推动的农民合作，其效果并不佳，表面上轰轰烈烈，但是农民并未真正发动起来，而是被动参与合作，其教训极为深刻。曾任北大经济学系主任、留学哈佛大学的陈振汉先生曾对当时国民政府之合作事业作过极为中肯之评价：

> 在合作社发展之过程中，其占主要地位者非为人民而为政府，一切所以促进社务之扩张与发展者，悉由政府任之。兹一论其得失。

> 中国农民既贫且愚，人皆知之，且习性保守，散漫自私。欲农民自行起而组织从事改造环境，纵非不可能，亦极为困难。是以政府之翊助不特应当而且必要。然从长久计，合作之主体为人民而非为政府，必逐渐使人民知合作之真谛而逐渐自动参加而后可。（1935）

主要由知识分子和政府所倡导与参与的合作运动，虽然对于中国的思想启蒙起到重要的作用，然而其发展中遭遇的彷徨与失意，其对于农村变革影响之微弱，都值得深思。合作运动的主体是农民，而不是知识分子和政府。知识分子和政府可以倡导，但是不能越俎代庖，知识分子之觉悟代替不了农民之根本觉悟。名为农民合作运动而农民不动，原因何在？原因恐怕还在于是否真正以农民为本。与国民政府同时，中国共产党在三十年代亦开展了大规模的农民合作运动，合作运动与土地革命并行，奠定了新民主主义革命胜利的基础，其主要经验，乃在于真正尊重农民，发动农民，组织农民。与国民政府相比，一个获得了农民，凝聚了农民，改造了农民，而另一个丧失了农民。其成败之机全在于此。

二、辉煌与异化：1949—1979，工业化与赶超战略背景下的合作金融使命与体制特征

一贯致力于改造农民、改造农村的中国共产党，1949年之前即在解放区大规模进行推广合作社的社会实验，1949年之后，更是在全国范围内鼓励合作经济的发展，并为信用合作（合作金融）的发展开辟道路。1949年年底，全国约有800多家农村信用合作组织，1951年5月中国人民银行召开第一次全国农村金融工作会议，并相继颁布《农村信用合作

章程准则（草案）》和《农村信用互助小组公约（草案）》，1952年年底全国农村信用合作组织达20067个，1953年"过渡时期总路线"的提出和"一化三改"（一化，就是社会主义工业化；三改，就是对农业、手工业和资本主义工商业进行社会主义改造）的迅速实施，加快了农村信用合作的步伐，1955年上半年全国信用合作社发展到15万家，全国80%以上的乡建立了信用合作社。整个50年代，在中华人民共和国成立的初期，农村合作金融迅猛发展，打击了高利贷，对中国农村经济的恢复和发展起到了重要作用。50年代所奠定的生产合作、信用合作和供销合作"三位一体"的农民合作体系，乃是中国人民通过自己的摸索和实践而创造的具有中国特色的合作体系，对中国的工业化的推进、农业发展和农民的组织化起到重要的历史作用。

值得特别关注的是，这个时期的农村信用合作体系的管理体制经过数次反复。中华人民共和国成立初期，农村信用合作归中国人民银行管理。1951年成立农业合作银行，领导和管理全国信用合作事业。1952年农业合作银行被取消，又由中国人民银行农村金融管理局领导农村信用合作。1955年成立中国农业银行，负责指导农村信用合作发展。1957年又撤销中国农业银行，并入中国人民银行管理。1958年农村信用合作又下放给人民公社管理。1962年恢复农信社独立地位，业务受人民银行领导。1963年又重新建立中国农业银行，统一领导农信社。1965年中国农业银行再次被撤销。1966年农信社再次下放给人民公社、生产大队管理。这一时期，管理体制变来变去，看起来一会儿分，一会儿统，一会儿集中，一会儿放权，摇摆不定，反复无常，实际上折射出在社会主义工业化时期国家对农村信用合作纠结和矛盾的态度。国家对农村信用合作体系的看法是在不断变化的，对农村信用合作的定位始终不够明朗。农信社既是合作金融机构和集体金融组织，又是国家银行（农业银行）的基层机构，这种双重身份，导致农信社一直没有以独立的姿态存在于整个国家的金融体系之中，始终在两种身份之间摇摆徘徊。

在执行快速工业化和赶超战略时期，农村合作金融体系的命运必然如此。整个农村金融体系，尤其是农村信用合作组织，其最核心使命是为新中国的快速工业化和赶超战略的实施筹集资金，最大规模地使国家集中农业剩余，为社会主义工业化和经济赶超服务。这是一个时代的大战略、总路线，是不以个人意志为转移的历史使命。在这个历史使命面前，任何组织和个人都是渺小的。因此，国家在整个经济赶超和工业化初期，必然在两个目标函数之间不停摇摆：一个目标函数是农民利益的最大化和农村、农业发展的最大化；一个目标函数是工业化的迅速实现。这两个目标函数尽管内在地包含着统一的一面，而这统一的一面也已经被当时的领导者所深刻认识（比如毛泽东已经深刻认识到农业和工业之间的相辅相成、互相促进互相依赖的关系，因此，在国家重工业优先的发展战略下，不能以牺牲农业为代价），然而这两个目标函数之间更包含着矛盾的可能性。有限的资金，到底是放在工业部门，更多地支撑工业化尤其是重工业的发展，还是留在农业部门，更多地支持农民的生产，其政策效果是完全不同的。要照顾农民的利益，就必然在一定程度上延缓社会主义工业化的历史进程；然而不顾农民利益，甚至牺牲农民利益，就会导致农村不稳定。在这两个目标函数之间的纠结和摇摆，导致农村信用合作的管理体制一会儿倾向于分权，强调农村信用合作的独立性，以照顾农民利益；一会儿又倾向于集中和统一，更多地汇集农业剩余，以支持工业化建设。于是在很多时候就只能牺牲一点或者彻底剥夺农村信用合作体系的独立性，将其纳入整个国家正规信用体系来进行统一管理。50年代到70年代末期农信社体制的频繁变动和摇摆不定,其奥秘全在于此。

而充斥于整个新中国前三十年的争议和波折,其答案也全在于工业化和赶超的大背景。梁漱溟和毛泽东的那场著名的争议,其焦点也在于此。什么是"大仁政"?"大仁政"就是实现社会主义中国的工业化,就是建立全面的工业体系,就是把中国建成一个工业化国家。什么是"小仁政"?"小仁政"就是照顾农民利益。"大仁政"和"小仁政"有时是统一的,有时是矛盾的。不能以"小仁政"为由妨碍"大仁政"的实施。因此,毛泽东从中国工业化的百年大计出发,批评"妇人之仁"的"小仁政",是有其历史眼光的,应给予历史地看待。

然而,赋予农村信用合作以工业化的历史使命,同时也使原本具有合作制属性的农村信用合作体系最终被异化,其组织上的群众性、管理上的民主性、业务上的灵活性和独立性受到极大的影响,其官办色彩逐渐浓厚,成为官办银行的附属品。这一异化的结果,奠定了改革开放后四十年农信社改革的基调。

三、回归与前行:1979—2003,经典主义合作金融与修正主义合作金融之争

1979 年农行恢复。不论是农行总行、国家决策者,还是学术界人士,在 80 年代初期均对农信社官办体制进行了深刻的反思。1982 年中央高层对农信社的双重管理体制进行了否定。1984 年农业银行向国务院提交《关于改革信用社管理体制报告》,国务院 105 号文件批转该报告,指出必须改革农信社管理体制,把信用合作社办成集体所有制的合作金融组织。1996 年国务院《关于农村金融体制改革的决定》出台,农村信用合

作社与中国农业银行脱钩，农信社按照合作制原则重新规范，其改革目标是办成社员入股、社员民主管理、主要为社员服务的真正的农村合作金融组织。行社脱钩，标志着农信社真正走上独立发展之路，其作为官办银行的附属品的身份一去不复返了。对于农行而言，承担管理和指导农村信用合作社的使命并不轻松；虽然农行在传统上也是一个为农民和农村服务的银行，然而农行作为一个商业银行的属性与农信社作为一个集体所有制的合作金融机构的属性，仍然存在着若干摩擦和不兼容之处。而且，客观地说，在很多地区，由于农信社的不良贷款与历史包袱甚为沉重，这些历史包袱也自然成为农业银行发展的瓶颈和制约。因此行社脱钩这一政策本身，一方面自然包含着上层希望农信社能够按照合作制原则进一步规范和独立发展、希望剥离农行的商业银行属性和农信社的合作属性的愿望；另一方面，也包含着农行希望摆脱这个历史包袱的诉求，这双重诉求决定了行社脱钩这一历史决策，从而对农信社此后改制发展提供了历史空间。然而从历史的角度来审视，农行摆脱农信社这个包袱本身得失参半。在1996年行社脱钩和1999年开始的"银行返城运动"中，农行一时间将县域以下网点几乎全部撤销，当时确实起到瘦身精简之作用，然而十几年之后才感觉到，农村基层"据点"的丧失所带来的巨大消极后果。当农行在21世纪初试图重新布局农村、进军所谓"蓝海市场"时，才发现农行在基层农村已无立足之地，崛起的农信社几乎成为各地县域经济的主力军。

然而，在80年代初期一直到90年代，对于农信社体系到底是回归到合作制，回归到"经典主义"的合作原则，还是以现实主义的视角，使农信社继续"前行"，"与时俱进"，向着另一条"修正主义"的道路走向商业化，在理论界和实践界却存在着广泛的争议。这里，对"经典主义"，对"修正主义",都不带任何褒贬的含义,只是描述一个历史事实。"经典主义"的合作社,指的是符合国际合作社原则尤其是罗虚戴尔原则的合作社;而"修正主义"的合作社,指的是根据各地区各国的具体历史和现实条件,对经典合作社原则进行变通和修正的合作机构。这两种合作制度在全球范围都存在。毋庸讳言,既然合作金融制度是一种舶来品,其在中国土地上"入乡随俗",发生变异和调适,乃是一种历史的必然。尤其在中国这样一个有着极强文化主体性的国家,外来文化进入后发生的所谓"异化",是再正常不过的现象;因此合作金融在中国的异化,也属理所当然,不得不如此。合作金融制度(以及更加广义上的合作制度)并非完全不适合中国国情,中国农民也并非完全没有合作意识和合作精神,然而这一制度移植到中国之时,正是中国由前现代国家向现代国家转型的时期,尤其是新中国时期,乃是中国的工业化战略(特别是重工业化战略)高歌猛进的时期。在这个特殊的历史阶段,合作金融制度乃至于合作制度本身的使命、功能和运作机制已经被内在地、历史地决定了,它的异化的历史命运也内在地被决定了。

回归古典主义,是一种理想主义的梦想,然而实现的成本太高,以至于完全不可行;沿着商业化目标继续"前行","与时俱进"(或许是一种"退"吧),乃是一种无奈之下不得不为之的次优选择。中国人最终发挥了"现实主义"的长处,不再执着于不现实的合作制梦想。因此在经典主义和修正主义的拉锯战中,最终现实主义的修正主义还是获胜了,这对于中国农村而言,到底是祸是福,现在还很难说。百年之后,自有定论。

四、颠覆与变革：2003—2018，从大历史角度看合作金融体系全面改制的利弊得失

随着农信社获得独立地位，农信社的运行机制和运作绩效发生了若干积极的变化。然而农村信用合作体系产权关系混乱、不良贷款规模巨大、资产质量极差、管理体制不顺等痼疾，并没有得到彻底改善。整个农村金融体制活力不足，效率低下，已经严重制约了农村经济的发展。在此背景下，2003年国务院出台《深化农村信用社改革试点方案》，并召开深化农信社试点8省市负责同志座谈会，新一轮改革拉开序幕。该方案指出，按照"明晰产权关系、强化约束机制、增强服务功能、国家适度支持、地方政府负责"的总体要求，加快农信社管理体制和产权制度改革，把信用社逐步办成由农民、农村工商户和各类经济组织入股，为三农服务的社区性地方金融机构。2003年对于农村信用合作体制而言，是一个极其重要的历史节点。这是一个标志性的历史时刻，最高决策者最终决定不再坚持合作制，不再像80年代那样试图"回归"真正的合作制度，而是比较务实地把改制目标定位于"社区性地方金融机构"。而这一新的定位，意味着彻底抛弃了合作制度，而向商业化道路继续前进。也就是在这个时期，"农村信用合作社"这个称谓，逐渐由"农村信用社"所取代，"合作"两个字逐渐淡出国人的视野；而"农村信用社"在此后的十几年中，又慢慢被"农村商业银行"和"农村合作银行"所取代。一个合作制的时代落下了帷幕。一个商业化的时代开始登上历史舞台。

合作制被颠覆，其标志是农信社体系中的产权结构的变化。2003年之后，农村信用合作体系中的资格股逐渐被清退，被取消，而投资股逐渐增大。到2015年左右，全国大部分地方的农村信用合作体系中的资格股

几乎全部消失了。资格股的消失，意味着合作制的真正消亡。当年每个农民入股三五块钱，成为合作社的社员，在合作社里存款和贷款，并享受分红。数以亿计的中国农民，用他们微薄的股金，支撑起农村信用合作这个巨大的身躯，为中国的工业化贡献了自己的力量。他们作为一个"集体"，经历了新中国的合作化运动、人民公社化运动、农村联产承包责任制，见证了中国农村的风风雨雨。应该说，农信社是由亿万农民所有的，也是亿万农民创造的，他们是农信社的主人，他们既是社员，也是股东。然而在2003年之后，经过极其迅猛而简单化的股份改造，资格股就悄然退出历史舞台，农民几十年的股金及其代表的话语权、民主权与收益权并没有获得相应的对价；这个产权清晰的过程和改制的过程，是否应该更多考虑到作为股东和主人的农民的利益，在法理上确实有很多值得商榷、反思、检讨之处。当初亿万农民加入合作社，试图实现"劳动雇佣资本"，实现农民的互助，以摆脱资本的奴役；然而在商业化改制的大潮下，农村合作金融体系重返"资本雇佣劳动"，资本再次掌握了话语权。大量的拥有资格股的农民股东在一个早上被清退，农村信用社体系只剩下投资股，这一产权结构（所有制结构）的深刻变化表明，农信社已经必然不再是农民的农信社：既不为农民所有，又可能不为农民所用。所有制结构决定了农信社已经成为资本的所有物，成为商业化的、以利润回报作为首要诉求的、与任何商业银行没有区别的金融机构（尽管作为一个金融机构它还必须承担其相应的社会责任）。历史得失，谁与评说？

不可否认，产权结构的调整确实在经营机制和运作方式上给农信社带来深刻的变化。农信社的竞争意识在逐渐增强，在21世纪的前十年，农信社抓住了中国经济高速增长和中国农村迅猛转型的历史时机，以更灵活的经营方式，更具竞争力的产品和服务，逐渐占领了县域及县域以下市场，甚至在很多地方，农信社成为极具竞争力的市场主体，在与商业银行的竞争中处于优势地位。县域市场的发展也给农信社体系带来丰厚的利润回报。在这十年黄金时代中，很多农村商业银行实现了"华丽转型"，由经营机制僵化、产品创新能力弱的金融机构，转变成为真正具备现代市场意识、善于经营的现代银行机构。在中国大面积的农村地区，农信社以及后来改制而成的农村商业银行和农村合作银行，已经当之无愧地成为中国农村金融市场的主力军，成为支持中国三农的主力军，其他金融机构只好居于配角的地位。在商业化进程中，农商行的质量也有了明显的提高，一批有眼光、有学识、有市场意识、有管理才能的银行家在农村商业银行中诞生。当然，在农商行竞争实力逐步提升的过程中，国家也提供了强有力的支持，为农商行体系剥离了大量不良资产，使其轻装上阵。到了2015年左右，全国的农信社已经基本改制完毕，农商行迅速崛起，农信社即将成为一个历史名词。但是，农民信用合作是不是永久消亡了呢？非也。农民的信用合作的开展是必需的，也是必然的，只不过会采取完全不同的形式和载体。可以预计，到2018年，即中国合作运动的第一百年，虽不再存在农信社这个群体，而构建中国农村合作金融的历史使命会由另外的主体来承担。目前我国各地涌现出的农民资金互助、合作社内部的信用合作、农村社区合作金融和村庄内置金融体系，将是我国未来农村合作金融的希望所在。

2003年改制的最大亮点也是引发争议最大的是省联社体制的形成。在农信社改制的顶层设计中，省政府是农信社最终的风险承担者，这就是所谓的"地方政府负责"。省联社是由各地县联社入股形成的，然而省联社在管理体制上又是县联社的管理者、风险监督者以及最后的风险兜底者。在这个顶层设计下，就出现了这样一个悖论：各县联社作为一级法人机构，它们出资建立了省联社，它们是省联社的股东和主人，然而省联社却成为县联社的上级机构，负责对县联社进行管理。这样一个悖论导致省联社的行为发生了异化，它的治理结构、管理模式都具有浓厚的行政化的色彩，它对县联社的高层人事安排、人力资本管理甚至业务管理都有可能进行实质性的干预和介入。这种行为模式严重地影响了基层法人机构（县级农村商业银行以及某些地区级农村商业银行）作为一级法人的独立经营权、独立决策权、人事决定权，扭曲了基层法人机构的法人治理结构，使公司法人治理形同虚设。当然不可否认，各地的省联社在成立后的十几年间对各县级法人的发展和变革确实起到了至关重要的作用，省联社在争取省政府的政策支持方面更具谈判能力和博弈能力，它在资金实力、技术开发能力、资源的跨区域配置能力等方面，确实优于县级法人。因此，省联社成立后，各地农信社改革突飞猛进，省联社功不可没。而且，越是经济不发达的地区，省联社在技术开发、配置资源、统筹资金、培育人才等方面所起的作用就越大，这一点必须给予承认和高度评价。相反，在一些经济发达地区，由于各县级农村商业银行（以及部分地区级农村商业银行）具有较强的资金实力和经营管理能力，能够吸引大量优秀的人才，能够进行较大规模的技术开发，拥有较强的产品创新能力，其独立决策、独立经营的能力非常强，而省联社的过度干预所带来的正面效应就极为有限，而带来的负面效应则非常明显。毫不夸张地说，在一些经济较为发达的地区，县级法人机构对省联社的过度干预和不正当介入已经怨气冲天，一些地区甚至做出了公开的抵制。这些现象表明，在顶层设计层面，我们必须对省联社体制进行深入而系统的检讨，对整个管理模式进行必要的调整和变革。我在很多文章中谈到德国合作体系的经验，认为省联社应该更加重视服务功能，而逐步适当淡化行政管理功能，直至最后彻底消除和放弃直接的行政管理,使县级法人机构真正成为一个独立的法人。省联社的行政管理色彩不淡化,县级法人的公司治理结构就是一纸空文。尤其在经济发达地区,强调干预的省联社已经逐渐成为地方农村商业银行发展的束缚和制约力量。当然在一些经济欠发达地区,省联社的统筹管理、资金调配以及风险掌控功能还是要适度强化,地区之间不可一概而论,而要因地制宜。

五、农村商业银行未来战略走向:三个结构的深化完善和三个视角的创新

遍布城乡的农村商业银行是我国农村金融体系和社区银行体系中最重要的组成部分,具有极其重要的战略意义,应该提高到国家战略的高度去布局其改革和发展,不可等闲视之。当下的农村商业银行体系,是过去百年来中国合作金融体系演变和发展的一个总结果,在农商行身上,沉淀着厚重的历史,这个历史既是财富,也是包袱。这也就意味着,农商行的未来变革,必然带有强烈的路径依赖特征,受到农商行此前历史的深刻影响。要打破路径依赖,就需要既进行宏观的制度层面的创新,也需要在微观层面上进行变革。

第一,需要进行三个结构的深化和完善。这三个结构就是市场竞争结构、产权结构、法人治理结构。市场竞争结构的完善是宏观层面的,即完善农村金融市场的竞争结构,引入更多的竞争主体,降低准入门槛,促使农村金融市场的竞争更加充分,从而倒逼各类农村金融机构提高经营效率,改善经营手段,提高资产质量,加大技术创新,以努力在市场竞争中立于不败之地。现在的农村金融市场已经充分多元化了,各类金融机构

都在这个市场中竞争，它们各自有各自的定位，各自有各自的客户群体和产品结构，开展差异化的竞争。

微观层面的结构变革包括产权结构的变革和法人治理结构的完善。要实现农村商业银行的产权多元化，避免单一化的误区。现在农商行的产权结构逐步合理化、多元化，这是好的一面。但是很多农商行在对待产权结构方面思维比较固化，认为要进行产权改革，就必须大力清理那些中小股东，结果不少地方用极其简单化的强硬手段清理或劝退了很多中小股东。清理中小股东固然可以使产权结构相对集中化，但是过于集中于大股东却并非农商行之福。农商行的主要客户对象是中小型甚至是微型客户，即那些充满活力的中小企业和微型企业。过大的股权持有者所关注的问题与这些中小股东所关注的问题是不一样的，其诉求有很大的差异，产权结构上盲目求大，很容易使农村商业银行的经营方向走偏。因此，在农村商业银行中适当保留一定规模的中小股东，对于股东的多元化，对于农商行经营定位的清晰化，对于农商行企业文化的构建，都是有益的，切不要走极端。作为中小金融机构，农商行的股东还是要坚持"五湖四海"，走"群众路线"，不要单纯追求股东的"大"。光追逐大资本而丧失了群众，农商行就会走弯路，莫谓吾言之不预也。

农商行法人治理结构要进一步规范化，要完善公司治理。农商行的特点在于乡土气息浓厚，但是不能把这个优点变成缺陷，把法人治理结构搞得一团糟。董事会就是董事会，要认真对待，要实现其决策功能。董事会、监事会、股东大会和经营层之间要形成相互制衡的关系。要尊重各类董事的话语权。有些农商行对于股权董事的意见不够尊重，大股东意见很大，这就很难对其公司治理产生积极的影响。董事会如果开成一个举手的会议，就没有任何意义。当然，公司治理的变化是一个渐进的过程，公司治理说到底是一种文化，文化的形成不是一朝一夕之功，要经过长期的演变过程。

第二，农村商业银行未来要进行三个视角的创新，即制度创新、技术创新、文化创新。 制度创新层面，我认为主要是省联社的制度创新和基层法人机构层级选择的创新，这是宏观意义上的创新。省联社要因地制宜，在运作模式和运行机制上进行调整，要大力去行政化，要从服务的角度增强对基层法人机构的技术服务、资金服务和教育培训服务，做那些基层法人机构做不了的事情，而不去越俎代庖做那些基层法人机构能够做而且做得好的事情，更不能随意干预基层法人的经营管理和人事安排。在基层法人机构的层级选择方面，我认为基层法人机构的最优层级是地市级，而不是省级和县级。省级统一法人太大，最高决策者已经不鼓励这一层级的统一法人；而县级法人相对又太小，在规模经营、技术开发能力和人才吸引力方面没有什么比较优势。适度规模经营是大趋势，因此要鼓励各地的地市级法人机构的组建，并逐渐以产权作为纽带，将地市级和县级法人进行整合，从而实现农村金融体系的适度规模经营。

技术创新主要是互联网条件下的机制创新和产品创新。各地农商行已经进行了大量生动的实践，将自己的线下优势和互联网的线上优势相结合，在客户授信、风险甄别、贷后管理等方面进行创新，大大提高了经营效率，降低了经营风险和运行成本。农村商业银行要"土"，要接近乡土，但是在技术上也要追求"新"，要以互联网技术武装自己。不运用互联网金融技术，农商行就会被广大年青一代客户所抛弃；而丧失了年青一代，则农商行就丧失了未来。农商行还要进行文化的转型和创新。农商行要建立一整套社区银行的文化，建立以客户为中心的文化、以人为本的文化、鼓励创新和积极进取的文化、崇尚合规的文化。

六、倔强生长：草根金融的生命力在何处？

段治龙先生的《倔强生长》一书所描述的包头农商行，是我国农商行体系一个具体而微的缩影。在包头农商行身上，浓缩了我国农商行体系近年来所经历的制度演进过程；在这个变革的年代，既有着光荣与梦想，奋斗与革新，也有着很多困惑与艰辛，纠结与伤痛。作为中国最基层的金融机构，包头农商行扎根社区，植根人民，不好高骛远，而是进行精细化经营，为各类中小微型客户提供普惠式服务，从而赢得了客户的赞誉，赢得了市场的口碑，也赢得了同行的尊重。制度比人强，但制度必须通过人来实现。他们重视制度的创新，但更关注人的全面发展。他们关注银行本身的可持续性，关注银行的质量，但是他们也没有忘记自己肩负的社会责任。因为在他们看来，坚守社会责任的"义"，与银行永续发展的"利"，本来应该是统一的，这就是"义以生利"的新企业价值观。他们不断以创造的姿态呼应新的需求，既持守小微银行的本分，又不断颠覆传统，充分展现了草根金融的生命力。

2017 年 4 月 4 日

第七章

放大格局看转型阵痛期的中国经济[1]

一、如何理解当前宏观经济增长的总体态势和趋势？

对于当前中国经济的增长，国内外有很多纷纭的意见，对于"新常态"的解读也各有不同。这种观点的歧义，既有短期与长期视角的差别，也有立场的差别。有些观察者比较悲观，预期比较消极，对中国经济的未来缺乏信心。而乐观主义的一派所做的解释往往仅限于比较浅近的政策解读层面，往往不得要领，令消极者更多了一层怀疑和纠结。我今天演讲的题目是《放大格局看转型阵痛期的中国经济》，这里面有两个关键词：一是"放大格局"，一是"转型阵痛期"。什么是"放大格局"？就是要以前瞻性的、长远的、全局的眼光来考察中国经济，放大自己的观照视角与

---

[1] 本文是作者 2017 年 9 月 16 日在海口的演讲稿。

格局，拨开细节的纠缠，看到中国未来蕴蓄的潜力、机遇与希望，才能对未来的变化有准备、有谋划、有创新、有应对。

不必纠结于那些宏观经济数据，而要洞察宏观数据背后的真正趋势与战略指向。有些人老是在问：中国经济是否已经到达谷底？是否出现经济复苏的拐点？于是持肯定意见者找数据证明中国经济已然向好，而悲观者则找数据证明中国宏观增长仍在泥潭之中，"新常态"似乎永无出头之日。2017年年初至今，确有很多数据表明中国经济有向好迹象，复苏趋势明显。能源价格、房地产价格、固定资产投资等，都有稳定增长的势头。就业率的表现也比较令人振奋，我们现在每一个国内生产总值增长百分点的提升所能引致的就业量比起前几年几乎成倍增加，这是一个不简单的事情，也表明我们的整个经济发展质量在提升。另外，最近一些机构公布的"挖掘机指数"、企业家采购指数、企业家信心指数、经济学家信心指数等都有所上升。这些都是经济向好的迹象。同时，我们仍应看到，2016年至今的稳健回升势头，正是在全国性的转变增长方式、去过剩产能、清理僵尸企业、加大环保督察力度的战略背景下出现的。在速度与质量的权衡面前，我们现在首选质量，兼顾速度；在规模与效率的权衡面前，我们首选效率，兼顾规模。甚至，从顶层制度设计来讲，国家政策的指向是要宁可牺牲一些规模和速度，用冷处理的方法，甚至用比较严厉的"外科手术"式的方法，来疗治几十年高速增长遗留下来的一些痼疾，来实现增长方式的转型。这个过程，当然是极其痛苦的，然而不经历这样的阵痛，就没有中国经济的真正转型与健康成长。

最近我在浙闽等地调研，当地银行业界的朋友说，现在环保风暴很厉害，真是"动真格儿的"了，关停了很多严重污染企业，所以空气变得好多了，蓝天也多了。当然这也要付出短期的代价，如失业增加、当地工业产值下降、财政收入下降等。我们不要只看到宏观经济数据,就判断发展前景不佳、企业信心不足,要知道,在如此近乎严酷的主动去产能、强环保的"收缩性"政策下,中国经济仍能保持 6.5% 左右的增长速度,已属难能可贵,可谓寰球独此一家。经过如此痛苦的转型,从更长远的视角来看,中国经济还会有几十年的长期较快增长,这是毋庸置疑的。

二、知变守常:企业家的变革精神与工匠精神

问题是我们以什么样的行动来应对经济增长模式转型的阵痛期,如何在阵痛期不但生存下来,而且生存得更好、更健康。实际上,随着国家经济增长模式的转型,企业家的行为、企业的运作模式也要转型,也要创新。企业家要以崭新的眼光发现新机遇、利用新机遇,发现新市场、适应新市场、拓展新市场。"世界上唯一不变的就是变化本身。"企业家所面对的商业运行环境发生了深刻变化,互联网技术、移动通信技术、区块链技术突飞猛进,新经济之潮流浩浩荡荡,顺之则昌、逆之则亡。企业的技术创新、产品创新、服务创新、营销模式创新时刻都在变革中,如果不能拥抱这种变化、主动利用新经济,企业注定会支撑不下去。不要抱怨没有需求,不要抱怨产品卖不出去,而要反省自己的产品是否真正满足了需求,自己是否看到了"真正"的需求,自己的技术与服务是否适应了新的需求。

供给学派有句名言:供给自动创造需求。每一种创新性的供给行为自动会"创造"自己的需求。微信的出现,直播的火爆,各种电子商务创新模式的涌现,激发出无数新的需求,也使无数产品与服务的新需求得到了满足。在"去中心化"的今天,所有产品与服务的供给模式都突破了

时空的限制，如果企业家的头脑不来一次同样的"风暴"，企业家就会被时代所抛弃。当然，企业家不光要看到"变"，还要看到"常"。要知变守常。"常"是什么？对于企业家而言，我认为就是持之以恒的、专注的、一以贯之的"工匠精神"。也就是在每一个细分的领域中，孜孜矻矻、兢兢业业，数十年如一日地深耕、精耕，始终如一地坚守、创造，在每一个产品与服务的细节中争取胜过竞争对手，不断地颠覆自己，挑战自己，永不停歇。从这个意义上来说，变与常是统一的：变就是常，变革与创新是常态；常就是变，守常就是时时以工匠精神去践行创新，去拥抱变革。马云如此，任正非也是如此。一些看似辉煌的企业，一旦失去创新动力，就会轰然坍塌，当年的诺基亚何其雄也，而今安在哉？

企业家还要以大格局来呼应国家战略，从而获得其释放的"制度红利"。当前的三大战略带有全局意义，一是混合所有制经济战略，二是城乡统筹发展战略，三是"一带一路"战略。第一个战略解决的是国有企业与民营企业的关系以及中国长远增长的体制问题，第二个战略解决的是中国二元结构问题，第三个战略解决的是中国产业资本与金融资本的全球布局问题。这三大战略，都蕴含着重大的、不可多得的历史机遇，既是保障中国宏观经济长期稳健发展的中长期战略，同时对于企业而言也是极其宝贵的商业机会。下面我分别就三大全局战略讲一下。

三、混合所有制构建的意义与民营企业的历史机遇

混合所有制经济的构建，其根本用意在于深刻变革国企产权结构与法人治理结构，激活民间资本，进一步放开国内市场，以营造一个公平、公开、公正的市场竞争环境。从微观上，国企可以引进民营资本，实现产

权结构的多元化和法人治理结构的完善化、规范化与现代化。从宏观上，进一步降低一些竞争性行业的市场准入门槛，让民营资本可以进入原本国企垄断的行业，这对民营资本而言是一次极其宝贵的历史性的商业机会。最近中国联通的混改引入了许多重量级的信息产业民营资本，引起社会的广泛关注，我也在《财经》杂志上发表专文对此给予积极评价。联通混改所开创的模式，无疑具有指向性、战略性，必将在大量的行业中得到复制。我认为，混合所有制经济的核心与精髓，是公平、公正、开放、竞争，是为国企与民企搭建一个合作、共赢的舞台。前几年学术界热议的"国进民退"或"国退民进"，将国企与民企置于对立面，似乎势不两立，你死我活，这样的提法是非常有害的，极其危险的。国企与民企都是混合所有制经济中平等的、不可缺少的组成部分，缺谁都不行，要实现共同发展，合作共赢，因为它们承担着不同的战略功能，而且具备不同的比较优势，完全可以优势互补，而不是互相排斥。从国家制度设计层面来说，重要的是营造公平竞争的法治环境，打破垄断，让国有资本与民营资本既同台比武，又携手共进，这对于我国所有制改革极为重要。从社会舆论来说，要打破"所有制神话"，破除"所有制教条"，既不要歧视民营企业，要给民营企业公平的竞争环境；也不要在另一个极端上歧视国有企业，人云亦云地大谈"国企效率低"这样的缺乏实证精神的观点。事实上，国际学术界做过大量研究，我领导的研究组也做过很多研究，证明了企业效率与所有制结构是不相关的，在不同产业中不存在绝对的结论。制造"所有制神话"，对于国企改革有害无益。我们今天看到的实际情况是，国企与民企互补性很强，在很多行业可以实现优势的对接；同时，在中国企业"走出去"的过程中，国企与民企往往抱团发展，组成"联合舰队"出海，从而互补共赢，所向无敌。社会舆论务必认识到这一点，避免在国企与民企关系上的误判和由此增加的不必要的"合作成本"。

四、城乡一体化战略中的商业机遇

　　城乡一体化战略是一个关系到中国未来几十年长期、稳定、协调、均衡发展的大战略。大家不要认为农村发展、城乡一体化跟自己没有关系。实际上，城乡一体化所激发的新需求极其巨大，会带动中国整个产业结构、产业布局发生极其重大的变化，其中蕴含着巨大的商机，与每一个人、每一个企业家息息相关。我经常讲一句玩笑话："不上山下乡，希望渺茫；要上山下乡，前途无量。"虽是玩笑话，却是事实。两年前韩国一家研究机构的负责人访问北大，问我对中韩经济前景的看法。我说，中国的经济增长前景要好于韩国。他问我道理在什么地方，我的回答是：因为中国还是一个二元结构比较明显的国家，中国的穷人还很多，所以中国增长的空间与希望更大。这个回答让他有一点意外。实际上，道理是很清楚的：中国的城镇化率比韩国要低二三十个百分点，中国当时还有上亿贫困人口（2015年前），因此中国要实现更高的城镇化水平，要实现贫困人群的脱贫，其中所撬动的国内需求是何等巨大，所带来的发展动力是何等强劲，是难以想象的！这是未来中国增长的源泉所在！这个伟大的过程，必将引发中国基础设施建设、房地产、制造业、文化教育产业、医疗健康产业等等的巨大增长，内需之大不可估量。所以城乡二元结构与贫困人群的存在从另一个视角来看，不仅不是包袱，反而是支撑未来投资与增长的基础。未来一段时间，中国的城镇化必将进一步加速，更灵活的农村土地流转制度必将释放更大的社会资本投资空间，未来农村必将成为企业家投资与青年创业的热土与乐园。看不到这一点，我们的企业家与青年创业者就会丧失很多历史性机遇。我到浙闽等地考察，思想上受冲击很大，这些经济较为发达的地区，农产品电商、农村文创产业、旅游产业、特色小镇建设以至于近期火爆的田园综合体建设，已吸引了大量城市资本参与其中。

五、如何在"一带一路"战略中把握机遇：义乌奇迹和沙县奇迹的启示

"一带一路"战略是关系到中国未来国际政经大格局的重要战略。这不仅是一个顶层设计层面的战略，而更是一个与中国企业息息相关的接地气的战略。在"一带一路"战略下，我们每一位企业家，每一位创业者的商业计划都应该放到国际的大格局中去设计，去谋划。这就要求我们的企业家和创业者要有眼光，更重要的是要有想象力。举两个我在浙闽考察中遇到的例子。一个是义乌的例子。义乌现在是中欧铁路大通道的东部起点，是闻名全球的国际小商品集散地，其每年创造的财富是惊人的。可是义乌从本质上来讲又是一个资源极其"匮乏"的地方，没有多少耕地，没有资源，也没有什么人才、科技优势。而义乌能够让世界商品流向这个小小的山区县，能够创造商业奇迹，凭借的是"无中生有"的功夫。这个"无中生有"的功夫，背后是义乌人的想象力，是义乌人整合要素的能力，是义乌当地政府的前瞻能力、魄力与行动能力。靠这些能力，义乌人在一个资源十分匮乏的地方，培育了无数个充满活力的中小企业，扶植了无数个辐射全国的电商，建立了全国最庞大的仓储、物流网络，成为"一带一路"中最大的赢家。我们的地方政府和企业家，都要汲取这种无中生有的智慧。

另一个是福建沙县的例子。沙县领导开玩笑说，除了南极洲不便于发展业务外，其余各大洲都有沙县小吃。这些勤奋而精明的沙县人，以一种什么魔力,迅速蚕食和征服了每一个陌生的市场,在全国各地乃至世界各地布局了如此庞大的小吃业务网络?其秘密在于,沙县小吃的背后,隐藏着两只强大的看不见的手:一只是金融之手,一只是政府之手。沙县小吃业能够以团队力量走向全国、全世界,其背后的金融帝国功不可没。当地金融机构为沙县小吃业提供了全方位的信贷、支付、结算服务,据说当年在电子银行还不发达的时候,银行信贷员还跑到外地为沙县小吃业者现场办理业务。政府也在小吃业的规范、品牌推广、信用体系建设、技术培训以及与"走出去"相关的区域间协调方面做了大量工作。到了沙县,我才体会到,沙县小吃作为一个极具品牌价值的地方产业,可真不仅是"小吃"这么简单!我们如何在"一带一路"战略中走出去,义乌奇迹与沙县奇迹值得我们借鉴、思考。

第八章

中国金融文化的历史与现状[1]

近年来,伴随着中国经济发展进入新常态、持续转型和随之而来的经济金融大变局,已经有很多人认识到,中国人需要自己的金融文化作为指导,尤其需要有着中国传统文化底蕴为根本的金融哲学和伦理作为支撑,来引领金融企业的实践。然而,什么是中国自己的金融文化?什么是我们独有的金融哲学和伦理?这些问题还困扰着大家,有待进一步厘清。《企业文化》杂志社记者带着这些疑问,来到了鲜花点缀、充满活力的古老燕园,对北京大学经济学院教授、博士生导师王曙光先生进行了专访。

---

[1] 《企业文化》杂志社刘若凝、林锋采访稿,发表于《企业文化》杂志 2017 年第 5 期。

一、金融文化的三个层次

《企业文化》：请问王教授，您对金融文化是如何定义的？

王曙光：我认为金融文化包括三个层面：第一个层面是显性的物质层面，主要是一个金融企业展示给外界的形象，包括具体的标识、外观识别系统等。这是一个可以具体被感知的层面，也是一个初级的、比较低的层面。

第二个层面是行为或者制度文化。一个金融企业在经营运作过程中所表现出来的一系列行为或者所体现的一整套制度体系，就是它的行为或者制度文化。这种行为有很多，大到经营管理，小到为客户提供的具体服务的每一个环节；这样的制度也是多种多样的，包括银行的存贷款制度、风险控制制度以及金融业各种不同的制度。这个层次比第一个层次要高一些，但是相比第一个层次不是那么直观地容易展示出来。

第三个层次是金融哲学和伦理层次，也是金融文化的最高层次，是隐性的。以上提到的两种层次的金融文化，其实都根植于这第三个层次中。一个企业的物质文化也好，行为或者制度文化也好，其实都是哲学和伦理文化的体现。只是金融哲学和伦理比较内在化，不容易被认知。

需要说明的是，以上三个层次不是互相隔绝，而是互相融通的一个整体体系。层次上的高低之分，是我们人为的划分，是为了认知和表达得清楚起见而进行的概念划分，其实三个层次相互融汇，不可分割，三位一体，形成了一个严密的金融文化体系。

说到金融文化的定义，我们可以先来看文化的定义。文化是什么？胡适先生的定义是："文化是一个民族的生活方式和对环境的适应方式，是文明社会所形成的生活方式。"费孝通先生的定义是："广义的文化泛指人类一切活动及其所创造出的所有事物之总和。"文化,就是衣食住行,是一个人或者一个地域的群体生活方式的总和。那么什么是金融文化?就是所有金融机构的行为方式的总和。

当然了,不同的金融机构,金融文化是不一样的。这里面首先强调的是个性。例如投行的特点,就是要创新,其金融文化主要表现为创新文化。但是商业银行就不一样,主要是稳健文化。保险业也是如此,安全文化是第一位的。至于在咨询行业,包括会计事务所,主要的文化则是诚信文化。这都是个性文化。不同行业的金融机构之间,文化是不能模仿的,更不能照抄。

金融文化有个性,但更强调的是共性。共性就是金融哲学和伦理,那基本是一致的。

二、理解金融文化的两个维度

《企业文化》:请问如何认识和理解您所说的中国金融的哲学和伦理?

王曙光:认识和理解中国金融哲学和伦理,需要把握两个维度:

第一个维度是横向维度,是平面的,也可以叫作行业维度。金融是一个特殊的行业,在这个行业内,有着银行、保险、证券、信托、担保、咨询、私募等众多的细分行业,每一个行业都有自己的个性特点,有自己不同的价值观和行为规范,当然也有共性的一面。

第二个维度是纵向维度,是立体的,也可以叫作历史和文化维度。例如,中国的银行业和外国的银行业是一样的吗?中国金融文化尤其是中国金融的哲学和伦理,与法国有何不同?与德国有何不同?与美国有何不同?举个例子来说,如果一个人担任了一个保险公司的董事长,他会认真考虑这两个维度：从行业维度来说，保险业是怎样的，别的行业有什么值得学习和借鉴的；从历史和文化维度来说，这是在中国的土地上，我们自己的历史积淀是什么样的，如何考虑跟传统文化、地域文化进行融合，这其实是一个本土化、本地化的问题。同样，一个外国的金融机构进入中国，也会考虑这个现实问题。

三、源远流长的中国金融文化：五个阶段

《企业文化》：谈论中国金融文化，很多人都率先想到外国的现代金融文化，却不知道中国人自己的金融文化源远流长。您能给介绍一下吗？

王曙光：我个人把中国金融文化的形成与发展分为五个历史阶段。

一是从先秦时代到晚清鸦片战争以前，是一个漫长的前现代的传统阶段。中国人很早就形成了自己的金融体系，自唐宋以来更是出现了标志性的账局、银号等多元化的金融机构。金融文化的繁荣和发展比西方早了上千年。

二是从鸦片战争前后到20世纪二三十年代之前，是中国近代化金融文化奠基、萌芽、探索的时期。其标志就是近代以来蔚为大观的钱庄和票号。票号最早是由雷履泰发明的，他创立了中国最早的日昇昌票号。钱庄则出现更早，在宋代的时候就有了"兑换铺""交引铺"，明时称为钱铺、钱肆，清代叫作钱庄，到了民国时期开始在全国大量兴起。票号主要从事异地汇兑的业务，而钱庄则以存贷款为主，是现代银行的雏形。这一时期，中国近代金融业开始萌芽并奠基，进入了探索阶段。

三是从20世纪20年代末期到40年代末，具体说是从1927—1949年，是中国现代金融体系的一个启蒙和发展时期。这期间最主要的代表

私营银行，经历了从1927—1937年的十年黄金发展时期。当时在上海和天津，分别有"南三行""北四行"。"南三行"就是浙江兴业银行、浙江实业银行和上海商业储蓄银行的合称。"北四行"就是盐业银行、金城银行、中南银行和大陆银行四家的合称。以"南三行"和"北四行"为主，成立了一南一北两大银行业公会，每一家公会都有着数十个乃至上百个成员，行业鼎盛，人才辈出，是一个群星璀璨的时代。其中最主要的银行家有陈光甫，是上海商业储蓄银行的创始人，刚开始只有十万元资本和七个工作人员，但是以"信用巩固，声誉卓著，提倡俭德，服务周到"为特色，尤其专注加强对顾客的服务，在小额存款方面下足了功夫，最终聚少成多，在私人银行中排到了第一位，陈光甫也成了当时中国首屈一指的银行家。还有一个是周作民，是金城银行的创始人。金城银行和上海商业储蓄银行不同，主要股东都是军阀官僚，走的是上层路线。周作民对国计民生非常关心，大力支持民族化学工业先驱范旭东的永利制碱厂，传为佳话。陈光甫和周作民都堪称那个时代中国银行家的杰出代表。这一阶段现代银行的蓬勃发展，为中国培养了一大批银行家人才。

随着1937年日本侵华战争全面爆发，银行业不可避免地走向了衰落。

四是从1949—1979年，是中国工业化启动时期，也是计划经济背景下中国金融文化的一个崭新发展时期。这个时期，经历了公私合营之后，私营银行已经没有了，国有银行也合并成为一家，就是中国人民银行。这个阶段的银行业虽然机构单一，但是规模很大，在大一统的环境下，呈现出高度计划化、集中化的特点。这个阶段银行业对中国初步工业化所做出的贡献是历史性的。公私合营、社会主义改造、第一个五年计划，都离不开银行业的大力支持。当时，"统一财经"是由党中央决定、陈云同志负责具体实施的，毛泽东主席对陈云的财经工作倍加赞赏，借用刘备夸奖向宠的说法称之为"能"。"统一财经"是当时社会和时代发展的必然选择。这个时期的金融文化更多地体现为国家意志,为国家战略服务,深深地打上了国家文化的烙印,为后来的具有中国特色的国有银行的金融文化奠定了基础,影响至今。

五是从1979年一直到现在,是社会主义市场经济逐步深化时期,也是崭新的金融文化体系全面形成的时期。这一时期实现了从计划经济向市场经济的转型,并且市场化程度不断加深,越来越富有活力。伴随着初级工业化的基本完成,金融文化也向着现代金融文化转型接轨。

这个时期的金融文化,呈现出一个鲜明的特点,就是国有银行的金融文化和民营性质的股份制银行的金融文化,各有特色,又殊途同归。国有银行的金融文化承担着国家金融安全的重要使命和民众福祉的人文关怀。金融关系到国家安全,从1997年的亚洲金融危机和2008年的美国金融海啸,已经看得非常清楚。包括中国银行、工商银行、建设银行、农业银行、交通银行等国有大型商业银行为国家金融安全作出了重要贡献,为一系列国家战略,包括西部大开发、振兴东北和中国企业走出去、"一带一路"国家战略的实施,以及每个五年计划的顺利完成,提供了坚定支撑和保障。中国农业银行服务三农的责任与担当精神,体现了国有银行的责任与担当,已经从企业精神上升为国家精神。民营性质的股份制银行,以中信银行和民生银行为例,更多地表现为银行家精神和银行家文化。中信银行深刻地打上了荣毅仁家族的烙印。荣毅仁先生的高尚个人品格,最终转化成为中信风格;他个人的家国情怀和开拓进取、勇于创新的精神,亦成为中信银行的企业精神。

以上,可以看出在近三千多年的历史岁月中,中国的金融文化形成了自己独特的品格或者精神,也形成了独具特色的哲学和伦理。但在全球范围内，我们又可以得出一个结论，那就是金融文化与经济社会的变迁是密切联系的：一方面，金融文化反映了经济社会的真实发展水平，并服务于经济社会发展；另一方面，金融文化又被经济社会的发展所决定，受制于经济和社会发展水平。这是一个普遍规律。

四、银行家精神和金融从业者的伦理文化建设

《企业文化》：谈论金融文化，不能不考虑到中国金融文化的特殊性和复杂性。以民营银行为例，其金融文化和国有银行呈现出截然不同的特点，对吗？

王曙光：是的。中国的民营银行兴起于上个世纪的80年代。其中最有代表性的就是中信银行。中信银行成立于1987年，从一开始就打上了中信的深刻烙印，而中信的精神很大程度上又是荣毅仁先生个人所赋予的。荣氏家族是中国近代民族资本的传奇，铸就了无数辉煌。荣毅仁和中信可以说吹响了中国改革开放第一声来自资本市场的号角。荣毅仁给中信订立的32字中信风格"遵纪守法、作风正派、实事求是、开拓创新、谦虚谨慎、团结互助、勤勉奋发、雷厉风行"，已经在多年发展中渗透入中信人的思想和行为，铸造了独树一帜的中信文化。此外，还有一个民营银行的典型例子就是民生银行。

从民营银行身上，我们可以看出其与国有银行不同的几个鲜明特点：一是禀赋不同。民营银行更多依靠的是企业家精神，或者叫银行家精神，要求银行家具有卓越的经营才能，最好是德才兼备。而国有银行更多强调的是领导者的政治素质，必须有对党和国家的忠诚与自觉担当。二是立足点不同。民营银行立足于市场，以服务客户为第一宗旨。至于国有银行则

首先要为国家战略服务,要为社会经济运行和良性发展作出贡献。其次才是考虑市场竞争。三是性格差别很大。民营银行要突出自己的个性,力求与众不同;而国有银行则强调共性,与国家步伐一致。

《企业文化》:请问,如何看待银行家精神?银行家精神在民营银行和国有银行有何不同?

王曙光:首先,我们应该给银行家精神下一个定义。什么是银行家精神?所谓银行家精神,就是在新的市场经济体制下银行家群体的共同价值观念和普遍行为方式,二者的总和就是银行家精神。这里要强调一点,银行家精神本质上是由市场的压力和熏陶塑造而成。要注意的是,银行家不是政府官员,在计划经济时期不可能产生银行家精神,因为银行是国家所有,银行的功能是政府功能的延伸,当然那种忠于国家和人民,为国效力,为人民服务的精神也很崇高,但不是银行家精神。

我们提倡银行家精神,但是我们又不能只是片面强调银行家精神。这要从两个方面来看:一方面,我们承认,银行家精神非常重要,在银行尤其是民营银行中占据重要地位。例如近代上海商业储蓄银行的陈光甫,以及中信的荣毅仁先生,他们个人都为企业打上了深刻的精神烙印。

但另一方面,银行文化又不能仅仅理解为银行家文化。因为银行文化是一个群体文化,不是一个人的文化。银行不仅仅有银行家,还有众多的员工。所以,在这里我们要强调一点,银行文化要注重员工文化的建设,银行家毕竟是凤毛麟角,而银行里更多的是接受和实践这种文化的员工,在实践中对银行的企业文化进行再创造和升华。银行家是领袖,银行家精神和银行家文化是企业文化的塔尖,而企业主体是员工,员工的价值观,员工的职业操守、行为规范和职业道德,形成了托起高高塔尖的坚实底座。这个底座牢固与否,在今天看来显得格外重要。因此,金融文化既要大力塑造银行家文化，培养合格优秀的银行家、金融家，更要着力于打造从业人员的职业伦理体系，职业操守体系，形成金融从业人员的文化，构建良好的金融生态。

谈到中国的金融生态，我认为现在的中国金融生态并不令人乐观，甚至可以说是极其恶劣。我们国家从上到下几乎都认识到了，我们的金融风险很大，但是很多人并没有意识到，金融风险其实主要不是来自经济发展放缓所产生的企业不良贷款，而是来自金融从业人员的职业操守不够。最近，民生银行北京管理部（分行）航天桥支行爆出30亿元的风险事件，支行行长伪造理财产品，欺骗了逾150名私人银行客户，直到接到公安机关通知才知道上当受骗了。而该行的女行长是一名80后，业务能力出众，是明星行长。但恰恰是这么一位能力出众的从业人员，却因为欠缺最基本的职业操守，反而为害更烈。在证券业存在的大量欺诈失信、操纵市场行为，层出不穷。以上都表明在金融行业，虽然存在很多优秀的企业，但是一些金融从业人员，缺乏最基本的金融伦理教育。这是很糟糕的，也是很令人担心的。可以说金融伦理教育势在必行，中国金融的伦理教育是必须要补上的最基本一课。

五、金融伦理与金融文化

《企业文化》：金融伦理是随着现代金融业的发展而新兴起的一门学科，金融伦理的主要内涵是什么？金融伦理对于从业人员有哪些教育作用？

王曙光：金融伦理学是近年来新兴起的，是一门交叉学科，它首先是伦理学中应用伦理学的一个分支，是金融与伦理学交叉形成的一个新兴学科和边缘学科。金融伦理学以金融体系中各参与者的利益关系与利益冲突为研究对象，目的是为了寻找一个能够最大限度解决金融体系中人类利益冲突的伦理准则框架。

金融伦理包含三个大的基本价值范畴：一是公正，二是平等，三是诚信。

金融伦理学有三大核心关系：一是权利与义务关系，二是委托与代理关系，三是自律与他律关系。

在这里我想重点说一说金融体系中的自律。自律就是人的自我约束。在金融体系中有两种他律形式：政府监管和伦理规制，但是成本都很高，而自律不但成本大幅降低，更是一种质的差异。他律会给社会带来负面效应，即负的外部性，社会福利成本将大幅增加；而自律会带来正面效应，即正的外部性，成本的付出往往带着积极的溢出效应，使金融体系可以良性循环，提高整个社会福利水平和道德水平。

金融体系中的自律包含三个方面：第一是针对金融机构中的个体而言，即对金融机构员工与管理者进行金融道德文化教育。第二是建立基于一定伦理原则的金融企业文化。三是金融企业社会责任体系的构建。

六、建立以客户为中心的文化

《企业文化》：金融企业文化的建设，除了银行家精神、员工的文化实践和道德自律，还包括一个很重要的方面，就是客户群体。如何建立以客户为中心的文化？

王曙光：银行业说到底其实是服务业，保险和证券行业都是服务业，因此金融文化的核心只有一个，就是打造以客户为中心的文化，令客户认同、信任的文化，使得客户接受、理解、认同并最后达到信任。这是重中之重，是最核心的。

关于银行必须具有服务客户的意识，其实早在近代私营银行崛起的时候，就已经具备了。陈光甫和上海商业储蓄银行就是将"服务"精神和理念发挥到极致的一个成功典型。"银行业务，不若他种商店有陈列货物可以任人选择，银行之货物即为服务，故我行一无所恃，可恃者乃发挥服务之精神。"陈光甫很早就提出了"服务无差等"的服务意识。"务求顾客之欢心，博社会之好感"。为了让顾客处处感受到便利，陈光甫在银行大楼内部的布置安排上，重金请来美国经验丰富的业内人士，一桌一椅安排，无不用心。甚至要求各分支机构的大门要开得比一般银行小，总行大楼则封闭了几米宽的大门而出入改走偏门，主要是为了让处于社会中下层的民众不至于望而生畏。在业务上，上海商业储蓄银行也别出心裁，大胆地提出了"一元钱开户"。好多穷人一辈子没见过存折，现在只要有一元钱，就可以到银行开一个户头，这真是从来想都不敢想的。正是这种不分客户大小，一律平等对待的做法，吸引了大批的民众前来储蓄。十年时间，上海商业储蓄银行从一个小银行一跃而变为全国最大，陈光甫也被誉为"中国的摩根"。

以客户为中心，理念说起来简单，做起来却不易。我最近到一个农村的金融机构去，发现他们的观念依然是以银行为中心，认为为客户提供贷款是银行在帮助客户，却没有意识到这是在帮助自己。我告诉他们，客户就是衣食父母，客户所缴纳的每一分利息都在养活你，发贷款不是客户来求你，而是银行要感谢客户。我还建议每年应该在固定时间创办一个"客户感恩节"，例如在春节前拿出一个专门时间，走访和感谢客户，回馈客户，给优秀客户发放一个脸盆，一条毛巾，虽然简单，却是表明了银行感恩的心意。一定要认识到，银行的可持续发展正是建立在客户基础上的。

这就是银行的服务文化，客户为中心的文化。

七、走向世界的中国金融文化

《企业文化》：近年来，随着中国参与全球治理，融入全球化的进程不断加快，步伐不断加大，尤其随着国家"一带一路"战略的提出和实践，以及亚投行的设立，中国金融已经融入世界，中国的金融文化也将走向国际。请问，在这个过程中，中国金融文化应该注意哪些问题？未来将如何发展？

王曙光：中国的金融业从计划经济走出来，改革开放以后实现市场化，不过几十年；但是我们的银行在规模上已经发展了几百倍、几千倍，甚至几万倍，我们在总体规模上已经在世界上名列前茅。同时不可否认，我们虽然大，却是大而不强，大而不精，我们距离"卓越"依然有着不小的距离。

在世界范围内，一个著名的、成功的银行是什么样子的？一定是有着出色的经营业绩和卓越的企业文化，一定是被全世界的客户和公众深刻认识，并且给予发自内心的尊敬的，一定是自觉担当，承担责任的。

在这方面我想举两个例子。一个是花旗银行，其200多年的发展历程，在世界银行史上和金融史上都是一个成功的案例。花旗银行之所以成就卓越，除了"获利能力最强"的核心竞争力，还包括提供小额贷款、开展金融教育以及支持环境保护三大方面。提供小额贷款惠及亚洲、拉丁美洲、非洲、中欧和中东的35个以上国家和地区；开展金融教育覆盖面也很广，在内部与员工知识共享，在外部通过国际希望工程，培训大量志愿者，普及上万名学生。支持环境保护，一是减少建设和经营过程中自身对环境的影响，二是努力开发创新产品和服务，通过提供建议、实施环境与社会风险管理政策，鼓励客户关注环境保护。此外，花旗基金会还对87个国家和地区的项目或者事业进行了长期支持。

另外一个银行是格莱珉银行，是世界上第一家借钱给穷人的银行。它起源于20世纪60年代末著名经济学家穆罕默德·尤努斯的小额信贷试验，并于1983年注册成为一个特殊的机构——乡村银行。它专门为贫困人口特别是农村贫困妇女提供存贷款、保险方面等综合服务，对贷款实行前中后全程管理，形成了一整套GB文化，影响非常深远。

与以上卓越的银行品牌和金融文化相比，我们会发现，中国的银行业要在整体上实现走出去，在"一带一路"的国家战略和全球化进程中，扮演重要的角色，还有很长的一段路要走。而我们所面临的最大问题不是业务水平上的，不是科技上的，而是文化上的。我们的金融机构对社会责任的担当还不够自觉，对社会的影响力还不够大，甚至是负面的，在社会贡献度方面还有待提高。不管是外部的社会公众认同、客户认同，还是自我认知，都有很大欠缺。

因此，我们说，中国银行业未来大批走出去是一定的，中国银行业也一定会涌现出在世界范围内受人尊敬的、卓越的品牌，但这必须要解决好一个根本问题，就是本土化或者叫作本地化的问题。就是你的文化要和当地的文化相融合。你的文化必须具备足够强大的渗透能力。这并不是你钱多、资金雄厚就可以做到的，而是一个理念或者说文化问题。

这样的例子不是没有，例如汇丰银行，这是响当当的品牌，但是汇丰银行其实就是在中国本土化、本地化成功的一个典型。汇丰银行创立初的名字是香港上海银行公司，1864年成立以后，在世界范围内成为稳健经营和持续发展的典范。汇丰银行最大的特点就是具有国际化的雄厚资本和专业化的丰富经验，同时在企业文化的本土化方面也很突出，不断地适应当地文化，取得了巨大的成功。

因此，中国的银行业走出去并且在国际市场上取得成功，是值得期许的。但是在文化上一定要完成蜕变，破蛹成蝶，达到自我文化的升华和生命的转型。

第九章

中国企业家精神的历史、传承与创新[1]

一、中国企业家精神的探讨与对"韦伯命题"的批判

《企业文化》：提起企业家精神，很多人会想到马克斯·韦伯的《新教伦理与资本主义精神》。韦伯认为，中国儒家伦理无法催生真正的企业家精神。对此您怎么看？

王曙光：韦伯的《新教伦理和资本主义精神》，在西方和东方影响都很大。他认为在中国和受儒家文化影响很深的东亚国家，无法产生真正的企业家精神，这被称为"韦伯命题"，其观点被很多人接受。很多学者对此深信不疑。但其实，从"韦伯命题"提出之后，反对的声音也同样很多。这个命题，我在二十多年前读本科的时候曾经研究过，当时我和我的

---

[1]《企业文化》杂志社林锋采访稿，发表于《企业文化》2017年第9期。

导师陈为民先生还合作写了一本书《儒家伦理与现代企业精神的承接》，对韦伯命题进行了详细的分析，并且以东亚经济的崛起作为有力的例子，通过分析以日本为主的亚洲"四小龙"，和改革开放后的中国经济崛起，反驳了"韦伯命题"。最后我们得出一个结论：东亚的现代化，或者说东亚企业的现代化，并没有受到儒家伦理的制约和束缚，相反，儒家伦理在东亚经济的现代化过程中，起到了很好的催生和助推作用。这实际上是一个完全的颠覆，宣告了"韦伯命题"的终结。

我认为，企业家精神并不是一个神秘的东西，它只是经济活动过程中的产物，伴随着经济活动而存在。韦伯认为是新教伦理催生了资本主义精神，也就是企业家精神，实际上是资本主义经济本身的崛起和企业家阶层的出现，催生了新教伦理，改变了传统的基督教伦理。伦理是经济活动与社会交往的产物，而不是相反。

其实，人类的经济活动一直存在和演变着，企业家精神（广义上的）也早已存在着，而绝不是因为有了资本主义之后企业家精神才一下子蹦出来。拿中国来说，我们有着自己历史悠久的商业传统，我们的商业精神，其实跟现代企业精神是很类似的。我所崇敬的赵靖先生，是中国经济思想史领域的开创者之一，他的《中国古代经济思想史讲话》《中国经济思想通史》是研究中国古代经济思想的奠基之作。赵靖先生对于韦伯是持批判态度的，认为韦伯的学说，在理论上是"头脚倒置"，把文化，尤其是宗教，看作经济发展的决定力量；其实，新教中的所谓资本主义精神，恰恰是经济发展的产物。欧洲的经济发展，经济力量的推动，催生了宗教改革，从而产生了包含资本主义精神的新教伦理。而新教伦理反过来又促进、加速了经济发展，是这样一个关系。韦伯却颠倒过来说了。所以说新教伦理不是空穴来风，它不可能脱离经济的发展和企业的实践而独立存在。同样，中国也有自己的企业家精神，因为中国的商业活动数千年来一直没有中断。中国的儒家伦理道德体系，也不是凭空形成的，而是受中国数千年经济和社会发展的影响。反过来，儒家伦理道德也在影响着经济活动和社会发展，二者是相辅相成的。

二、先秦至今中国企业家精神演变的四大阶段

《企业文化》：既然中国很早就存在有和现代企业精神相类似的商业精神，那么它是什么样子的，又是怎样演变和发展的，可有自己的脉络？

王曙光：我把中国的企业家精神分为四个历史阶段：一是传统的企业家精神。二是近代工业化初期的企业家精神。三是工业化迅猛兴起时期的新中国企业家精神。四是工业化高潮时期的改革开放以来市场经济下的企业家精神。

先说传统企业家精神。这个时间起点是先秦时代，也就是中国的古典主义时代。大概从孔子开始，当时社会上的经济活动比较频繁，伴随着经济繁荣，出现了很多的大商人，也随之出现了大量关于商人精神的讨论。关于商、商人，讨论最多的就是一个人应该如何处理"义"和"利"二者之间关系的问题。实际上就是我们说的"义利之辨"。中国历史上有三大主题："义利之辨""华夷之辨""君子与小人之辨"，贯穿了中国两千多年的社会发展历史。其中，"义利之辨"是核心，被认为是"儒者第一义"。王夫之更是认为，"义利之辨"是制约"华夷之辨"和"君子与小人之辨"的根本，"天下之大防二，而其归一也，一者何也？义利之分也。"我们今天再来看"义利之辨"，会发现在孔子和孟子那里，这是两个完全不同层次的东西。他们二人都强调义利合一，可是又有不同。在孔

子时期，有两种说法，一种叫作以义制利。这是从底线角度讲的，以义来约束人们的本能逐利行为，我认为这可以称为儒家的消极伦理，是一个底线意义上的伦理，每个商业行为和逐利行为都要受到义的制约。第二个层次是儒家的积极伦理，我们可以概括为"义以生利"。只要一个人的经济行为符合义和礼的要求，利就来了。做好事能得到更多利益，这一点和现代企业社会责任理论是完全一致的。作为一个企业家，为什么要强调爱国，要反哺社会，要关注社区利益，促进共同发展，就是因为"义以生利"，利他才能利己。要想最大限度地利己，必须先利他，这就是义和利的更高层面的关系。

后来到了孟子那里，就不像孔子那么中和。他见梁惠王，说"何必曰利"，不谈利，"有仁义而已矣"。后来一直到了宋代，在南方经济发达的地区，产生了功利主义儒家，有叶适为代表的永嘉学派、陈亮为代表的永康学派，都在温州、台州这一带。永嘉学派又被称为功利学派，提倡"经世致用，义利并举"，永康学派的陈亮，将道义和功利并列，认为二者不能分开。这都是在肯定人的逐利欲望的正当性。人生来有追逐利益的欲望，无可厚非，但是必须受到义的约束。在当时士农工商，商人处于四民之末，应该说功利主义儒家思潮的兴起，对于商人地位的提高，和商人逐利精神的肯定，产生了很大影响。而这又和南宋时期的开放的、蓬勃的经济活动的兴起是分不开的。

其实，早在司马迁那里，就肯定了人们的逐利欲望，提出利是人们的生活要求，追逐物质利益是人们的本性。"天下熙熙皆为利来，天下攘攘皆为利往"。他的《货殖列传》，就是最早为中国商人树碑立传的。在肯定人的逐利欲望正当性基础上，他又提出了"富而好德"，就是我们说的儒商。陶朱公范蠡，孔子的高足子贡，这两个人都是儒商的杰出代表。知识分子参与商业经营，精英人物参与商业活动，提高了商人的道德操守和社会责任。中国企业家精神的基因从先秦时代就奠定了。

再说第二个历史阶段，就是中国近代工业化初期。当时的中国面临亡国灭种的危机，因此呈现出两个鲜明的特点：一是面临民族危亡，二是西方对中国的影响。我把这一时期的企业家精神总结为八个字：家国情怀，民族精神。家和国都要没有了，中国传统儒家文化的"修齐治平"，讲的就是家国天下，只不过那是在士大夫层面，现在则跟每一个人息息相关；民族精神和民族意识空前高涨、觉醒，中华民族如何在世界民族之林自立，成为每个人都在思考的问题。正是这两点促使企业家开始把自己的经营行为和国家命运自觉地、主动地联系在了一起，形成了"家国同构"。我们看这一时期的大企业家：张謇、荣氏兄弟、范旭东、刘鸿生、陈光甫、周作民、卢作孚，穆藕初，还有著名的爱国华侨陈嘉庚、张弼士，在他们身上无不呈现出共同的特点：一是有担当、有情怀。这些人可不是普通人，都是大知识分子，他们中的大部分人都在国外留过学。例如陈光甫是从宾夕法尼亚大学沃顿商学院毕业的，范旭东是从日本留学回来的，穆藕初是从美国留学回来的。这些人对于西方文化和现代文明都有着深刻的了解。同时这其中还有张謇这样的晚清状元，对于中国传统文化可以说深入到骨子里。二是强烈的民族意识。这些人可不是单纯做生意，他们办企业都是经过了深思熟虑的，是有着明确的实业救国、实业兴国的抱负和追求的。他们也是最早一批社会责任意识自觉觉醒的人。在这些人身上，可以说结合了两种截然不同的东西：既有西方现代文明意识，又有中华民族的本土意识；既有开放性，又有传统文化的保守。在这些人身上，中国儒商文化的一大精神特色表现得淋漓尽致，那就是义利合一。陈光甫开办银行，卢作孚造船，张弼士造葡萄酒，范旭东投身化工业，他们都不是出于个人目的，所追求的也不是个人私利。这是真正的儒商。三是在中国社会从传统向近代、现代过渡的这个阶段，这些人身上既有独立的企业家精神，又摆脱不了跟官府密切结合的传统官商文化本性。其中有一个代表人物，就是盛宣怀，被誉为"手握十六颗夜明珠"的大企业家。他创办了中国近代工业化历史上的无数个第一，但是他的成功主要是善于和政府打交道，利用官府的力量达成目的。他也是冯友兰所说"中国文化两千年解不开的死结"的官商文化代表。

第三个历史阶段，是工业化迅猛推进时期的新中国企业家精神。好多人认为中国文化产生不了企业家精神，中国没有自己真正意义上的企业家，这个说法有问题，太过绝对化。我们强调，企业家精神并不神秘，它只是一个随着经济活动的繁荣和社会的进步发展而自然涌现出来的产物。其实中国的近代化虽然开始很早，却并没有完成。一直到中华人民共和国成立，才真正开始了工业化。当时有两大国家任务：一是工业化，二是赶超西方，后来形象地称之为"超英赶美"。在这两大历史任务的指引下，当时的企业呈现出两个鲜明的特点：一是很强的奉献精神，国家至上，国家目标超越企业目标。二是企业与国家同构，自觉将企业的发展和中华民族的伟大复兴同构，不分彼此。中华人民共和国成立初期，有一个特殊的公私合营阶段，叫作"一化三改"。"一化"就是逐步实现社会主义工业化，"三改"就是逐步实现对农业、手工业和资本主义工商业的社会主义改造。在这个改造过程中，一批近代有名的企业家纷纷支持国家建设，主动接受改造，放弃私人企业，如荣毅仁先生，同仁堂的乐松生先生，都表现出了极高的觉悟和极大的积极性。有人会说，他们是被当时的形式所逼迫，是大势所趋，但我们应该看到，他们也是经过了反复思考，才做出了最终抉择的。他们这么做，有顺应历史潮流的需要，更因为在他们心里，社会主义的工业化建设，新中国崛起的民族复兴之梦，和他们的企业家抱负是暗合的，济世安邦，利国利民，何乐而不为？所以说这既是大势所趋，也是这些企业家的主动选择。新中国在大规模工业化时期，涌现出了像王进喜这样的人物。我认为他不能被看作一个简单的英雄模范人物，而是一个特殊时代的卓越企业家。王进喜这个人很特别，他的奉献精神，以他为标志的"铁人精神""大庆精神"，代表了那个时期中国特有的企业家精神。我们知道，大庆精神最重要的就是爱国主义，是献身精神。因为当时我们国家的工业基础实在太薄弱了，又没有外援，只能靠自力更生、艰苦奋斗。所以像王进喜所代表的企业家精神就弥足珍贵。半个多世纪过去后，我们再回眸历史，再去看这种工业化迅猛推进时代的精神动力，我们已经很难想象，王进喜跳进泥浆池子里，用自己的身体去当搅拌器，可这就是在那个年代里真实发生过的事情。现在到大庆看看，还有王进喜留下的遗物，还到处可见"铁人"精神留下的痕迹和影响，毫无褪色。

中华人民共和国成立之后的迅猛推进工业化时期，还特别值得一提的就是《鞍钢宪法》。这是新中国诞生的、特有的企业管理方法，毛主席亲自命名并作了批示，号召向全国进行推广。《鞍钢宪法》的基本内容是"两参一改三结合"，即干部参加劳动、工人参加管理；改革不合理的规章制度；工人群众、干部、技术人员三结合。其核心就是"民主管理"，这也是中国共产党的优良作风和成功经验。毛泽东在批示中，将鞍钢的报告总结概括为五个方面的内容，即"坚持政治挂帅，加强党的领导，大搞群众运动，实行两参一改三结合，大搞技术革新和技术革命运动"。《鞍钢宪法》诞生后，不但在中国名噪一时，一些欧美、日本的管理学家也在研究，称之为"后福特主义""团队合作""全面质量""经济民主"。甚至有人认为"丰田生产方式",实际就是工人、技术人员和管理者的"团队合作",秉承的正是《鞍钢宪法》的核心理念。今天,我们再来看《鞍钢宪法》,仍然有它的积极意义,最重要的一点就是:作为企业领导者的企业家,不再是高高在上,而是和民众打成一片,发挥群众的集体智慧,依靠民众的创新和创造精神,依靠团队和集体力量,形成推动企业向前发展的整体力量。这种团队精神,集体主义精神,对我们今天的国有企业和民营企业来说都非常重要。

第四个阶段,是工业化高潮时期的社会主义市场经济下的企业家精神。20世纪80年代以后,随着改革开放不断深入,企业成为自负盈亏、自主经营的市场主体,现代企业家群体应运而生。这个群体有两个来源。一个是带有集体性质的企业,改制之后成为培育企业家的土壤。例如:张瑞敏,海尔当初就是一个集体企业;柳传志,联想也是个科研院所办的集体企业。还有一个来源是乡镇企业,比如鲁冠球,当时的万向就是乡镇企业。这些企业家的出身不同,历史背景千差万别,但却有一个共同点,那就是都带有现代企业家的精神基因。他们处在一个经济转型的大时代,不可避免地带有鲜明的时代特点。一是这一代的企业家,普遍有着济世情怀。像张瑞敏、柳传志、任正非等人,都不是唯利是图,而是继承了原来古典意义上儒家文化"义利合一"的精神。二是这一代企业家,普遍顺应时代,具有在转型时代嗅觉灵敏、开拓创新的能力,善于创新,抓住机遇。三是国际眼光。他们虽然在家门口艰难起步,但后来都自觉主动地参与了国际竞争。他们和中华人民共和国成立初期的那一代企业家相比,国际格局更为明显,现代企业家意识特别突出,市场意识不断增强,现代契约精神、创新意识、工匠精神、社会责任意识都具备了。这一代的企业家,可以说是真正意义上的现代企业家了。

《企业文化》：谈论企业家精神，不能忘记国有企业的企业家精神。国有企业是国民经济的主脉，企业家精神方面是否也应该有代表性？

王曙光：是的。就像有人认为中国没有企业家精神一样，也会有人认为，中国的国有企业是没有企业家精神的。这当然是不对的。国有企业在中华人民共和国成立之初，曾经缔造出了代表时代之魂的企业家精神；改革开放后，国有企业经过改革，一次次焕发出活力，在不同时期都始终承担着中流砥柱的作用。国有企业的企业家精神，也始终没有中断过。

我举一个中央企业企业家的例子，就是宋志平先生。他是中国建材和中国医药两大央企的掌门人，在他的手上，中国建材和中国医药双双进入世界500强。这两个行业可以说都是我们的传统行业，而且面临如何持续发展的难题。宋志平不但破解了难题，而且走出了转型成功的新路子。他成功的具体原因就不说了，只讲一点，就是他把行业领域内上千家的竞争对手都变成了合作伙伴，这就是典型的中国式思维，是中国儒商文化中最古老的"和为贵"思想的现代应用。像宋志平这样的中央企业、国有企业企业家还有很多，他们共同的特点，就是自觉地将企业命运和国家命运联系在一起，在中华民族伟大复兴的征途上，主动担当，积极作为，这就是中国特质的企业家精神。

三、中国企业家精神与企业家的六大误区

《企业文化》：在了解企业家精神发展的几个阶段后，我们对中国企业家精神的发展脉络更加清晰，也更加自信。但与此同时，是否也存在一些问题？

王曙光：中国企业家精神有自己的优势，但我们的企业家也有自己

的缺陷。我将这些缺陷归纳了一下，一共分为六大误区：

一是缺乏独立的人格，跟政府过于密切。官商文化在两千多年中一直存在着，今天叫作政商文化，但还是脱离不了和政府的关系，造成很多企业家对自己的定位不准。不清楚跟政府究竟应该是一种怎样的关系。

二是很多企业家自私自利。所以如此，是因为他们误解了西方资本主义精神，他们认为资本主义精神就是利己，利润是资本的唯一追求，做企业只要挣钱就够了，根本没有社会意识。这样的认识可以说相当肤浅、片面。

三是投机取巧。不是靠着创新技术，去推动社会进步，而是靠着投机取巧赚钱，通过一些不正当的手段来发财致富，缺乏的就是工匠精神。

四是短视和机会主义，缺乏永续经营的思想，没有做百年老店的追求和抱负。

五是缺乏契约精神，法律意识淡薄。

六是有竞争意识，但没有合作意识。这同样是对资本主义精神的误读。一提到市场经济，想到的就是你死我活的竞争，不知道资本主义也是讲合作的，而且企业要想真正实现永续经营、长久发展，就必须合作，要有合作精神。

四、在传承中创新：中国企业家精神的未来

《企业文化》：既然我们的企业家精神有自己的传统优势和不足，那么面对未来，我们应该如何更好地进行传承，并且在传承的基础上创新呢？

王曙光：我们回眸历史，是为了更好地面对未来。企业家精神是我们

珍贵的历史和文化资源，也是我们现代社会稀缺的资源，一定要好好地加以传承，同时在传承的基础上创新。我认为要做好以下几个方面：

一是全社会要给企业家创造提供一个良好的成长环境，要珍惜企业家，认识到企业家精神很宝贵，是不可多得，甚至是可遇而不可求的，要珍惜。

二是要用法治塑造好的环境。要给企业家以稳定的预期，在法治的环境中以法治的精神来培育企业家和企业家精神。

三是保持好政府和企业家的正常关系。作为政府官员，要呵护企业家，和企业家做朋友，而不是像有的地方官员那样杀鸡取卵。要像习总书记讲的那样，构建"亲""清"的新型政商关系，这需要政府官员和企业家一起努力。

四是要严格保护企业家的财产安全。在这方面国家已经出台了法律，给企业家一个稳定、安全的环境，让企业家可以安心地去施展才华抱负。

五是社会意识层面，要给予企业家以正面的认识和肯定的评价。我们过去讲的是商人为富不仁，唯利是图、无商不奸，都是对商人的偏见。其实商人也好，企业家也好，都是社会劳动者，无工不富，无商不活，士农工商，都一样为社会做出贡献。所以对于通过自己的辛勤劳动和智慧才华创造财富的企业家，我们不应该仇富，而应该给予尊重。

最后，我想说的是，21世纪的中国企业家必将登上世界舞台的中央。伴随着我们国家倡议的"一带一路"，以及参与全球化治理的步伐加快，中国企业大规模地走出去，中国企业家不管是在现实竞争中，还是在精神修炼的更高层面上，都将面临重大的挑战，更面临不可多得的历史机遇。历经风雨洗礼之后的中国企业家，一定会赢得世界的尊重！

第十章

中国供销合作体系与供销合作银行：
可行性、问题与定位[1]

一、中国供销合作体系的由来和优势

供销社要搞供销合作银行，这个事三四年前开始发酵，但是到现在还没有破冰，为什么没有破冰呢？我想跟供销社目前的状况有关系。供销社是个什么团体呢？我出生于1970年代初，小时候邻村有一个供销社，所以对供销社有非常直观的印象；对于农村孩子来说，到供销社买东西也不是容易的事。我估计五六十年代出生的前辈们都非常清楚供销社的功能，它承担农村商品流通的使命。供销社原本并不做金融。原来人民公

---

[1] 本文根据作者2016年9月13日在农业部管理干部学院组织的"供销合作社发展与供销合作银行研讨会"上的发言整理。

社时期有三大支柱：一个支柱是生产性的合作社，后来叫生产大队，只管农业生产；第二大支柱是信用合作社，只管金融服务；第三个支柱是供销合作社，管的是商品流通，尤其是农资、农产品、土特产和各种日用商品的流通。这三大支柱后来我们称之为"三位一体"。这些年浙江搞的所谓"三位一体"，是把人民公社时期的这三驾马车或者三个支柱给现代化了，实际上也没有什么太多的新意。毛主席那个时代，这三驾马车发挥了很大的功能，以现在的眼光看仍然可以说是一套很科学的东西。

现在供销合作社体系要搞农村合作金融，甚至要搞供销银行，这里面我觉得既有供销社本身的优势所在，同时也面临着很多的挑战和纠结。优势在什么地方呢？我认为供销社最大的优势有以下几个方面。

第一，网点优势极其明显。很幸运，改革开放将近40年以来，供销社没有被全部砍掉，尽管改得七零八碎，各地发展也很不均衡，但是基本的网络还在，供销社跟广大农民，跟农村，跟涉农企业的血肉联系还没有全断，我觉得这一点是很幸运的，也是保留了一点血脉。

中国现在各省份都有供销社网点，其中地市级的网点大概有300多个，县级网点大概2400多个，每个县都有，基层网点大概25000多个。涉及的农村合作社，尤其是供销社直接发起的合作社，大概有11万家。中国现在有近100万家合作社，供销社占1/10左右。无论对农户的辐射能力，还是对农企的辐射能力，供销社在这个领域都是无可匹敌。

第二是客户优势。这么多年以来，供销社已经跟各个地方基层农民合作社、基层农企，包括它自己发起的各种各样的企业建立了很好的关系，客户基础很好。我们现在知道，供销社可不仅仅只做农资，实际上它的企业非常多，包括环保类的企业，新能源类的企业，各种有关流通、商贸类的企业非常多。我到江苏、浙江、山东这些地方考察，发现供销社的企业实际上实力都蛮强的，只不过社会上对供销社这个企业总体的认识不太清楚。这个恐怕跟改革开放30多年以来，我们把供销合作这一块儿刻意淡化有关系，社会上对它没有深刻的认知。

第三是信息优势。办银行最大的财富、最大的资本是信息资本，我们老觉得银行是办资本的，是玩金钱的，玩财富的，这是错误的。银行最大的资本是它的信息，有了信息才能办好银行，没有信息银行是办不好的。所以现在全国成立了很多家新的银行，比如说2015年成立了5家银行，这5家银行大多是基于互联网的一些电商平台和互联网金融平台成立的。这5家银行成立之后，定位极其准确，客户锁定非常精准。为什么呢？主要是因为它的信息太发达了。假如我们的供销合作银行要成立的话，我认为最大的财富还在于信息。几十万家合作社，数百万家农户的信息，包括大量涉农企业信息，这个大数据要开发出来，我相信是支撑整个供销合作银行风控体系的重要基础；这个事如果不搞清楚的话，合作银行办不好。

二、中国供销合作体系在构建金融实践方面的劣势

除了优势，供销合作社体系的劣势也比较明显。供销社在办合作银行方面其实是缺乏经验的，从老底子来讲，毛主席时代，供销合作社是不办金融的。最近三四十年以来，供销合作社基本上没有涉足过金融领域。但是最近几年有了变化，什么变化呢？随着农村金融的竞争主体逐渐多元化，供销合作社也在慢慢涉足金融业务，这方面的训练其实已经开始了。最近五年左右，供销合作社参与金融业务不少，比如说参与发起农民信用合作这方面，山东就有很多尝试。参与发起资金互助组织，参与发起村镇银行，参与发起以及独资建立各类融资担保机构，我相信都为将来涉

足金融业务打下了一些基础。但是供销社从经验方面，从人员的素质方面，懂银行懂金融的人相对比较少，这是一个劣势。

第二个劣势，供销合作这个系统看起来十分庞大，资产庞大、人员庞大，可是我们都很清楚，供销合作社其实是一个非常松散的组织，没有太多的自上而下的强有力的组织架构，中华供销合作总社尽管是一个副部级单位，但是它对下面的领导还是比较松散的，尤其到了基层，它的纵向管理力量就很弱了。各个地方根据自己的特点各行其是，纵向的一体化的管理效率还是比较低的。这种管理效率低，可能会影响到将来的风控，风控体系有可能不严密。

还有一个劣势，未来如果要组建供销合作银行的话，我们的定位方面肯定存在很多问题。因为供销合作社这个体系经过将近40年的改革、变迁，基本上已经商业化了，尽管中华供销总社仍然是国际合作社联盟（ICA）的当然会员，但是实际上我们都很清楚，它与合作制的要求已经有相当大的距离了，它已经不是经典的合作社。前几天我还发了一篇文章，论述合作制当中的经典主义或者说原教旨主义与修正主义的争论。中国的合作社很大程度上都应该说是脱离经典主义、脱离原教旨主义的合作社，或者叫变通的、修正主义的合作社，但是这个"修正"也可能是适应中国目前的经济、社会乃至文化状况的。换句话说，为什么中国这么多所谓的"假的"，或者是不太那么纯的合作社存在呢？这恰恰说明中国可能需要这样的合作社。中国目前的经济、社会、文化状况可能不适合完全照搬西方的经典合作社模式。但是，我们也要付出一些代价，什么代价呢？如果这个合作社不是一个经典的合作社，或者与合作制差别很大的话，在运营过程中一定会出现各方面的问题，这一点我们要充分地考虑到。

三、未来供销合作银行不要走农村信用合作体系的老路和弯路

要组建供销银行，如果往合作金融这个方向去努力的话，它的体制定位是不是符合合作制呢？会不会又出现 80 年代我们特别纠结的农村信用合作社的那种状况呢？农村信用合作社原本就不是合作制，结果 80 年代非要让它恢复合作制，经过十几年艰苦卓绝的努力，走过了很多坎坷的路径，90 年代中后期，才确定不要再走合作制的老路了，要充分尊重现实，要把它商业化，把它改造成为股份制的、商业化的、法人治理结构完善的一个银行。现在农村商业银行、农村合作银行，这个改制基本上已经完成了，它的合作制全没了，资格股全部取消，只有投资股，它就成为一个产权清晰、法人治理结构完善的现代的商业银行。

但是，农信社走过的这条道路是很艰苦的，在这个过程当中，农民社员付出了大量的改革成本，他们被迫、被强制性地退出了农村信用合作社。比如说当年各地组建农村商业银行的时候，清退这些资格股是不可商量的，换句话说，我作为一个农民社员，作为股东，你要清退我，你要跟我商量，经过双方平等契约关系的解除，我才能退出合作社，你单方面是不能把我逐出去的。但是当时费了很大的劲，农村商业银行逐出了所有的资格股，逐出了小农户，把它转化为商业化、股份制的架构，这个过程和教训值得我们供销合作银行在组建的过程当中汲取。不要一开始唱一个高调，要组建合作银行，结果里面"四不像"，产权不清晰，吸引了大量小农户，或者是小团体的钱，后来由于管理的困难，又要清退这些农民社员和小股东。我觉得这样的话，对农民是很不合理的，对于供销合作银行也将是一个重大的伤害，要避免重蹈这个覆辙。

因此，在组建供销合作银行的过程当中，要根据中国目前的政治、

经济、文化、社会的发展状况来挑选一条最实事求是的路径，不要唱高调，也不要唯政治之马首是瞻，不要为了靠拢政治的要求，就打着合作的旗号去做事，我觉得没有必要。今天中国整个农村的发展，已经为供销合作银行的成立提供了很好的基础，这个基础就是广大的农民，广大的农民合作社，广大的涉农企业，尤其是微小企业，他们有庞大的、强烈的金融需求。

现在各种商业银行在县域实际上已经趋于饱和了。从城市的金融需求来讲，基本上是饱和了，这个判断是对的。可是，说这个话实际上也还是不准确，我们大量的农村金融需求还是没有饱和，甚至还是空缺的，有些地方大量的金融空白还是存在的，这个人民银行最清楚了。每年人民银行都要公布一个农村金融服务报告，这些年农村金融服务的覆盖面在逐渐增加，可是仍然有那么多地方没有金融服务，或者很少有金融服务，这个我们都很清楚。从这个方面来讲，对供销合作银行的成立，从总体上来讲，应该持支持的态度，持积极的扶持态度，无论是从政策层面，还是从学术层面，我觉得这个道路是正确的。

四、未来供销合作银行组建的三大核心定位

最后我要谈一点，供销合作银行将来怎么定位的问题，定位不好，顶层设计就是一个大问题。有三个定位是我们必须考虑的。

第一个定位，我们必须把自己定位成一个与农民、与农民合作社、与涉农企业血肉相连的一个银行。如果脱离了"农"，供销合作银行就没有成立的必要性，我们的比较优势就没有了，我们的立身之本就没有了。这是供销合作银行的倡导者，或者是上层这些决策者都希望看到的一个定位。

第二个定位，我们一定要把供销合作银行定位成一个长期性的、战略性的诉求，不要为了争牌照而临时性地组建一个银行，就像当年大家争村镇银行牌照似的，赶紧争一个牌照挂起来，挂起来以后发现，现在中国一千多家村镇银行，大概有一半以上生存得比较困难。当然初衷是好的，但科学的顶层设计还是要有一个长期的、战略性的安排。所以在组建供销合作银行的过程当中，包括各地的供销合作社，也包括供销合作社下面的这些企业家们，都不要怀有一种短期的、投机性的、功利主义的想法，急急忙忙赶紧争政策，先挂起牌子再说，而是要有长远的想法。银行是百年大计，建一个银行跟建一个普通公司是不一样的，将来供销银行一旦开设的话，你就不是农民资金互助组织了，你成为一个正规的银行，既有资产业务，也有负债业务，要拉存款，要向股东支付回报，甚至将来供销合作银行还要上市，成为公众公司，这是长远的、战略性的事件，大家千万不要怀有功利的想法和走一步看一步的想法，要把它当作百年大计。我们这些发起建立供销合作银行的人，应该说是先行者，一定要高瞻远瞩地想这件事，要把部下的功利主义想法扼杀在摇篮当中，谁要是有那种功利主义想法，投机性的想法，就不要让他参与此事，做银行像做任何大企业一样，要有一个高远的眼光。

第三个定位，要把供销合作银行最终定位成现代化的、法人治理完善的主体，要产权清晰、公司治理结构完善，千万不要把它搞成"四不像"。搞成"四不像"，回头修修补补的成本太高了。

从这三个定位出发，我们的基础才能打牢固。作为一个研究者，我也乐见其成，希望供销合作银行能够早日破冰，我们又将看到一种新型的农村金融机构出现在中国农村金融的版图上，为农民和农村各类主体提供更多更好的金融服务，助力中国农村的转型发展。

第十一章

中国乡村建设的使命与村社内置金融[1]

一、乡村建设的愿力与使命

非常高兴参加这个规模很小但思想含量很高的研讨会。从昨晚开始，我一直在倾听张晓山老师、温铁军老师、李昌平老师的发言，从中获得很多教益，对很多乡村问题的理解又有了新的看法。昨天温铁军老师讲到，像昌平兄这样一些在实践层面执着前行、不断引领潮流的乡建倡导者，确实需要大智大勇，才能把这件事做好。另外，我觉得还需要一种特别的情怀，对农村、对农民有一种特别的担当与奉献的情怀。

从事乡建这件工作，真的需要很大的愿力和格局才能做好。20 世纪三四十年代，晏阳初、梁漱溟他们领导乡建运动，梁漱溟先生就讲到，我

---

[1] 本文根据作者 2016 年 12 月 10 日在中国乡建院研讨会上的发言录音整理而成。

们今天要发一个大愿力,才能有所成就。这个"愿力"是佛学里的词汇,我觉得在这里用得很确切,我们现在确实需要有大愿力,才能把这个艰巨的使命完成好。梁先生当时写了一个对联:"我生有涯愿无尽,心期填海力移山。"移山填海之力说得好像比较夸张,但其实一点都不夸张,就像昨天蒋中一先生讲到的,在农村即使做一点小事,有一点小的突破,有一点小的改变,都需要移山填海之力,不是那么简单的。

二、宏观形势判断和乡建的黄金时代的到来

昨天因为温老师匆忙离开,讲了几句话我很有感触。他对乡建整体形势的判断和国家宏观形势的判断,我感觉还是偏于悲观的;当然温老师自有他的道理和逻辑,很大一部分也是我感同身受的。然而我的判断是,虽然当前中国经济形势确实处于低谷时期,但是整个经济走势已经开始出现向好的迹象,很多体制性和结构性的问题正在得到逐步的探索和解决,当然这个探索和解决的过程是相当艰苦的,相当漫长的,有时又是相当痛苦的。

我同时认为,当前乡村建设所面对的整个宏观环境都是非常有利的,很多体制的变革和要素的整合都在支持乡建事业的发展,可以说,今天是从事中国乡村建设的最好时间,是一个黄金时代。这个大判断,我相信在座的从事乡建的同志和朋友,应该非常认同。15 年前,甚至 10 年前,乡建同人面临的环境远不如今天好,今天做乡建的同志们,所面临的大环境,包括整个社会的认同、经济发展的阶段、社会整体的氛围、知识阶层和精英分子的参与感等等,这些要素都对我们有利,都比 10 年前要好得多,所以我们的信心也大得多。中国今天的经济社会发展已经到了一个相

对较高的阶段，在这个阶段，整个国民财富的增长使得我们有足够的力量关心农村、回报农村；整个体制也开始更有弹性，很多是禁区的领域开始松动，变革的空间更大，乡建事业发挥的空间和弹性更大；在知识精英中间，尤其是年轻的一代中间，关注农村、热爱农村和回流农村的人正在大量增加，他们很有激情和动力，充满奉献精神，这是前所未有的。所以今天看到像晓芹、明善兄这些熟悉基层农村的干部、像在座的清华大学毕业的学建筑学的朋友，还有孟斯这样一些很有干劲的年轻人，给我很大的鼓舞，我感觉十几年前还没有这个气氛。

所以从总体而言，我感觉现在是做乡建工作的黄金时代。在大判断上，我比较乐观，越是在这样的经济下行、体制变革错综复杂的时候，乡建的创造性空间反而更大，我们的前景也更光明。昨天我刚刚阅读了昌平兄的一篇博文，他讲到今天的农村实际上是"摸着石头过河"的最好时间，所谓"摸着石头过河"，就是探索、争鸣的空间更大。所以我们要有信心，而且信心要特别大才行。

中国现在处于一个什么阶段呢？中国现在这个阶段是一个社会两极分化比较严重、社会的撕裂感比较明显的一个阶段。刚才张晓山教授讲到了族群的分裂。目前，我国地区之间的二元结构，人群之间贫富差距的拉大、族群之间的差距等，正处于前所未有的危险边缘。中国在七八年之前城乡居民收入的基尼系数是 0.3 左右，城市居民收入的基尼系数达到 0.16 左右，是世界上基尼系数最低的国家，但是现在已成为一个社会不平衡感很强的国家，基尼系数已经到 0.5 至 0.6。对此学术界的判断是一致的。所以，乡建同人们的工作特别重要，是因为我们今天面临的城乡差距和社会撕裂已经空前严重，我们要力挽狂澜，整个国家都要为此进行深刻的变革。我们今天做的乡建工作，有利于弥合社会的鸿沟，让这个撕裂的社会重新愈合伤口，变成一个均衡的国家，一个幸福感更强的国家，一个人民获得感更强的国家。

三、村社内置金融的内涵

村社内置金融这个内涵到底怎么来界定，这是一个涉及乡建院这么多年以来工作思路的非常核心的问题。村社内置金融，实际上就是基于村庄和合作社的一种内生的、带有合作性质的农村信用体系与乡村治理体系。村社内置金融，不仅要把它理解为一个金融体系，更要理解为一个乡村治理体系。昨天我们一直在纠结，到底要不要叫金融？我倒觉得金融的功能是工具性的，因为达到一个金融目标可能有多种多样的金融手段，其中商业性金融、合作性金融、政策性金融，甚至民间金融，都在其中扮演重要角色，它们服务不同的人群，发挥不同的作用，当然其方式也千差万别。但是今天乡建院所倡导的村社内置金融，我认为志不在做金融，不是仅仅做一个银行而已，志在干什么呢？志在重构中国的乡村治理。如果把这个平台放到这个高度上，则无论在政治层面，还是在知识界的认同层面，学术界的认同层面，都没有人不认同。我们不要把重点放在金融上，村社内置金融的核心和精髓是乡村重建，内置金融的精髓与生命之源来自对乡村治理的重塑与改造，使原来溃败的乡村重新变得有活力、有组织化。

20世纪80年代农村改革之后，由于集体经济的解体，导致乡村治理逐渐衰败以致崩溃，这个历史过程有其必然性，现在通过村社内置金融体系，要让乡村治理重新焕发生机。还有一个深刻的作用，就是使得乡村伦理逐渐复归。80年代以来，尤其是最近一二十年以来，乡村伦理的衰败，乡村的礼崩乐坏，已经达到了无以复加的程度，最近一些年很多文章铺天盖地，都在讲这个问题。为什么礼崩乐坏？主要是原来乡村伦理所附着的这样一个集体农村生活发生了巨大的深刻的变化，农村逐步成为一个原子化的乡村，乡村治理失效，乡村伦理就逐渐衰败。内置金融的作用在什么地方呢？就是乡村伦理的回归。梁漱溟先生讲中国乡建理论，其中最核心的就是伦理的复归，恢复中国乡村的伦理生活。中国传统的乡村为什么有生命力，持续几千年都有这种生命力，其中的诀窍和秘密就是乡村伦理的稳定性。伦理的生命力很强大，传统乡村通过各种手段，造就了一种伦理的生活，可是我们现在这个乡村，伦理生活几乎是丧失掉了。所以我想，村社内置金融，实际上是乡村伦理复活和回归的一个重要载体。通过乡贤文化的重塑，通过孝道文化的重塑，把伦理重新恢复起来，这个方面，在基层工作的同人们一定会有深刻感触。通过村社内置金融，乡村重新变得温暖，重新变得有凝聚力。

我们也要看到村社内置金融所具有的政治学意义。村社内置金融具有深刻的政治含义和政治功能，它所衍生出来的一套内部协商机制、民主管理机制、乡村治理机制，会重塑中国的村民自治体系，重塑中国的乡村政治，使得乡村由原来的一元化的政治体系，转向多元共治的结果。

最近我一直在讲乡村治理的"多元共治"的概念，中国必将由原来一元化的乡村治理转向协商民主时代。我觉得村社内置金融所营造的这样一个民主的机制，就是协商民主，协商民主比投票民主更优越。这个话题今天就不展开了。美国最近的投票选举表明，投票民主有时是很荒谬的。我也考察过四川成都周围几个县的村民议事会。村民议事会这样一些基层的创新正好证明了协商民主的重要性，也证明了村社内置金融有可能具有这样的民主功能。我想这是对于村社内置金融最深层次内涵的理解。

四、村社内置金融的三大功能

村社内置金融有什么功能呢？我想主要有三个功能：

第一是要素整合功能。通过村社内置金融，把政府、商业机构、农民、非政府组织、乡建知识精英这些要素都整合起来，使各种要素在这里集聚，充分发挥各自的作用，共同构建乡村的共同体。

第二是要素回流功能。最近二三十年城乡差距拉大，主要原因在什么地方呢？我认为主要在于要素的单向流动，其中人力资本由农村单向地流到城市，金融资本也单向地从农村流到城市，两个单向流动掏空了农村，导致城乡差距拉大。当然这种流动在一定历史阶段也有积极效应，就是促进了中国的城市化和经济发展。但是将来怎么办呢？如何遏制这种单向的流动呢？就是要通过村社内置金融这种机制，诱使要素实现双向流动。比如说像一些城市的人力资本，城市的金融资本，有可能通过这个机制回流到乡村。所以我们在村社内置金融当中要设计一个机制，要鼓励城市的这些要素，包括金融资本、人力资本，通过这个机制和平台，重新回流到乡村。在乡建院的村社内置金融体制中，已经看到里面有一些这样的机制设置，可以进一步把它规范化和系统化，让两大资本重新回流乡村。

第三是要素"活化"功能。昨天晚上我在昌平院长的报告中听到这个词，觉得非常好，村社内置金融就是把农村这些原来不能流动的死的要素"活化"。刚才张晓山教授也讲到农村集体资产的问题。现在农村集体资产虚化、固化、异化，我觉得将来是要"活化"、强化，让集体资产，让农村土地，让农村宅基地等等要素充分流动起来。

我认为将来中国农村的前景是很明朗的，相信在座的各位都有一个共识，什么共识呢？就是中国一定要从分散的小农经济走向一个组织化的大农经济。当然这个过程应该是顺其自然的、符合历史规律的、非意识形态化的，不是政府强制的一个过程。应该是由民间发起、内生出来的这么一种力量，让这种变化具有建设性和持久性。尽管集体化的方向跟五六十年代一致，但是方法完全不同，不能是政治的强制的，而是自然的，这种新型的集体化，我认为将来是一个趋势。

我们60年走过的道路，无外乎是肯定—否定—否定之否定的道路。五六十年代我们是肯定集体化。可是到了1978年之后，集体化这三个字被妖魔化了，我们开始否定它，忘记了"双层经营"，忘记了小平同志说的"两个飞跃"，片面地强调小农的独立性。到了现在，我们要"否定之否定"，就是要让农村经营体制有一种新的超越。所谓"否定之否定"，就是尽管集体化和规模化的总体趋势一致，可是手段已经与人民公社时期迥然不同了。乡建的目标，村社内置金融的目标，也在于此，就是重塑组织化的乡村。

五、万物并育，和而不同：乡建事业应有的心态

最后，我想讲一点方法论和心态的问题。乡建是一个极其艰巨的任务，在这个过程当中，我们要从心态上，从话语体系上，从跟外界的互动上，注意策略，注意姿态，注意方法。昨天温铁军教授非常含蓄、但又非常深刻地谈到这一点，我们应该加以注意。我们做乡建工作的这些同志，在话语体系方面，在跟社会尤其在跟知识界的互动上，在利用互联网发声方面，要尽量稳健，要尽量发我们的"正见"。什么叫发"正见"呢？我觉得就是要树立和构建自己的理论体系，重建构而非解构，重树立而非批判。你解构一百个人的思想，都不如建构一个自己的思想。要重树立，重创造，而非批判。我们不必忙于批判别人，因为那样太浪费时间了。我特别期待，在座的在全国具有影响力的乡建专家们，共同把乡建的新理论贡献出来，从金融、乡村治理、合作组织、土地制度、社会结构等各个角度，把新理论构建出来，这样就可以回应七八十年前梁先生他们搞的乡建理论。我们现在能不能写出《中国乡村建设新论》这种东西呢？恐怕不容易。因为我们忙着去创造、探索、挑战，但我觉得我们还是要静下心来，构建这个新的体系。

现在很多同人在做乡建，他们的角度不同，方法不同，理念不同，但是初心和宗旨都是一样的，就是复兴乡村，实现农村的重建。大家的话语体系不太一样，各自都在努力探索，彼此之间要和而不同，不要急于互相否定。古人说，"万物并育而不相害，道并行而不相悖"，世间万物都在生长，互相不妨害，并行不悖。这个理念很重要，就是和而不同，彼此欣赏，彼此借鉴，彼此汲取，彼此扶持，彼此碰撞，彼此合力。中国农村太多元，农村问题极其复杂，任何人的理论和方法都基于自己在局部上的经验和观察，不可定于一尊，要有和而不同的心态，才能把乡建这件事办好。

第十二章

中国农业文化遗产保护与开发[1]
——以全球重要农业文化遗产"诸暨会稽山古香榧群"的考察为核心

一、农业文化遗产对农业发展的意义

　　农业文化遗产的保护、开发和传承问题，涉及传统农业文明研究、当代农业和生态研究、农村发展研究、农村社会研究等诸多层面，必须从文化人类学、生态学、经济学和社会学等学科交叉的角度来进行综合性的、多元化的探讨。本文以浙江诸暨千年香榧林这个农业文化遗产为核心，从中国农业文明的视角出发，深入研究诸暨的人文历史积淀、当代农业发展以及农业文化遗产与农村经济发展之间的互动关系，从而建立起一个"农业文化遗产—农业文明与人文历史—现代农业与生态—农村经济与社

---

[1] 本文与杨天、黄兴合作撰写。

会发展"这样一个四位一体的分析框架。

（一）天人合一、五行生克的哲学思想

要探讨我国的农业文化遗产保护和开发问题，就要首先理解中国的农业文明的特征。我国农业文明的实践源远流长，在这个漫长的过程中，产生了富有特色和创造性的丰富的农业思想。

中华民族自古以来结合自身地理特点，将累积的农耕智慧发挥到淋漓尽致。在思想层面，"天人合一"的哲学思想渗透在中国人日常生活的每个方面。四时律令与中国人的农业生产以及生活紧密联系，所有的生命活动都遵循生态自然的规律。"五行"相生相克的思想，辩证地应用在作物的选择、种植的安排、肥料的施用以及百姓生活的方方面面。这些思想的长期浸润，使得中国人在漫长的历史中既保持了人口的繁衍和文明的兴盛，同时也促进了物种多样化和生态环境的保护，使得中国一直处在人和自然和谐共生的状态中。

例如南方鱼塘中稻田养鱼的模式就包含着中国人的生态智慧。土地上种植水稻，因灌溉水系丰富，继而在水田中养鱼，鱼在穿梭中碰撞稻米，稻上的飞虱脱落而成为鱼的食物，使鱼有了充分的养料。同时鱼身上分泌的黏滑物质还可以治愈稻谷的纹枯病。这充分体现了"人法地，地法天，天法道，道法自然"的天人合一的思想。

（二）人与自然和谐相处与可持续发展

近代以来，我们一直强调征服自然，人类向自然宣战，向自然索取，但忘记了敬畏自然，顺从自然。然而"我们不要过分陶醉于我们人类对自然界的胜利。每一次这样的胜利，自然界都会对我们进行报复。每一次胜

利,起初确实取得了我们预期的结果,但是往后和再往后却发生完全不同的、出乎预料的影响,常常把最初的结果又消除了"。这一著名论断已经成为人与自然关系的最好概括。[1]

"晨兴理荒秽,带月荷锄归",村落中的生活是闲适而缓慢的。日出而作,日落而息,农夫在自然面前弯下了腰板,放慢了步调。用每日的耕作表示对大自然的敬畏,用精耕细作呵护着有限的农田,继而享受自然的恩赐,完成了一年又一年的四季轮回。

而如今,保护古村落文化资源和农业文化遗产是人类反思资源过度利用、生态破坏造成恶果之后思想上的一次升华,是人类主动在更高层次上同自然和谐相处的途径。随着人类经济社会不断发展,生产力水平不断提高,我们在处理人与自然关系时已经能更多地发挥自身的主观能动性,有意识地追求天人和谐的境界,以期达到人与自然和谐相处,不以牺牲子孙后代的发展条件为代价来求得眼前的发展。

(三)生态保护与经济发展和人文传承的结合

保护农业生态与经济发展本身是一对矛盾,这两个问题表面上看起来有可能是对立的,但实际上又是统一的、协调的。必须把保护农业生态和农业文化遗产统一起来,而不是相互对立、相互割裂。农业生态的保护和农业文化遗产的传承要有利于经济发展,但是经济可持续发展的前提又必须是生态的保护,它们之间是互相促进的,而不是互相矛盾的。如何将农业生态和农业文化遗产保护统一起来,学术界对此进行了很多有意义的探索,比如基于青田县稻鱼共生系统保护的实践。闵庆文等认为全球

---

[1] 马克思、恩格斯. 马克思恩格斯选集·第 4 卷 [M]. 北京:人民出版社,1995:383.

重要农业文化遗产保护需要建立多方参与机制，并提出应用参与式的方法对保护区进行管理的规划设想。[1]袁俊等以青田稻鱼共生为例，指出生态旅游是打开农业文化遗产地保护与发展困境的钥匙，并分析了生态旅游对遗产地经济发展和遗产保护产生双重作用的机制。[2]孙业红等则从农业文化遗产地的聚落属性、社会属性、经济属性、文化属性和生态属性等方面，全面分析农业文化遗产地的旅游价值，设计出多种旅游开发模式，并强调了环境因素、农民的参与以及监督监管的重要性。[3]除了通过旅游业获得地方经济发展之外，学者们也探讨了通过农业生产提升遗产地经济价值的方法。郑召霞等认为，有机农业是现代农业中能与传统农业的生产特点很好契合的农业类型，在农业文化遗产地发展有机农业可以兼顾遗产保护和农民经济利益，是农业遗产保护的必然选择。[4]总之，只有将农业遗产保护与农村经济发展和农民收入提升结合起来，才有可能找到正确的遗产保护路径。

在保护农业文化遗产的同时，还要注意保护村落的人文历史和风俗文化。"俗者习也，上所化曰风，下所习曰俗。"（《周礼》）每一个村落都是一个反映传统中国社会和文化的细胞。中国的传统社会，其文化类型大致可以说是属于乡村社会的，或如费孝通先生所说的，是"双脚深插于泥土中"的文化。社会人类学的研究认为，村落是社会的基本构成单位，是

---

[1] 闵庆文等. 全球重要农业文化遗产保护需要建立多方参与机制. 古今农业，2006(3):116—119.
[2] 袁俊等. 生态旅游：农业文化遗产地保护与开发的制衡——以浙江青田"稻鱼共生"全球重要农业文化遗产为例. 乡镇经济，2008(2)：74—77.
[3] 闵庆文等. 全球重要农业文化遗产的旅游资源特征与开发. 经济地理，2007(5)：856—859.
[4] 郑召霞等. 农业文化遗产保护和有机农业发展的研究——以青田县稻鱼共生系统为例，闵庆文主编. 农业文化遗产及其动态保护探索. 北京：中国环境科学出版社，2008：272—283.

由家族亲族和其他家庭集团结合地缘关系凝聚而成的社会生活共同体。[1]其社会结构具有极强的延续性与自洽性特点，主要表现为以血缘关系为纽带，以宗族聚落繁衍为基础，以独特的聚落形式为特点，村落的共同生活（历史记忆与民俗行为）构筑了社会结构的稳定性和自我调适性。村落的组成在于各类人群的共同生活与协作，是由各种人与人之间的关系组合而成，而不是房屋的简单聚集。在保护农业文化遗产的同时，还要着力于保护和传承当地的风俗习惯、文化传统，这些民间性的以村落为单位的风俗习惯和文化传统，构成农村发展不可分割的一部分。只有把这些人文要素传承和保护好，才能够最大限度地保护农业文化遗产；因为从根本上说，农业文化遗产只是传统农业社会人文历史积淀的一个组成部分而已，是一个外在的表现而已，农业文化遗产实际上反映了一个地方深厚的人文历史积淀和这个地域独特的人类行为模式。

二、诸暨人文历史概观

北京大学课题组在2016年6月考察了浙江诸暨的千年香榧林这个著名的农业文化遗产。诸暨位于浙江省中北部，属浙江省绍兴市。如今的诸暨既是一个非常富裕的商业城市，又是一个优秀的旅游城市。发达的经济并没有让这个城市变得冷漠，旅游业的良好发展很好地保护了这里的历史文化。诸暨是越文化发祥地，古时为古越民族聚居地之一。秦王政二十五年，设诸暨县，属会稽郡。诸暨素有"耕读传家"之风，文化积

---

[1] 陶立璠. 古镇古村落：重要的文化遗产，王恬. 古村落的沉思. 上海：上海辞书出版社，2007:68.

淀深厚，名人辈出。古有"诸暨三贤"——梅竹宗师王冕、文坛奇才杨维祯、画苑巨擘陈洪绶；近有北大校长何燮侯，早期革命运动家张秋人、俞秀松、宣中华，小麦学研究专家金善宝，植物学家斯行健，物理学家赵忠尧等11位两院院士。可以说，诸暨市是一个历史文化积淀极其丰厚、名人辈出、人杰地灵的好地方。

诸暨早期的历史和越国的历史紧密相连。越国开国之君无余，是夏王少康之子。夏朝中期，夏帝少康封庶子无余于越，诸暨属越。司马迁的《史记》记载："越王勾践，其先禹之苗裔，而夏后帝少康之庶子也。封于会稽，以奉守禹之祀。文身断发，披草莱而邑焉。后二十余世，至于允常。"自此，越国的古都，从无余立国到勾践继位，千余年间，长期居于会稽山腹地之中。春秋时期，诸暨成为越国的都城，很多文献中都有过相关的记载。《吴越春秋》载："余始受封，人民山居，虽有鸟田之利，租贡才给宗庙祭祀之费。乃复随陵陆而耕种，或逐禽鹿而给食。无余质朴，不设宫室之饰，从民所居，春秋祠禹墓于会稽。"直至越王勾践在位期间，采纳了范蠡诸臣的意见：越国要实现报仇雪耻、东山再起、称霸中原的目标，必须把都城从封闭的会稽山区迁到开阔的平原上来。故将都城从会稽山西南部的诸暨埠中迁往绍兴。诸暨作为都城的历史至此结束。而诸暨为越国古都的时间早于绍兴，诸暨作为都城的千余年间，绍兴为诸暨属地。

提及春秋时期的越国，想必很多人都会想到一位著名的美女——西施。"闭月羞花之貌，沉鱼落雁之容"，其中"沉鱼"一词正是对西施的评价。中国古代四大美女之首的西施，其籍贯经反复考辨确认正是在诸暨苎萝村。

三、千年古榧历史文化遗产的挖掘和描述

（一）诸暨古香榧树现状

诸暨的古榧实则指的是这里的香榧，香榧属红豆杉科榧属，为典型的常绿叶乔木，是珍贵的多用途经济树种，被评为国家二级保护植物。古香榧树集中分布地和如今香榧的主要产区基本吻合，即浙江省绍兴市会稽山区，这里的香榧植株数量和香榧果实的年产量均占全国总量的80%以上。

香榧树是一种非常特别的植物，一方面它被称为"三代果"。香榧树长成后它的生长成熟期为三年：第一年开花，第二年结果，第三年成熟。另一方面，香榧树的生长时间很长，一般一棵香榧树需要几百年才能迎来它的第一次"花季"。如果有机会你来到诸暨这个美丽的城市，在香榧树上采得几颗果实，不妨自己种到泥土中，这里的榧农会热情地告诉你，这些香榧种种到泥土中自己便能成活，但是若想收获香榧，那至少得等到孙子孙女那一代啦。由于这些原因，香榧树的成活时间非常长，有"三十年开花，四十年结果，一人种榧，十代受益"的说法。

诸暨市现有的香榧林中有百年以上树龄的香榧古树群188个，面积为7219亩，香榧古树40754株，占浙江省香榧古树总数的70%左右。其中，属于国家二级保护的树龄在300至500年的香榧古树有14694株，一级保护的树龄在500年以上的香榧古树有1376株，还保存了树龄1000年以上的香榧古树25株[1]。值得一提的是，位于千年香榧林中的

---

[1] 孟鸿飞，金国龙，翁仲源.诸暨市香榧古树资源调查研究[J].浙江林学院学报，2003，20(2)：206—210.

"香榧王",距今已有1500多年树龄,被称为"千年活文物"。

(二)诸暨古香榧树的经济、生态和文化价值

诸暨千年古香榧林的价值是很大的,其中既有极高的经济价值,也有很高的生态和文化价值。

一是经济价值。据《本草纲目》记载,香榧能助筋骨,行营卫,明目轻身,沉五痔,去三虫,有着非常大的药用价值。而香榧的种植业、加工业和以香榧为依托的旅游业,构成了第一、第二、第三产业全方位的产业链,小小的香榧果在诸暨市经济发展的过程中也起着极为重要的推动和促进作用。

香榧的产量少,在加工中5斤青果才能做出1斤成品香榧,因此它的价格相对较高。目前市场上成品香榧的价格为每斤200元左右,香榧青果的收购价每斤在30元出头的水平。在诸暨,被承包的较为成熟的香榧树每年的产量大致为一百斤。因此,一定规模的香榧树种植,可以带来相当可观的收入。目前诸暨冠军集团和五粮液酒厂合作香榧酒,以香榧为原料的多种化妆品、保健品等衍生产品也越来越多,这带动了相关的第二产业迅速发展,同样带来丰富的经济价值。同时,随着诸暨古香榧在全国甚至全球的知名度不断提高,尤其是随着绍兴会稽山古香榧群被评为全球重要农业文化遗产,诸暨的服务业,特别是旅游业迅速发展。

二是生态价值。在生态学方面,成林的香榧树可以很好地达到涵养水源、保护水土、固碳制氧、净化空气的作用。它总是与山水和谐相处,是衡量检验一个地区生态环境好坏的重要标志,也是保持和改善一个地

区生态环境的重要保障，具有巨大的生态功能[1]。此外，香榧树在生产和种植上采取了一种极为巧妙的方式：构建分层种植的复合经营体系。即利用会稽山的陡坡山地，构筑梯田、鱼鳞坑，种植香榧树，香榧树植株高大，榧农们在香榧林下间种茶叶、杂粮、蔬菜等作物，形成了"香榧树—梯田—林下作物"的复合经营体系，构成了独特的水土保持和高效产出的陡坡山地利用系统。

三是文化价值。古越绍兴是文明华夏的香榧之乡，诸暨更有着近两千年的香榧种植历史，小小的香榧果不仅能带来巨大的经济价值，成林的香榧树更有着重要的生态学意义。香榧书写着诸暨这个城市的历史，是诸暨城市文化中不可缺少的重要组成部分。

（三）诸暨古香榧生产历史及其重要意义[2]

"古香榧群是古代良种选育和嫁接技术的'活标本'，见证一方百姓世世代代与古香榧群相依相伴的生命感悟与生活智慧。"中国科学院地理科学与资源研究所副主任、研究员闵庆文如是说。的确，自两千年前诸暨的百姓发现并养育香榧开始，诸暨人民就靠自己的勤劳和智慧"创造"香榧，香榧也影响了这里的百姓，融入了诸暨人民的生活和文化。

1.7亿年前裸子植物开始繁盛，但却因180万年前第三纪时代末期的气候变迁衰退，让榧这种植物"躲"到了北纬30度前后或以南、海拔200—700米的温凉湿润的崇山峻岭里。然而在这漫长的百万年间，榧静静地藏在这深山中，等待着它的"伯乐"。直到2000多年前，越地先民发

---

[1] 冯建荣.香榧礼赞[J].绍兴日报，2010.
[2] 浙江省林业志编纂委员会.浙江省林业志[M].北京：中华书局，2001.324—325.

现了它，并试图改造它、养殖它。从史书的记载中可以看出，自那时起，这里的百姓开始一步步尝试栽培榧树、选育榧树、嫁接榧树，逐渐形成了独特的、传承至今的会稽山古香榧群农业文化。在今天的古香榧群中，仍能看出古树基部大多有明显嫁接的痕迹，而这些被嫁接过的古香榧多有上千年的树龄。这不仅印证了诸暨先民嫁接榧树的尝试，更清晰地展现了中国农业早在千余年前就达到了这一高度，是罕见的古代良种选育与嫁接技术的"活化石"。

榧子在宋朝以前由于产量很小，基本用于制药。榧子的药用价值最早见于战国末年的《尔雅》，此后，在汉末的《名医别录》和唐代的《新修本草》中均有其药用价值的记载。而到了北宋，香榧开始被视为果中珍品搬上了公卿士大夫的餐桌。苏轼就曾这样赞美过香榧："彼美玉山果，粲为金盘实。瘴雾脱蛮溪，清樽奉佳客。"明代开始，香榧被广泛栽培，诸暨地区香榧的产量也在这段时间内有了飞跃。万历年间出现了"细榧"，即正宗香榧的记载。400年间，得益于诸暨百姓的智慧，到了20世纪30年代香榧达到了年产量600吨。然而由于香榧的固有特点，直至2000年左右人工授粉和防病措施的广泛应用，诸暨香榧产量才又有所提高。[1]

两千余年间，诸暨人民与香榧结下不解之缘。靠着他们的智慧，香榧产量一步步提升，香榧的影响力越来越大。在诸暨，香榧逐渐融入了人民的习俗、生活、饮食、医药等方面，形成了别具特色的香榧文化。

---

[1] 黎章矩，程晓建，戴文圣，金保华，王安国. 浙江香榧生产历史、现状与发展 [J]. 浙江林学院学报，2004, 21（4）: 471—474.

（四）绍兴会稽山古香榧群与全球重要农业文化遗产

诸暨市的古香榧是绍兴会稽山古香榧群中的重要组成部分，2013年5月29日，绍兴会稽山古香榧群申遗成功，被认定为全球重要农业文化遗产。然而在这之前，古香榧群的申遗也经历了一个不算短的过程。

早在2009年的两会期间，全国人大代表、诸暨富润控股集团董事局主席赵林中就曾提议，将当地的古香榧林申报世界遗产。2011年7月底，绍兴市市长钱建民提出整合会稽山古香榧群涉及的三个县市的力量，申报世界遗产。

世界遗产，指被联合国教科文组织和世界遗产委员会确认的人类罕见的、目前无法替代的财富。目前有世界自然遗产、文化遗产、自然与文化双遗产、农业遗产、非物质文化遗产这五个方向。大多数专家和学者都一致认同会稽山古香榧群申报"农业文化遗产"。因此，2011年12月31日，绍兴市人民政府为会稽山古香榧群正式向联合国粮农组织全球重要农业文化遗产中国项目办公室提交申报全球重要农业文化遗产的报告。经过了一年半的完善，2013年5月29日，绍兴会稽山古香榧群被认定为全球重要农业文化遗产保护试点单位，这是全球首个以山地经济林果为主要特征的农业文化遗产利用系统。

"保护农业文化遗产不仅仅是保护一种传统，更重要的是在保护未来人类生存和发展的一种机会。它不仅是关于过去的遗产，也是关乎人类未来的遗产。"中国植物学会古植物分会副理事长、北京自然博物馆副馆长冯广平博士曾这样说道。绍兴市会稽山古香榧群的成功申遗，不仅保护了这种生产方式，更在为古香榧和会稽山的人民谋求一个更好的发展环境。申遗成功后，会稽山古香榧群为全世界所关注，使其得以获取国际先进保护理念和国际社会在生态保护方面的支持，更扩大了香榧的市场，让小小香榧能够更好地推动绍兴地区的整个经济。

四、诸暨农业文化遗产保护与农业发展现状

2016年6月11日是第十一个中国文化遗产日,其主题是"让文化遗产融入现代生活"。诸暨文化遗产丰厚,其中诸暨市现有国家级非物质文化遗产保护项目3项、省级8项、绍兴市级36项、诸暨市级56项;省级传承基地2个、绍兴市级8个、诸暨市级24个;省级传承人5人、绍兴市级14人、诸暨市级78人。古香榧作为一个全球重要农业文化遗产,其在诸暨文化遗产中的地位尤其重要。如何围绕现有的农业文化遗产,做好保护和开发工作,加快农业转型升级,建设现代农业强市,是诸暨面临的重大问题。

(一)发展现状——开发具有诸暨特色的农业产业

开发农业产业,诸暨具备很多有利条件。一是农业资源条件。诸暨有极好的资源条件,为开发有诸暨特色的农业产业提供了可能。诸暨市是传统农业大市,素有"诸暨湖田熟,天下一餐粥"和"鱼米之乡"等美誉。诸暨还因得天独厚的气候地理环境,成为全国香榧的主产地。1997年,诸暨被国家命名为'中国香榧之乡",2007年,诸暨又被命名为"中国香榧之都"。开发者可以充分利用这些极富特色的农业资源进行深度开发,将诸暨的特色农业得到最大限度的展现。例如,可以以中国香榧森林公园为依托,游人既可观赏又可品尝香榧这种珍贵的果品,并能领略到融体验性与知识性于一体的休闲农业的魅力。

二是社会经济条件。改革开放以来,诸暨坚持"工业立市,开放兴

市"的发展战略，经济建设和各项社会事业取得了巨大成就，连续三届跻身"全国农村综合实力百强县（市）"，经济总量进入"浙江省十强县（市）"行列。快速发展的经济，使人民生活水平直线上升。特别是农村日新月异的变化，使农民生活水平不断提高。多个新农村出现，农村基础设施、环境卫生等条件都得到极大改善。这些变化为诸暨农业的发展提供了良好的背景条件。

三是得天独厚的香榧种植和环境条件。作为"中国香榧之都"的诸暨，围绕香榧树的农业产业化道路正逐步走向成熟。香榧林是诸暨独特的生态资源，它吸引了越来越多人的目光，其周边产业也逐步蓬勃发展。漫步在香榧林中，抬头望去，到处都是郁郁葱葱的榧树，千年古树随处可见，构成了一个神秘的香榧生态区。这里是绿色氧吧，冬暖夏凉、幽静神秘，是休闲的好去处，也是诸暨农业产业化的试验田。

（二）古香榧林的保护与开发并举

"没有规划宁可慢一步开发，做到开发与保护同步进行。"稽东镇党委政府主要负责人这样说。发展香榧生产和香榧旅游，是稽东人民脱贫致富的一大途径。到榧乡不但可观赏千姿百态的榧树，更可充分享受山区清新的空气、纯净的溪水，体验淳朴的民风，还可购买香榧、龙井茶、地道的笋煮干菜等山货特产。游玩中，还能体验香榧的生产、采摘、炒制过程。

除了香榧产业之外，翻开如今的诸暨农业版图，以山下湖为中心的珍珠，以浣东为主的瘦肉型猪，以马剑、斯宅为主的名茶，还有以璜山、枫桥为主的出口蔬菜等"十大块状农业"跃然纸上。诸暨市政府对"一珠、一猪、一菜"（即珍珠、供港猪和出口蔬菜）定点建设，重点扶持。目前，诸暨的珍珠产量已占到全国的三分之一，其中三分之二的产品出口，占据了香港市场份额的70%；诸暨供港猪总量占全省的42%；诸暨的出口蔬菜也已达到1万余吨，成为诸暨外向型农业的支柱。诸暨当地在发展传统特色农业经济上取得了一定的成果，但是，综合知名度、产品影响力与附加值、电商运营等方面，仍存在一些问题，发展和创新的空间很大。

五、诸暨特色农业产业发展存在的问题与发展趋势

在发展传统农业的同时，诸暨市鼓励发展休闲农业、电商农业，大力发展独具特色的香榧种植经济，使其成为当地新的经济增长点，走出了一条低污染、低能耗的经济发展新路子。但是，在探索新型农业产业化的路上还存在以下问题。

（一）诸暨发展特色农业产业存在的问题

一是农业产业和休闲农业综合开发程度较低。相较于诸暨市近120万人口总量来说，香榧的所有者数量只占总人口的很少一部分。香榧树作为一种世界稀有的经济树种，具有果用、药用、油用、观赏等众多价值，而这一树种的所有权都是世代传承。古香榧群在绍兴市的辖区诸暨市、嵊州市、柯桥区三区（市）都有分布，且一般生长在海拔200—800米的山地，这一客观因素决定了发展当地特色传统农业经济成果的受益者只是一小部分，真正能享受到集观光、旅游、休闲、购物于一体的传统特色农业经济所带来的收益的人群其实是很小的。除了香榧种植外的农用耕地的种植和利用，极少得到政府的支持与引导。从总体来说，诸暨的农业产业还比较单一化，没有得到综合的开发，同时香榧以外的特色农业经营开发还在起步阶段。

从休闲农业的发展模式来说，诸暨休闲农业多数经营者没有从旅游消费者的角度进行综合开发和经营，项目功能较为单一，缺乏创新和特色。同时，配套设施还不够完善，大部分休闲农业旅游景点的农家将自己的房屋腾出来作为接待游客的营业场所，缺乏相应的配套设施及人性化设计。参加休闲农业旅游活动的大部分游客来自城市，他们把卫生条件作为评判休闲农业旅游质量的首要因素。这就要求经营者注重旅游环境尤其是接待设施的卫生条件，努力达到旅游者可以接受的水平。休闲农业的人性化设计也有待提升，实际上大部分休闲农业的项目以体验农事活动、农家生活，品尝农家饮食为主，消费者追求的是自然、纯朴、原生态的农家氛围，应多些自然的色彩，少些现代的痕迹，营造一种浓厚的乡土气息。

二是农产品的电商平台有待发展和完善。诸暨市在发展传统农业产业的同时，也在尝试借助互联网发展平台，发展运营电商农业，将香榧果等产品通过电商平台销售到世界各地。但由于处在初步发展阶段，仍然存在以下问题需要克服：第一，农业电商运营商的信誉机制有待加强。很多农业电商打着"绿色无公害""有机"等名号销售自营产品，但是并没有建设完整的产品溯源系统，使消费者无法确认在电商平台买来的产品是否产自农户的自有土地，产品的生产过程无法可视化，平台上的供应商或土地承包商无法溯源等问题也使消费者对产品的质量有所担忧。第二，物流配送瓶颈亟待解决。目前物流的配送是视每个商家的实际情况而言的，很难保证生鲜农产品在最新鲜的期限内送到消费者手上。第三，农业电商的产业链的附加服务方面不足。农民的电商专业知识不足以及合作社所起的黏度作用的降低，使得专业化和组织化程度低，难以保证农产品的质量和消费者利益的维护。一旦发生农产品质量安全问题，由于生产链的分散，难以溯源，随即导致对电商平台的信用度的负面影响。

（二）诸暨发展特色农业的未来战略

第一，明确产业发展导向，把香榧发展列入今后诸暨经济发展的主导产业之一，增加资金投入，明确落实和出台各项资金扶持政策，高质量地建设省级林业特色香榧示范基地，搞好香榧品种改良技术改造试点工作，加快香榧发展速度，走产业化发展之路。要加强诸暨枫桥香榧协会的建设，加大对协会的投入，充分发挥产业协会的桥梁和纽带作用，加强协会与榧农、企业的联系，强化协会在技术、市场、信息等方面的服务功能，促进生产者之间、生产者与消费者之间的联系与协作。要鼓励企业自办基地和承包经营基地，还要鼓励和支持榧农在自愿互利的基础上，建立健全土地流转机制，以解决香榧生产因分户带来的经营分散、规模偏小、管理不便的问题，要培养有一定规模的香榧种植大户和高质量的香榧基地。同时要扶持、培养和发展几家集香榧种植、收购、加工制作、市场销售于一体的龙头企业，走出一条以协会为纽带、龙头企业为主体的一头连接市场，一头连接基地，基地带动榧农的路子。

第二，要完善休闲农业的配套服务，提升景观欣赏价值，完善娱乐商务等配套服务。这种发展模式是一种依托周边知名度高且品牌效应大的风景名胜区，同时与当地的特色民居、民俗风情、特色饮食相结合的休闲农业发展模式。诸暨有五泄风景名胜区、西施故里风景区、中国香榧国家森林作为依托，发展风景观光型休闲农业具有得天独厚的有利条件。随着市民生活水平的提高，国民的旅游观念由基本的身心放松逐渐向健身健康的高级追求转变。这类休闲农业发展模式可以为游客提供强身健体的场所，同时兼具休闲娱乐功能。要提供一体化、丰富化的旅游项目，开发更多具有当地特色的旅游项目，增加旅游的趣味性，提高客户参与度。除旅游之外，应增设其他附加值高的服务，例如农副产品深加工、制作礼盒、采摘等。要促进农民自主创业，将农村资源有效整合，使得农副产品实现产业化生产。

第三，要坚持规范化推进工作，引导组建专业的农民合作社。由公司选派专业人员对参与种植工作的农民进行专业培训，积极推行标准化的农业生产。而对于较为分散的村户，未来应健全承包商与公司及农民之间的合作制度，承包商应积极响应视频实时监控、溯源系统等各项设施的建设。

第四，政府扮演着很重要的角色。政府要在扶持政策、公共设施、引导资金、规范管理、宣传推广等方面加大对发展休闲农业的支持力度。尤其要大力完善公共基础设施，改善休闲农业的硬环境，为加快发展休闲农业创造良好的条件。应以交通、景区设施、综合配套设施和接待设施建设为重点，提高景区可进入性和服务接待质量。同时，改善旅游环境及接待设施的卫生条件，完善水电设施配置，使厨房、餐厅、卧室、浴室、厕所及公共娱乐场所的卫生达到接待标准，满足游客对饮食卫生、生活便利、住宿安全、信息顺畅等方面的基本要求，提高休闲农业整体的产业竞争力，实现良好的经济效益。当然，政府在发挥其作用的同时，还要充分发挥市场配置资源的基础性作用，启动民间资金和吸引外来资金投入休闲农业的开发。同时，还要引导各类经营主体按照运行市场化、要素规范化、经营规模化和营销网络化的方向发展，提高休闲农业的产业化水平。

第十三章

央企混改模式、股权结构与法人治理结构[1]

一、央企混合所有制改革：联通模式的意义

混合所有制改革是近年来国有企业改革的目标模式，中国国有企业的混合所有制改革对于国有企业股权结构、经营机制、法人治理结构的变化都产生了重要的影响，同时由于国企的特殊地位与作用，国企混合所有制改革也必将影响我国整体的经济、社会、政治发展。国企混改不是一个简单的企业改制问题，也不仅仅是一个简单的企业产权结构的变化，而是涉及更深层次的"国基"问题，关乎中国的大战略，因此必须极为谨慎，极为稳妥，避免大的决策失误，要有比较科学、规范、长远的顶层机制设计，避免短视。

---

[1] 本文发表于《财经》杂志，2017年9月4日，原题为《联通混改的意义》。

央企现在是 98 个，是中国经济的重中之重，涉及的大多是战略性产业，关乎中国国家安全与战略利益，其改制要首先符合国家安全与长期战略要求。此前的国企混合所有制改革，大多在央企下属企业的层面上展开，通过上市、引进战略投资者等方式，实现了产权的多元化，其治理机制也在不断完善之中。此次将改革层级首次提高到一级集团层面，动作还是比较大的，这是一次重要的试水和探索，将为集团层面的混合所有制改革提供经验，因此此次试水带有尝试性，无论是失败的教训还是成功的经验，都将有利于下一步央企的混合所有制改革。现在坊间对联通混改有很多不同的声音，或褒或贬，都应充分地探讨，这样对以后国企（尤其是央企）的混改有好处。联通的重要资产已经在上市公司中，此次集团层面的混改既是对此前国有股上市企业改革的深化，也是集团整体混改的初步试验，在引入什么样的入股者，入股的比例，董事会结构的调整，资本市场相关机制的调整，员工持股计划的制订等方面，都可以做试验，以蹚出一条路子。这是联通试水的意义所在。

这里面当然也蕴含着很多不可预见的风险，面临很多挑战。央企集团层面混改的目标是为了进一步增强央企实力，将央企做大做强，进一步完善其股权结构与公司治理结构，使其运行机制更加灵活，更富于创新，决策更加规范科学，而不是将央企做散，做小，甚至导致国有资产流失。民营资本引入是件好事，但民营资本在其中能否真正发挥作用就是另一回事。民营资本在公司治理中能否真正有话语权，能否真正影响决策机制与运营机制，从而使得改制达到预期目标，这是央企集团层面混改能否成功的关键要素。我认为风险与挑战主要在这里。

二、国企混合所有制改革的基本模式

此次联通混改方案的提出,实际上是我国近年来国企混改探索的一个标志性事件,有很多突破。其混改规模之大,是空前的,对市场必将产生比较大的影响。其参与者的层级之高,恐怕也是空前的,入股者有几家是信息科技领域全球知名且有极强市场竞争力的国际企业巨舰,在行业中具有引领性。另外,新引入战略投资者合计持有联通A股的比例仅比联通集团所持有的股份略低。战略投资者所占股份比例之大,是非常令人瞩目的,说明决策者决心大,改革力度之大也是空前的。同时从其员工持股方案等信息也可以看出,此次联通集团层面混改还是有很多可圈可点之处。当然从总体的混改方略来说,大方向还是没有超出理论意义上的混改范畴,并不值得惊讶。一些具体的方案设计,其利弊得失要等运行一段时间以后才能看出来,不急于做判断。

实际上,联通混改方案只是目前国企(央企)混合所有制改革的一种模式,我们可以称之为"稀释模式",即通过引入战略投资者,稀释集团持有上市公司的股权比例,从而达到促进集团转型升级和改善公司治理结构之目的。还有一种是"剥离"模式,即把垄断行业中一些具有竞争性的环节(产业)剥离出来,而后进行混合所有制改革,引进民营资本。这种模式是先切割,后混改,所引发的震荡更小,对于市场发育与加强竞争都具有重要意义。第三种模式可以称为"增量"模式,即在一些领域的新增项目中引入社会资本,实现混改。联通的整体"稀释"模式到底利弊何在,可以讨论。总之模式是多种多样的,要针对具体情况,具体判断,具体选择。

三、国企混合所有制改革更本质的变化在于内部治理结构

联通混改所涉及的参与方确定是比较复杂的，其中中国人寿与国企结构调整基金持有的股份最大，其他的有互联网巨头腾讯、百度、京东、阿里巴巴等。战略投资者多元化是好事，但是也造成多个战略投资者利益结构的复杂化。各参与方作为战略投资者持有联通上市 A 股股份，其目标无外乎有以下几个：第一，分享联通业务增长带来的利润；第二，占领更多市场份额，扩大自己的经营规模；第三，在集团的决策体系中占据一定地位，拥有一定话语权；第四，在电信这个垄断行业中，利用参股机会进入行业分享垄断权益。实际上，参与各方根据自己的实际情况，也根据自己对央企混改前景以及企业经营前景的大判断，会出现不同层面的诉求，其诉求不是一致的。所以从参股各方的参与比例以及行业特点，我们可以大致揣摩其参与诉求与目标，有些战略投资者仅仅想借此进入垄断行业，而有些则在决策权与话语权上有更高的诉求。

国有企业混合所有制改革，表面上是股权结构发生重大变化，资本实力增强了，但其实更核心、更本质的变化是内部治理结构的变化，即公司法人治理机制的真正规范与完善，这是国企混改的最终目标所在。如果仅仅是引进了战略投资者，引进了社会资本，而国企的法人治理机制没有变化，换汤不换药，是没有意义的。混改后决策机制仍然是老样子，战略投资者在董事会中、在公司决策中不能发挥积极、有效的作用，这样的混改是有违初衷的。所以，比股权结构更重要的是，公司治理结构的变化；比公司治理结构表面上的变化更重要的是，公司治理机制、决策机制、激励约束机制真正的建立，通过这些改革使国企（央企）的运营机制发生质变，运转更加高效灵活，更富于竞争力，否则引入再多社会资本也是无

济于事的。

要在董事会中真正给予战略投资者以发言权、决策权，而不是仅仅给予表面的举手权。真正给民营资本以话语权，才能增强民营资本参与混改的信心与动力，才能为下一步的央企混改提供一个好的示范，好的榜样，引导更多民营资本参与进来。

四、两种不同的混合所有制视角与两种不同的混合所有制改革模式

我国国有企业的改革，如果从20世纪80年代开始算起的话，已经经历了将近40年，从早期的放权让利，到后来的承包制，再到股份制改革，一步步走过来，改革一步步深化。从权力下放思路，到建立激励机制，再到产权改革和公司治理结构改革，国企逐步向现代企业制度迈进。近年来中央提出的混合所有制改革，是我国国企改革在新阶段的进一步深化与升华。

理解混合所有制，可以从宏观视角和微观视角两个角度去看。从宏观视角来看，一种经济中如果既有国有经济成分，又有民营经济成分，这就构成了混合所有制。我国从改革开放以来，一直鼓励民营经济的发展，如今民营经济成分几乎遍及一切竞争性领域，民营经济已经在规模上成为我国国民经济的极为重要的组成部分。从这个意义上来说，我国早已是混合所有制经济了，而且是极为典型的混合所有制经济。

微观意义上的混合所有制经济，是指在一个企业中既有国有经济成分，又有民营经济成分，这就在股权结构上体现出国有与民营的融合。目前国企混改，包括此次联通混改，就是指这种微观意义上的混合所有制。不过，应该强调指出，在国际学术界得到广泛认可的，主流的理解，还是

宏观视角的混合所有制形式，而不是微观视角的混合所有制。在主流经济学界看来，微观视角下的混合所有制并不是混合所有制的本义，无论是在国有企业中引入私有成分，还是在私营企业中引入国有成分，都是极不寻常的事件，都是需要极为慎重的，这在全球企业界与学术界都是被广泛接受的观点。我国现在讲混合所有制，更多的是指微观视角的混合所有制，指在国有企业中引入民营资本，这在全球其他国家的国有企业中是非常罕见且不寻常的。这个最基本的、常识性的理论问题，必须在学术界讲清楚，否则会引起理论和实践中的很多误解。

由上面两种不同的混合所有制视角，可以引发出两种不同的混合所有制改革模式：一种模式是放开一切竞争性领域，让民营资本参与平等竞争，创造公平的法治环境，让民企与国企在所有竞争性领域（除了国防等特殊产业）平等地竞争。这种模式的核心是打破垄断，降低准入门槛，让民营企业进入一切竞争性领域，形成在同一市场公平竞争的局面。

另一种混合所有制改革模式是在国有企业中引入民营资本，实现国企股权结构的多元化，并试图以此建立现代企业制度，完善企业法人治理结构。

在40年的改革中，我们是两条腿走路。一方面我们坚持宏观视角的混改，即不断放开垄断领域，让民营企业进入竞争性领域。这几年在金融等领域，市场的开放（对内开放）程度加大，这对于促进民营企业发展极为重要，对于构建竞争性的社会主义市场经济极为重要。实行这种模式，由于竞争性市场的建立，国企也在竞争中不断成长转型，不断壮大，不断转换经营机制。另一方面，我们也在推进微观意义上的混合所有制，即促进国企内部的股权多元化，这对我国国企内部治理机制的完善具有一定积极意义。

现在无论是学术界还是实践层面，对混改还存在很大的认识误区，其中最大的误区是一部分人仅仅将混合所有制理解为狭义的、微观视角的混合所有制。而这种片面的理解，可能会引发一些消极后果，需要引起理论界与决策者的高度重视。未来我们要谨慎而积极地推进微观意义上的混合所有制改革，同时更要大力地、积极地推进宏观意义上的混合所有制改革。在今天这个阶段，更应放开市场准入，降低垄断，使国企与民企同等竞争，以达成"国进民进"的局面。

五、谨慎推进混改，绷紧国家安全和国有资产保值增值这根弦

对于微观意义上的混合所有制改革，我们要特别慎重地推进，这涉及国有企业内部资本结构的重大变化，不能不谨慎从事。在国外，除非一个企业面临财务上的极其重大的变故（比如要破产），否则一般是不会轻易改变企业资本结构的，一般情况下只会寻求负债结构的变化来解决问题。国有企业由于在法律上属于全民所有，且负有战略上的重大意义与功能，因此在引入民营资本，改变其资本结构时更应特别慎重。在电信这些涉及重大战略安全领域的国企中通过引入民营资本而使资本结构产生重大改变，这种行为需要慎之又慎。我们的改革胆子要大，要大胆探索，但是在一些重大战略问题上又要极其慎重。

首先是在国企的资本结构发生改变时，在引入何种股东方面，要谨慎甄别，仔细推敲，既要考虑其行业性质，行业领先地位，技术能力，全球知名度与企业品牌价值，更要考虑其企业的股权结构，掌握这些企业的股东背景，以综合考量引入这些企业给国企（尤其是战略性行业的央企）带来的深刻影响。

其次，我们还要在引入民营资本之前，对其可能产生的风险（包括安全风险）进行审慎的评估，以便进行科学的判断。这是一个极为必要且重大的步骤，不能省略。应该进行独立的、权威的第三方专家评估，否则会有很多隐患。

再次，在股权设计方面要求有缜密、慎重的考虑，根据国企的战略需求与被引入企业的行业特点、行业地位等，综合权衡，确定适当比例，既要保证股权充分多元化，又要保证国有资本的控制能力与战略驾驭能力。如果通过混改国有资本的驾驭能力降低甚至丧失，则失去了国企（央企）混改的初衷，失去了把国有资本做强做大的初衷。

复次，在混改中还要科学设计董事会结构，以真正改善国企法人治理。要给民营资本一定的董事会席位，并保证其在公司治理中的话语权。这一点上面已谈过，切不可做表面文章，更不可刻意剥夺其决策权。

最后，在国企混改中，要对国有资本的保值增值进行科学有效、严格的监管，防止国有资本的流失，防止有些人借混改之机变相侵吞国有资产。我们在国企改革历史上是有过深刻教训的，要汲取这些历史教训。国企的资产是几代中国人共同积累起来的，不能容许混改中在一个早上便被个别利益集团以低成本占有。

国企混改是要毫不犹豫地往前推进的，但在推进过程中不能盲目地"为混而混"，要在机制、体制上更多创新，保证整个过程稳健、安全、有效，防止可能的风险。要绷紧国家安全这根弦。

六、国企混改、员工持股制度与激励约束机制

国企混改的最终目的是改善治理结构，构建有效的激励约束机制。如果一个企业没有很好的激励机制，就吸引不了优秀人才，长此以往就会

导致人才流失，企业也就失去了发展的动力之源。现在很多国企在薪酬和激励机制方面存在一些问题，人才流失现象比较突出。如何对员工与管理层进行有效的激励，使员工与管理层将企业的命运与自己的发展结合起来，从而激发其为企业奉献的热情，这是决定国企效率的一个重要方面。因此混改不仅是引进战略投资者和改善公司治理，同时还要进行员工激励机制的变革，探索混改过程中的股权激励形式。此次联通混改的目标之一，就是建立限制性股权等员工激励计划，激励对象包括公司董事、高管以及对经营业绩和持续发展产生重要影响的管理人员和技术骨干等。这一举措，对央企（国企）的未来发展意义重大。当然，不同的企业，其员工结构不同，对于哪些员工可以持股，哪些员工不可以持股，以及持股比例等都可以科学设计，因企制宜，灵活对待。同时，还要对员工持股的转让方式、流动性等进行相应的制度性限制，以确保员工持股既能提高激励效能，又不影响国企的稳健与可持续发展。要做好权衡，谨慎推进，积极探索，这对于正进行混合所有制改革的国企而言是一个不小的挑战。

2017年8月28日

完稿于浙江永康考察途中

第十四章

中国金融大趋势与地方中小金融机构创新发展[1]

一、中央金融工作会议的主要精神与我国当前金融领域的成就和问题

当前中国经济进入了一个关键的转折时期,经济增长方式和经济发展态势发生了深刻的变化。金融领域成就和问题并存,金融制度需要深刻转型,金融安全面临若干威胁和隐患。一个关键的问题是,如何理解金融的本质、定位金融的功能。这个问题解决了,很多问题就迎刃而解了。

(一)中央金融工作会议对金融的三句话概括

对于金融的本质和功能,不同的学派,观点差异很大。一个极端的观点认为,金融实际上就是"经济的面纱",金融不代表经济本身,金融是

---

[1] 本文根据作者2017年8月7日在内蒙古赤峰市银行业协会所作的演讲整理而成。

经济的外在表象而已。持这种观点的是英国剑桥学派，其主要代表人物琼·罗宾逊，也是几乎唯一的闻名全世界的女经济学家。另一派观点高度肯定金融在现代经济中的作用，熊彼特就说过："金融家是企业家的企业家。"他认为金融家是引领企业家创新的力量，这个理解就把金融的作用置于经济之上，置于企业之上。现在看来，这两种看法尽管各执一端，但是都说了部分真理。熊彼特固然强调了金融的巨大作用，但是如果把金融置于经济发展之上，认为金融是引领者而企业家是跟随者，可能就失之偏颇。试看今日在经济下行时期，银行业哀鸿遍野，就可以知道，金融的引领作用是打折扣的，金融还是要依赖实体经济而活着。罗宾逊夫人的洞见有其深刻之处，她看到了金融的局限性，实体经济是核心，而金融是为实体经济服务的。从这个角度来说，罗宾逊夫人有先见之明；然而如果因此而过于贬低金融的作用和功能，则又失之偏颇了。实际上，金融对经济的反作用力是非常巨大的，它可以推动经济发展和企业创新，推动技术进步，历史上无数事实已经证明了金融的巨大作用。

这次中央金融工作会议对金融的功能提出了三句话概括，我认为是非常精辟的。第一句话，金融是国家重要的核心竞争力。这次会议没有提小平同志原来的提法——"金融是现代经济的核心"，而是换了一种提法，认为金融是现代国家的核心竞争力。这两个判断还是有很大区别的。如果说金融是现代经济的核心，那么实体经济就要围绕金融这个核心服务，而不是金融围绕实体经济这个核心服务。这就本末倒置了。核心是什么？核心就是所有事物都围绕其运转的东西。从这个角度来说，"金融是现代经济的核心"这个说法有其历史意义，也有其历史的局限性。而"金融是国家的核心竞争力"这一说法，显然更为符合历史规律，既没有过度抬高金融的作用，也没有贬低金融在现代经济中的巨大作用。可以说，金融是影响一个国家竞争力的核心变量之一。

第二句话，金融安全是国家安全的重要组成部分。我们对国家安全的理解，往往注重领土安全，然而金融安全在当今世界更为要命。一个国家的金融安全，影响着整个国家在全球的战略地位，影响着这个国家的整体经济稳定和社会稳定，其作用不可忽视。金融安全不仅涉及一个国家内部的金融稳健性，比如银行和保险机构的稳定与安全，而且涉及一个国家在国际货币体系和国际金融体系中的安全与稳定；在经济全球化和金融全球化的今天，一个国家的金融安全越来越受到国际货币体系、国际金融体系、国际金融局势的影响。所以我国的外汇管理政策和汇率制度、储备政策、资本流动政策，我国在国际金融机构中的地位、人民币国际化政策等，都严重影响我国的金融安全，需要统筹考虑。

第三句话，金融制度是经济社会发展中的基础性制度。金融制度与一个国家的政治制度、经济制度、社会制度、法律制度一起，构成国家的基础性制度。金融制度是否完善，是衡量一个国家是否实现治理现代化的重要标志。近几十年来，我国金融制度建设突飞猛进，与国际迅速"接轨"，然而我们的差距还很大，很多制度还不够完善，很多方面还没有探索出具有中国特色、适应中国情况的金融制度体系。

（二）金融领域三项核心任务和目标

由以上三句话的高度概括出发，此次中央金融工作会议提出金融领域的三项核心任务：

第一个任务是服务实体经济。要摆正金融与经济的关系，金融是为经济发展和企业发展服务的，而不是脱离经济本身而自我膨胀的；金融的稳定和发展依赖于实体经济的发展和企业的发展，如果经济发展不好了，企业发展不好了，金融就要陷入危机，金融业的资产质量就会下降。中国经济进入了一个新常态，在这个经济新常态下，经济发展模式需要转型，银行发展模式也需要转型，要由过去的粗放型发展转到集约型发展，由原来的单纯规模扩张转到质量提升。在以前经济高速增长期，企业扩张很快，实体经济对于金融的需求很旺盛，这就刺激了金融业的迅猛增长和规模扩张，金融业经历了十几年的黄金增长时代，金融界有些人把这个时代形容为"躺着都可以赚钱"的时代。然而在经济下行与经济结构调整的新常态时期，这种好日子一去不复返了，企业的不景气和产业结构调整使得金融业的日子也开始变得艰难了，银行逐渐成为媒体调侃的"弱势群体"。在这个新时期，倒逼银行进行创新和变革，要从规模扩张转向质量提升，要通过技术创新更好地服务实体经济。

第二个任务是防控金融风险。防控金融风险有两个层次，一个层次是区域金融风险，一个层次是行业金融风险。从区域金融风险角度来看，我国在一些区域存在着金融业资产质量下降、非法集资和地下金融泛滥、民间信用崩塌和混乱、企业欠债和逃债严重等问题，这些问题极容易引发大规模的地域性金融危机。以前个别地方的企业"跑路"、非法集资造成的大规模经济损失、个别金融机构挤兑导致的区域金融风险等，已经为我们敲响了警钟。

第三个任务是深化金融改革。我国金融体系的制度建设还处在一个继续完善的时期，制度建设和变革所产生的制度红利还远远没有完全释放出来，还有很多束缚经济发展的不合理的金融制度存在，我国金融制度变革的潜力是很大的。要进一步扩大金融业的对内开放和对外开放，进一步深化金融业的制度建设，改革不合理的制度，为实体经济松绑和减压，为实体经济发展创造更好的条件，为居民提供更优质的金融服务。要进一步降低金融准入门槛,向社会资本开放,激活民间资本。

总的金融发展目标是:"坚持稳中求进的工作总基调,遵循金融发展规律,紧紧围绕三大任务,创新和完善金融调控,健全现代金融企业制度,完善金融市场体系,推进构建现代金融监管框架,加快转变金融发展方式,健全金融法治,保障国家金融安全,促进经济和金融良性循环、健康发展。"这个总目标的关键词是制度、法治和安全。要从制度建设入手,坚持法治,摒弃金融监管中的人治,最终实现金融安全。

(三)理解金融要把握四项原则

中央金融工作会议提出,理解金融要把握四项原则:

第一,回归本源。服务实体经济,服务于社会经济发展。金融要把服务实体经济作为出发点和落脚点。全面提升服务效率和水平,把更多的金融资源配置到经济社会发展的重点领域和薄弱环节,更好满足人民群众和实体经济多样化的金融需求。

解决这个问题的关键是,金融机构要根据各地的产业链特点,发现新需求,然后创造性地满足这些需求。这就对银行的金融创新能力、营销能力和产业带动能力提出了更高的要求。

第二,优化结构。完善金融市场、金融机构、金融产品体系。要坚持质量优先,引导金融业发展同经济社会发展相协调,促进融资便利化、降低实体经济成本、提高资源配置效率、保障风险可控。

优化结构、降低实体经济成本的关键是,金融机构首先要利用新技术来降低自己的成本,进而才能降低企业和居民的成本。同时收费标准和金融门槛要降低。近年来新金融形态不断出现,金融民主化浪潮不可阻挡,新一代互联网背景下成长的新人类的金融消费习惯完全不同于传统一代,这些新一代人正在倒逼银行改革,否则大规模金融脱媒是必然会出现的。

第三,强化监管。提高防范化解金融风险能力,要以强化监管为重点,以防范系统性金融风险为底线,加快相关法律法规建设。未来监管模式会出现显著变化:不再强调分业,而是强调综合;不再单纯强调机构,而是更强调功能和行为;不再单独强调中央权威,而是兼顾地方监管职能的强化。预计在十九大之后地方金融办的权能会大力加强。

第四,市场导向。发挥市场在金融资源配置中的决定性作用。处理好市场和政府的关系,完善市场约束机制,提高金融资源配置效率。加强和改善政府宏观调控,健全市场规则,强化纪律性。

政府方面要解决的问题是:减少政府对金融机构的直接干预;保证监管的独立性;加强政府的信用,防止政府赖账;防止政府利用PPP(政府和社会资本合作)等新形式大量举债。

(四)十八大以来金融领域的主要成就

这五年来的主要成就,我感觉有以下九个方面:

第一,金融业快速发展,占经济总量比例持续增高,金融业的规模扩张是很快的。金融资产在国民财富中的比重是衡量一个国家经济现代化的重要指标。

第二,金融改革有了突破性进展。尤其在利率市场化方面,2015年存款利率上限取消,意味着我国的利率市场化已基本完成,利率的形成机制已经基本由市场来决定。这对于我国金融机构而言既是机遇,也是挑战,尤其对银行的定价能力是一个很大的挑战。

第三,金融产品日益丰富,金融创新日渐增强,金融服务普惠性提升。老百姓获得的金融服务越来越丰富，服务也越来越便捷，银行的金融创新能力在不断提升。

第四，五年来，民营资本进入银行业有重大突破。开办民营银行在很多年前就提出来，可是一直没有实质性动作，2015年，我国首次批准建立5家民营银行，民营银行开始破冰，现在15家民营银行获准开业。这是一个巨大的进步，表明银行业的准入门槛在降低，民营资本进入银行业正式拉开帷幕。

第五，2013年，服务于中小企业融资的新三板推出和不断完善，是我国多层次资本市场发展的重要里程碑。

第六，存款保险制度建立。2015年，存款保险条例施行，设50万最高偿付限额，为99.63%的存款人提供全额保护。

第七，人民币国际化取得新进展。2016年，国际货币基金组织（IMF）把人民币正式列入特别提款权（SDR）货币篮子，人民币成为国际储备货币。2017年上半年欧洲央行增加等值5亿欧元的人民币外汇储备。人民币跨境支付系统开通。

第八，金融监管能力增强，守住不发生系统性金融风险底线的能力增强。2013年建立金融监管协调部际联席会议制度，开始尝试金融监管部门之间的协调机制建设。

第九，新金融发展迅猛，中国的支付体系、结算体系、信贷体系全面更新，进入互联网时代和无现金时代，倒逼传统金融体系全面转型。网上银行、手机银行开始普及，金融科技发展迅猛。

（五）目前我国金融体系存在的主要问题及其解决方案

我国金融体系主要存在六大问题：

第一，我国金融风险问题较为突出，局部金融风险隐患不容忽视。地区性和行业性的金融风险还大面积存在。金融机构的资产质量堪忧。风险预警体系不完善。

中央金融工作会议提出，要把主动防范化解系统性金融风险放在重要位置，科学防范，早识别、早发现、早处置，着力防范化解重点领域风险，着力完善金融安全防线和风险应急处置机制。地方政府和金融监管部门也要建立风险预警和处置体系。这一点地方金融办和银监部门都要引起重视。

从总体上来说，我国金融体系是安全的，金融机构的质量是比较好的，这是一个基本的判断，不要搞得风声鹤唳，好像金融危机分分钟都会到来。但是也绝不能忽视区域性和行业性的金融风险甚至金融危机，要防微杜渐。

第二，金融市场尤其是证券市场、信贷市场等市场秩序存在很多问题，互联网金融市场缺乏引导和规范，金融业的混业经营问题很多。现在金融业基本是混业经营的，银行业务、证券业务和保险业务交叉很厉害，可是我们的监管又是不到位的，很多业务没有得到有效的监管。

中央提出，要坚决整治严重干扰金融市场秩序的行为，严格规范金融市场交易行为，规范金融综合经营和产融结合，加强互联网金融监管，强化金融机构防范风险主体责任。

第三，我国的金融体系尚不完善，金融机构的股权结构、法人治理结构问题很大，制度建设滞后导致金融决策和金融运行存在大量风险，不利于金融体系的长治久安。

尤其是法人治理结构问题突出。我国的金融机构，形式上模仿西方的现代企业治理，建立了所谓的董事会、监事会和股东大会，但实质不到位，表里两张皮。我们的银行治理，还是权威主义治理，内部人控制很严重，还不是规范的法人治理，是人治，与西方企业的制衡主义文化是两种不同的文化。

未来要继续完善金融体系的公司法人治理结构，优化股权结构。要推进金融业的混合所有制改革，引进民间资本。但更重要的是完善法人治理，给民间资本话语权，真正建立起规范的公司治理，建立一种制衡机制，建立有效的激励约束机制，避免短视化行为。

第四，我国金融监管方面存在严重问题。一行三会的监管形式有其进步意义，有其时代背景，也确实起到了比较重要的作用，但是这个形式在实践中也暴露出协调不力、监管真空、监管重叠、权力冲突、各行其是等问题，影响了监管效率，必须与时俱进，进行一定的变革和创新。另外，地方金融监管问题很大。地方监管体系不完善，能力不足，人员配置少，难以落实监管责任。

我国的监管体系与美国的双重多头监管体系有些类似。所谓双重，是指美国联邦政府和美国地方政府都有监管权力。所谓多头，是指美国在监管体系中往往对于一个领域实施多头监管，有好几个监管主体对同一监管对象有监管权力。传统上美国采取比较自由主义的监管模式，强调金融业的自律，但2008年后美国监管模式也在不断发展变化，更加走向综合监管、走向国家干预主义，不断强化联邦政府权威。

未来我国的监管体系也要不断走向协调监管、综合监管、功能监管、行为监管。中央金融工作会议提出，设立国务院金融稳定发展委员会，强化人民银行宏观审慎管理和系统性风险防范职责，落实金融监管部门职责，并强化监管问责。坚持问题导向，针对突出问题加强协调，强化综合监管，突出功能监管和行为监管。原来分业监管的短板就是针对机构进行监管，现在要针对行为和功能进行监管，以适应金融混业经营的现实。

这次中央金融工作会议特别强调了地方金融监管责任。地方政府要在坚持金融管理主要是中央事权的前提下，按照中央统一规则，强化属地风险处置责任。但同时还要赋予地方金融监管部门相应的权利。权利和责任总是并行的，不可偏颇。要落实地方政府责任，还要给地方政府相应的权利，提升他们监管的能力。

毛泽东《论十大关系》中提到发挥中央和地方两个积极性，中央和地方各司其职，既要重视中央的权威，尊重中央的权威，又要激励地方的积极性，不要让地方产生消极情绪，因为中央的政策总是要落实到地方的，对于金融监管而言也是如此。地方要有相应的力量才能担负金融风险处置的责任。现在地方金融办能力弱，人手少，编制不足，有些金融办没有独立出来，地方监管部门的空虚，导致我国金融安全缺乏基层机制保障。

此次中央金融工作会议强调，金融管理部门要努力培育恪尽职守、敢于监管、精于监管、严格问责的监管精神，形成有风险没有及时发现就是失职，发现风险没有及时提示和处置就是渎职的严肃监管氛围。

第五，我国金融生态环境、信用环境，金融伦理层面的问题很多，对防范金融风险造成重大影响。这些软性的基础设施的不足，才是我国金融风险的主要源头。我国金融体系的法治化、伦理化、有序化任重道远。对契约文化、法治文化、信用文化、合规文化、伦理文化建设要引起足够重视。金融本质上是一个伦理问题，而不是技术问题。金融业的技术与时俱进，但是万变不离其宗，金融的核心仍旧是伦理，是信用和契约。要加强对金融改革稳定发展的法治、信用、人才和政治保障，创造优良的金融生态环境。要加强社会信用体系建设，建立健全符合我国国情的金融法治体系。要加强整个金融体系的金融伦理教育和金融伦理建设以及员工职业操守和金融企业文化建设。

第六，金融体系脱实向虚的问题突出。金融对实体经济的支持不足，资金在金融体系内部自我循环，脱离了实体经济。金融新常态之最突出的表现是：银行资金充裕，但对实体经济的支持反而降低；银行惜贷现象严重，存贷比较低，近年来经济不景气产业发展势头不佳加重了金融脱实向虚的趋势。

（六）我国未来金融改革和发展的几个大趋势

第一，资本市场发展将进入一个新阶段。融资功能将进一步完备，制度建设进一步推进，监管体系进一步完善，投资者合法权益保护力度进一步加强，形成多层次资本市场体系。

第二，改善间接融资结构，推动国有大型银行战略转型，发展中小银行和民营金融机构。十九大后民营银行发展将迎来新的机遇，将进一步整合目前的农村商业银行和城市商业银行，继续引进私营资本，改善现有银行业的股权结构和治理结构。新建更多的民营银行，改善市场竞争结构。

第三，促进普惠金融体系。加强对小微企业、三农和偏远地区的金融服务，推进金融精准扶贫，鼓励发展绿色金融。十八大将普惠金融第一次写进决议。普惠的含义有待进一步澄清：普惠是"普遍惠及"，而不是普遍优惠；是包容性金融，扩大覆盖面，而不是不讲成本；是强调可持续性，而不是慈善金融。大型商业银行也要继续加强普惠金融服务，为弱势群体尤其是农村居民提供更广泛的金融服务，减少金融排斥。

第四，促进金融机构降低经营成本，清理规范中间业务环节，避免变相抬高实体经济融资成本。总体精神是鼓励金融创新，为实体经济减负。

要以金融机构的供给侧改革推动经济和产业的供给侧改革,也就是说,要根本变革金融机构的盈利模式,创新运行模式,加快银行业的业务转型和升级,以促进实体经济的发展。

二、我国中小金融机构与农村金融机构发展面临的问题

(一)我的几个基本判断

对于数以万计的中小金融机构,大概有四个基本判断:

第一,我国金融发展与变革的主要战场是中小金融机构和农村金融机构。

第二,影响我国金融风险与金融安全稳定的主要也是中小金融机构和农村金融机构。

第三,影响我国经济增长质量和民生问题的重点也是中小金融机构和农村金融机构。

第四,新常态下受冲击最大的仍是中小金融机构和农村金融机构。未来中小金融机构的整合将加剧,破产、兼并、收购等将成为常态,将淘汰一批质量低下的中小金融机构,加大中小金融机构之间的资本整合力度。

(二)中小金融与农村金融体系近年来的改革发展成就

第一,主体多层次:目前已经形成中、小、微不同层次的金融机构并存的局面,层次丰富,基本满足不同层次的金融需求。

第二,股权多元化。充分激活民营资本活力,吸引了更多民营资本进入中小金融机构。

第三,竞争更加充分。农村金融市场由垄断竞争逐步走向充分竞争,

中小金融机构之间的竞争加剧。

第四，治理更加完善。农信社开始建立现代企业制度的尝试，初步建立了规范化的公司治理机制。

第五，覆盖更加全面。中小金融机构在县域及县域以下地区的金融服务覆盖面大幅提升，金融服务空白乡镇大幅减少。

第六，服务更加普惠。对低收入和小微企业的服务增强，金融服务的包容性更强。

第七，机构质量提升很快。部分中小金融机构脱颖而出，成为竞争力较强的优秀金融机构，其在县域竞争中占据优势地位。

（三）中小金融机构面临的主要问题

第一个问题是，在区域层面上出现二元结构，东部发达地区和中西部欠发达地区的金融服务差距拉大。边远边疆地区、少数民族地区、连片贫困地区、生态条件脆弱地区、大面积牧区的金融服务明显不足，部分地区严重不足，极大影响了经济增长、当地的民生、民族团结以及边疆稳定与安全。欠发达地区和边疆民族地区的金融机构运行成本高，服务三农的能力长期处于低下水平，在人力资源、技术水平、硬件设施、理念等方面全方位落后。

第二个问题是，在机构层面上出现二元结构。一个地区内，好的中小金融机构和农村金融机构与比较差的机构，质量差距拉大，形成明显的对比。不良贷款率在一个地区内呈现巨大差异。我们在内蒙古牧区开展的万里行考察中，发现好的金融机构的不良贷款率是百分之零点几，而差的金融机构的不良贷款率高达百分之五十多，令人惊异。不同的中小金融机构，在管理质量、金融创新水平、硬件设施、资产规模、服务三农的能力、企业文化方面差距巨大。一些中小金融机构和农村金融机构资产质量低，不良贷款率极高，已近破产程度，累积了大量金融风险。

第三个问题是，中小金融机构和农村金融机构的内部治理出现严重问题。部分机构法人治理结构极端不完善和扭曲，导致内部人控制现象严重，董事会和股东大会形同虚设，决策不科学，损害了股东利益和存款人利益，不利于机构的可持续发展。

第四个问题是，地方金融管理体系在顶层设计和实践中存在问题。农信社省联社制度屡遭诟病，已经严重影响了农村金融体系的内部治理科学化，成为建立现代企业制度的最大障碍。

第五个问题是，地方金融风险预警体系和金融监管体系滞后，地方金融监管力量不足，而责任重大，职责繁重，导致监管真空较大，其监管能力有待大力提升。一些领域和地区出现失控状态。

第六个问题是，一些地方金融脱离实体经济的现象比较严重。对实体经济的带动作用不强，资金在内部空转的现象比较普遍。上存款项、内部理财，存贷比低，金融资源的单向流出严重，不利于当地经济发展。

（四）解决之道

第一，从中央到地方要加大对欠发达地区的金融支持力度。2017年年初的央行工作会议提出，要加大对少数民族地区的金融支持力度，加大对微型客户的支持力度，这是完全正确的。这正是我们几十年来金融服务的短板，也是我国普惠金融建设的最大盲区。

刚刚结束的中央金融工作会议，其主旨就在于维护金融的稳定与安全并推动金融支持实体经济，保障民生，促进社会和谐。而金融支持三农，既可以维护金融安全、促进资金流向实体经济，进而避免大量资金在金融体系内部空转，又可以促进经济的均衡发展，尤其是促进我国民族地区、边疆地区、贫困地区、老区、生态脆弱地区的发展。

2017年暑期，笔者参与发起了"内蒙古牧区金融服务考察万里行"调研活动，行程5500公里，对呼伦贝尔、赤峰、锡林郭勒、巴彦淖尔、鄂尔多斯、包头、阿拉善等地的牧区金融服务情况进行了系统的考察。总体来说，尽管多年来政策的引导和支持已经带动了农村金融产品与服务方式的不断创新，各类金融机构都在因地制宜地探索符合当地需求的产品和服务，这使农村地区包括牧区金融产品少、金融服务方式单一的局面有明显改观，但牧区的金融服务不论是从政府角度还是从金融机构角度而言，都仍有很多工作需要做。

中央政府应继续加大对边疆地区、贫困地区、民族地区、生态脆弱地区的财政倾斜与转移支付力度，并完善转移支付方式；地方政府应通过财政、税收、政策扶持等方式加大机制创新力度，与银行、担保、保险、龙头企业以及其他主体共同打造激励机制，促进金融扶贫。但是也要防止地方政府对银行的直接干预。地方政府对金融的直接介入也是金融风险的来源。同时我们发现，地方政府的信用堪忧，地方政府欠债不还是区域金融风险的另一来源。对于金融机构来说，既要立足小微，加大对农村金融、牧区金融的支持力度，通过金融创新，力推电子化、普惠化，支持牧业特色产业的发展，帮助其实现产业化，同时又必须严控风险，保持金融机构的稳健经营，避免垒大户与重复授信、多头授信。资产质量的提高不仅是牧区金融服务可持续的前提条件，也是化解金融风险的重要保障。监管机构应当实行差异化的监管，更多考虑牧区特殊情况，允许村镇银行等跨县开设分支机构，鼓励跨区发展，并帮助中小金融机构化解风险，加大异地兼并、异地收购等政策实施力度，促进资本的整合。

第二，要进一步完善公司治理。中小金融机构和农村金融机构要建立激励、约束机制和制衡机制，董事会、监事会、股东大会、管理层要各司其职。治理文化的建设不是一朝一夕之功，要不断进行，加以重视。政府也要减少干预，村镇银行的发起行也要减少干预，使农村商业银行和村镇银行真正独立，真正建立起完善的法人治理，真正做到决策独立和科学。目前农信社（含改制后的农村商业银行）、村镇银行法人治理的问题比较突出，要下大气力进行完善。

第三，要进一步改革省联社体制。不同地区的省联社地位作用不同，不要一刀切。省联社要注重服务功能，降低直接干预功能，在人事任命、人员招聘、日常运行等方面，减少对县级法人的直接干预，尊重县级联社的法人地位。同时，探索组建地区级的农村商业银行，增强其经营实力。

第四，要加大对地方金融监管部门的支持力度，增编制，强化功能，不能使之弱化、虚化、边缘化。地方金融办的功能要充分发挥。地方监管部门对地方金融安全的责任要落实。建立起中央—地方两级监管体系，各负其责，发挥两个积极性。建立地方金融风险的预警系统，切实化解区域金融风险。

第五，地方金融发展的障碍之一是信息不足、信用环境差，机构之间的信息共享不足，多头授信严重。有必要在地方政府引导下，建立各金融机构之间的信息共享机制，杜绝多头授信和贷款，降低风险。加大地方金融生态建设刻不容缓。有些地方过度放贷、过度授信，农民不是没有贷款而是太多贷款，以贷养贷的现象在一些地区比较普遍。

第六，中小金融机构和农村金融机构要与当地产业形成良性互动关系，要密切关注科学分析当地的产业状况，以前瞻性的思维介入其中，构建产业链金融，培育当地特色产业。产业发展滞后，尤其是牧区的产业化程度不足，是大问题。农牧产品加工业、文化产业、旅游产业、特色小镇建设，蕴含着大量机遇。中小金融机构不要抱怨环境差，环境都是一样的，问题是要发现好产业。

三、我国中小金融机构和农村金融机构未来创新与发展之路

（一）未来的金融变革从两方面来认识

从宏观上来说，要加大国家层面的高层制度创新和顶层制度设计的力度。继续推进金融自由化（即金融深化）、金融民主化（降低机构垄断）、金融均衡化（区域均衡发展）、金融普惠化（惠及弱势群体）。

从微观上来说，利用技术创新手段，促进金融体系的去中心化、低成本化、大数据化、自动化，进一步降低金融机构运行的成本，转变金融机构的运行模式和盈利模式。

（二）中小金融机构要加大互联网金融创新力度

推动中小金融机构的组织机构扁平化。传统银行的金字塔状的管理模式很难适应农村金融市场变化快速的特点。组织扁平化要求减少管理层级、压缩职能部门和机构、降低各级组织之间的协调成本，以便使金融机构快速地将决策权延至农村金融经营的最前线，减少客户反馈信息向上级传达过程中的失真与滞后，从而提高对市场变化的敏感度。中小金融机构在这方面是有优势的。

推动业务流程电子化。业务流程不畅是制约农村金融机构进一步发展的基础性障碍。农村金融机构在农村地区尤其在广大的牧区开展业务，成本很高，必须建立集约化的电子业务管理体系，针对农牧民的需求特

点，通过手机银行、网上银行等方式，方便存款流程、简化贷款流程、完善信用审查流程，并将这些业务进行合并集中处理，减少交易成本，提高工作效率，增加业务的灵活性。更多利用手机银行、网上银行、电子支付、POS机、ATM机等组成的一个立体化支付、授信和服务系统，极大地改善农村和牧区金融服务环境。这一点对于大面积的边疆民族地区尤为重要，那里地广人稀，金融服务的电子化和网点虚拟化，是推进边疆民族地区普惠金融构建的重要机制保障。

四、结束语：稳健与创新并重，治理与文化共进

（一）稳健与创新并重

对于中小金融机构的发展，我想赠予两句话。一句话是：稳健与创新并重。对于中小金融机构而言，首先是稳健，在危机时代能够挺立不倒，能很好地活下来就是最大的胜利。银行的立足点首要是稳健，而不是创新。这一点要切记。但稳健不是静态的稳健，而是基于不断创新的动态的稳健。所以在稳健的基础上，还要有日新精神。尤其是银行的高层管理者，要不断接受新事物，勇于改革传统思维。

（二）治理与文化共进

第二句话是：治理与文化共进。对于中小金融机构而言，比如农信社体系、城商行体系、村镇银行体系，公司内部的法人治理是非常关键的要素。公司治理的好坏，董事会和股东大会以及监事会能不能真正履行权利，是决定这些中小金融机构运行绩效的重要方面。但公司治理是一个由历史和区域文化决定的变量，需要不断地改进，也需要有不同的模式，不

要迷信有什么真正"科学"的唯一的治理模式。公司治理结构是千差万别的,它有一个不断完善和演进的过程。

从更大的层面来说,中小金融机构的企业文化建设是更重要的,更本质的,公司治理文化只是整个企业文化中的一个组成部分。

对于农村中小金融机构而言,要建立乡土文化、合规文化、责任文化。我们还要增强危机意识、竞争意识。要认识到,未来中小金融体系和农村金融体系的竞争会更激烈,日子会更不好过,优胜劣汰将是大趋势,一定要有危机感,不要得过且过、不思进取。

(三) 十六字:高瞻远瞩,日新其德,行稳致远,务本自强

最后讲十六个字,就是高瞻远瞩、日新其德、行稳致远、务本自强。"高瞻远瞩",就是站位要高,眼光要长远。"日新其德",就是要时刻变革不合理的制度、机制和产品,要有创新意识,接受新的事物,不要小富即安、故步自封。"行稳致远",就是要走好每一步,步伐稳健才能走得远,不要急功近利,不要弄虚作假,不要走捷径。"务本自强",就是要知道自己的根本在哪里,《论语》中说:"君子务本,本立而道生。"对于银行而言,客户是本,资产质量是本,信用建设是本,人力资源是本,内部治理是本,风险管控是本。这些本的东西做好了,银行就会立于不败之地,董事长和行长就"垂拱而天下治"了。

第十五章

边疆民族地区普惠金融建设和金融扶贫机制探讨
——"内蒙古牧区金融服务考察万里行"札记

2017年暑期,北京大学产业与文化研究所与"贫困地区金融服务联盟"共同发起了"内蒙古牧区金融服务考察万里行"活动。我们自呼伦贝尔鄂温克出发,贯穿内蒙古全境,到达阿拉善市,沿途并考察了河北康保县和宁夏回族自治区银川市掌政镇,前后17天,行程11000里。此次考察期间,与内蒙古自治区银行业协会、地方银监部门、人民银行地方分支机构、地方扶贫办、金融办、农牧业局及农行、农信社(农商行)、村镇银行、邮储银行等各类金融机构进行了充分的沟通交流,获得了丰富的信息。本报告总结了各地金融机构产品创新、技术创新和机制创新模式,对其面临的风险和挑战进行了初步分析;探讨了牧区金融监管体制和区域风险防控的问题,对牧区信用体系建设和金融生态环境建设进行了思考;对牧区产业化问题、乡村治理问题、集体经济发展问题做了初步的讨论；最后对边疆民族地区金融发展的意义、困境和前景进行了系统的总结。

一、村镇银行企业文化、客户关系与边疆民族地区经营战略：鄂温克包商村镇银行

2017年7月7日下午考察人员参加了鄂温克包商村镇银行"索伦书院"揭牌仪式，并参观鄂温克银行各营业部门。鄂温克包商村镇银行注重银行经营管理变革和企业文化创新的结合，索伦书院下设马背银行蒙古文书法协会、塔拉微金融学社、塔拉大讲堂、员工培训学校、北大经院科研实践基地等平台，综合推进银行的企业文化建设和管理提升。晚上参加鄂温克第一届"马背银行员工消夏文化节"。"消夏文化节"节目精彩纷呈，各民族员工身着民族盛装载歌载舞，营造出具有凝聚力和亲和力的团队氛围。鄂温克包商村镇银行在企业文化构建上大胆创新，充分挖掘各民族员工的潜力，打造企业形象，在客户和所在社区中逐步提升美誉度和社会认可度，促进了民族和谐，得到牧民和政府的赞誉。

（一）鄂温克包商村镇银行基本经营情况

在索伦书院的成立仪式上，鄂温克包商村镇银行介绍了成立以来的经营情况。鄂温克包商村镇银行于2009年4月10日正式开业，该行由包商银行发起，是全国首家进驻少数民族自治县域的村镇银行，也是位于祖国版图最北疆的村镇银行。截至2016年年末，注册资本8000万元，资产总额10.4亿元，设立4家支行，员工140人。鄂温克族自治旗是全国三少民族（鄂伦春族、鄂温克族和达斡尔族）自治旗之一，面积1.9万

平方公里，总人口 14 万，与俄罗斯、蒙古接壤。该旗农牧业产值仅占总产值的 7%，县域内设有工行、农行、中行、建行、农发行、邮政银行、农村信用社等金融机构，2016 年年末金融资产 107 亿元。鄂温克包商村镇银行立足"草根"定位，扎根"牧区"，专注牧区金融服务，把"做全国最好的牧业金融机构"作为企业愿景，各项贷款余额 8.8 亿元，其中涉农 90% 以上，客户群体为牧户和小微企业，存量客户 7891 户，平均单笔贷款金额 11 万元，累计发放贷款 24.4 亿元，累计服务信贷客户 17101 户，其中 10581 个客户是首次从银行获得贷款，为 66% 客户发放无抵质押贷款。全行 5 个营业网点全部分布在县域及乡镇。

该行打造了"第一牧贷""马背银行""塔拉金融"三个具有鲜明特色的服务品牌，不断完善金融产品及服务体系，实践普惠金融。针对牧区客户抵押难、担保难的实际，银行从 2011 年起陆续推出"塔拉四宝"系列牧贷产品。2013 年基于 IPC 技术（小微企业信贷技术）在呼伦贝尔草原率先推出"塔拉微贷"（意为草原上的微贷）产品，八年累计放贷 18277 笔、26.7 亿元。最小单笔金额低至 1900 元，重点解决牧区城乡小企业主、个体工商户的短期经营性资金需求。为解决客户还款期限问题，该行突破传统农金机构"春贷秋还"模式瓶颈，创新性地提出"牛羊在、贷款安"的牧区信贷理念，实施牧民客户"呼斯楞（希望）计划"，为牧民客户量身定做信贷产品。银行不断下沉营业网点，以固定服务站＋流动服务站的方式，在没有金融机构的偏远乡镇，苏木（牧业区）、嘎查（村）设立固定服务站（亦称便民服务站），并在基层建立具有民俗特点的蒙古包流动服务站，现场为牧区群众办理金融咨询、贷款申请受理等业务。该行不断开展送金融知识下牧区活动，不定期组织人员到乡镇、苏木、嘎查开展实地义务宣传，普及金融知识，进行金融教育。在现有的

140名员工中，少数民族员工占比已达50%。银行采取"蒙汉双语"服务，解决当地少数民族语言障碍问题。他们制作蒙汉双语宣传文件和各种营业标志，专设蒙语服务窗口为牧民办理业务，为等待办理业务的客户提供免费奶茶服务，以心贴心的服务，打造牧民心中的"马背银行"。

在风险管理方面，该行不断完善信贷风险制度。一是建立审贷分离制度，二是形成独立的贷后调查体系，三是关键风险岗位轮岗及派驻风险官，四是前后台隔离并建立信贷人员责任追究制。该行建立了比较科学规范的公司治理机制，为稳健经营提供了保障，并建立了扁平化条线管理组织架构，内部机构健全、高效、合理。

该行极为重视社会责任体系建设，定期发布社会责任报告，表达了勇担社会责任的态度和做负责任企业的追求。他们承担"金融普惠扶贫"责任，助推金融扶贫攻坚。截至2016年12月31日，银行累计发放抗旱救灾扶贫贷款1195笔，金额为12718万元。共计向建卡立档贫困户发放贷款476户，金额4738万元。该行还积极投身公益事业，先后为受灾地区、困难群众、贫困学生、三老人员、民族幼儿园等捐款捐物，树立起本土银行良好的口碑。

（二）客户访谈：牧区集体经济发展、牧业产业化与牧区金融服务创新

7月8日上午考察人员参观呼伦贝尔博物馆。下午至陈巴尔虎旗巴彦哈达苏木，参加"索伦客户俱乐部"成立仪式、"内蒙古牧区金融服务考察万里行"启动仪式、村镇银行党员宣誓仪式，并与客户阿拉木斯、何西格巴雅尔、格根托娅、斯登、尼玛等座谈牧区金融服务和经济发展情况。

阿拉木斯是陈巴尔虎旗呼和诺尔镇白音布日德嘎查牧民，在嘎查担任党支部副书记。阿拉木斯家三口人，爱人木其日，女儿斯日耿。家里经营畜牧业。阿拉木斯是土生土长的巴尔虎人，他热爱牧业，勤劳能干。目前家里有羊1200只、牛70头、马20匹。草场面积为9668亩，其中打草场1543亩，放牧场8125亩。阿拉木斯主要经济来源是每年八月份开始出售的牛羊收入、出售四月份接的羔子和牛犊的收入以及每年国家发放的草场补贴收入。

与阿拉木斯合作的主要金融机构是鄂温克包商村镇银行和陈巴尔虎旗农村信用合作联社。2012年阿拉木斯从鄂温克包商村镇银行获得贷款10万元，已结清；2015年10月份从鄂温克包商村镇银行获得贷款15万元，现余额为14万元；2016年3月份再次从该行贷款7万元，现余额为6万元。阿拉木斯贷款以来无逾期现象，还款意愿比较好，征信意识高，个人综合素质也很高。现在鄂温克包商村镇银行把阿拉木斯定为优质客户，进行较大的扶持。

但是现在阿拉木斯也面临着各种经营上的困难。首先是干旱。因2015年开始呼伦贝尔降雨量每年都不如往年，2016年干旱情况更严重，因此阿拉木斯的草料供应严重不足，因购买草料的支出猛增，导致2016年收入大幅降低。牧民是靠天吃饭的，天气干旱或者雪灾对牧民来说是最困难的，从银行角度来说气候问题也是一个不可抗拒的风险。其次是市场问题。2014年以来内蒙古地区畜牧业市场一直不景气，这对阿拉木斯来说是一个严峻的考验。2016年更是困难的一年，牛羊肉价格下滑，市场冲击较大，收入明显减少。

阿拉木斯所在的白音布日德嘎查是陈巴尔虎旗呼和诺尔镇的一个比较大的嘎查，鄂温克包商村镇银行在陈巴尔虎旗做贷款以来在白音布日德共计发放106笔贷款，贷款金额为1305万元，现有笔数为58笔，贷款余额574万元。白音布日德嘎查有83户，276人，鄂温克包商村镇银行贷款覆盖率为69.88%。白音布日德属于信用村，只有一个客户逾期。该嘎查主要经营畜牧业，有个别搞副业，比如做服装、奶制品以及旅游等行业。总体来说基本都是以养羊养牛养马为主。经济来源是畜牧业收入、副业收入和草场补助等收入。

从村镇银行角度来说，应该认识到，更好地解决客户的问题、给客户优质的服务，是银行的立身之本。银行和客户是鱼水关系，谁也离不开谁。要进一步引导客户生产经营活动的转型和升级（比如在该地更好地扶持旅游业、民族文化产业、畜牧产品加工业），以降低气候带来的经营风险。要进一步在边疆民族牧区开展金融教育，广泛宣传金融知识，让牧民对金融有进一步的认识，防范受骗。要通过深入的宣传，提升客户的征信意识，使其更加注重维护自己的信用，保障还款率。

伊敏支行客户代表辉道嘎查的嘎查达（村主任）格根托亚与红花尔基嘎查的副嘎查达（村副主任）何西格巴雅尔，分别介绍了其所在嘎查的社会经济发展现状、金融机构融资情况、集体经济的想法以及当前遇到的困难。辉道嘎查位于鄂温克旗西南部，属于辉苏木管辖，毗邻乌兰宝力格、哈克木、完工托海等嘎查，与新巴尔虎左旗相邻，距离旗政府所在地巴彦托海镇131公里，属于较为偏远的嘎查。全嘎查在册人口130户、321人，其中贫困人口36户，占比28%；该嘎查辖区面积15.9万亩，其中可利用草场14.9万亩；牲畜方面嘎查牲畜总数18276（头、只、匹），其中牛5334头、羊11934只、马1008匹。红花尔基嘎查位于鄂温克旗东南部，属于伊敏苏木管辖，毗邻红花尔基镇、毕鲁图等，距离旗政府所在地巴彦托海镇119公里，也属于较为偏远嘎查。

在这两个嘎查发放贷款的主要是鄂温克旗农村信用社、鄂温克包商村镇银行、中国农业银行。上述三家中在辉道与红花尔基嘎查发放贷款的具体情况如下：

表1 三家银行在辉道嘎查的贷款情况

金融机构	贷款户数（户）	贷款余额（万元）	单笔贷款余额	贷款利率（‰）	逾期金额（万元）
鄂温克旗农村信用社	101	714	7.07	6.9271	0
鄂温克包商村镇银行	96	850	8.85	8.25	31.11
中国农业银行	54	267	5	6.4	0

从以上数据可以，鄂温克包商村镇银行在该嘎查贷款余额占比最高，单笔贷款额度最高，覆盖度居第二。但三家金融机构中该嘎查只在鄂温克包商村镇银行有逾期贷款，其他两家均未有逾期贷款。主要原因在于：第一，农行贷款政府贴息，而且一年期5万元小额贷款可循环使用，牧区为持续获得该低成本贷款，十分重视该贷款的还款；二是信用社方面在牧区经营多年且一直采用"整村推进、统一发放、统一还款、循环倒贷"的模式，该方法在牧民中普及时间较长，牧区习惯于通过此方式来维护信用社贷款，而许多牧民对村镇银行的贷款情况并不了解，另外，村镇银行贷款的方式并非采取"整村推进、统一发放、统一还款"，贷款和还款时间分散，管理成本相对较大；三是农行与信用社拥有征信系统的绝对优势，牧民在权衡三家贷款的还款时，基本将还村镇银行贷款放在最后一位。由表2可以看出，红花尔基嘎查的情况也差不多。可见，村镇银行对当地牧民的贷款支持力度较大，贷款覆盖程度也较高，但在利率水平、管理成本、

客户还款意愿方面还存在一些问题,需要从机制上加以解决,同时也需要政府在贴息等方面给予更大的支持。

表2 三家银行在红花尔基嘎查的贷款情况

金融机构	贷款户数（户）	贷款余额（万元）	单笔贷款余额	贷款利率（‰）	逾期金额（万元）
中国农业银行	24	120	5	政府贴息	0
鄂温克包商村镇银行	109	1226.5	11.25	8.25	12.3
鄂温克旗农村信用社	95	1500	约15万	8	0

辉道嘎查和红花尔基嘎查的问题也基本上与其他牧区相同。第一,因连年干旱,草场沙化严重,辉道嘎查近三分之二的草场沙化,夏季牲畜饮水与吃草困难,且秋季草场产量较往年大幅下滑,牲畜面临饲草不足的问题,以购买饲草来解决,又面临饲草价格上涨问题。以2016年价格来看,饲草价格比照往年价格（130元至150元）增长近一倍。第二,牲畜价格低廉,牧民面临继续饲养与出售的两难选择。近两年,牛、羊、生鲜奶等畜产品价格大幅下滑,而牧民饲养牲畜的成本却不断增加。大量出售牲畜无法收回饲养成本且影响未来生产经营,而继续饲养的成本过高也使得牧民无法承受,致使牧民面临两难选择。第三,传统养殖业利润低,集约化、现代化生产项目匮乏。目前,传统养殖方式产品不能适应市场且利润低,甚至无利润、亏损。但是,牧区尚无能力且不愿推进规模化、集约化的现代化生产方式,例如现代化养殖基地、畜产品加工企业等。主要原因:一是牧区人口稀少、居住分散,尚不能支撑大型养殖项目;二是牧民因育肥影响牛羊品质而不愿采取此类养殖项目,其更愿意保持其畜产

品的天然性;三是缺乏足够资金推进集体生产经济或者公司企业,银行在向其融资时多因担保不足、风险较大而拒绝支持。

因此,解决牧区生产经营症结的出路在于集约化、组织化和规模化经营,降低牧民的生产经营风险,增加其牧业收益。第一,要发展集体经济或公司企业,通过直销方式解决牛羊价格问题。辉道嘎查计划以嘎查名义牵头组织牧民成立公司来发展集体经济,通过合作社收购当地牛羊并进行初步分割、加工,进而销往外地,从而解决了"老客"收购牛羊大幅压价问题。红花尔基嘎查发展思路与辉道一样,但主体以合作社等集体经济为主。第二,发展旅游产业,调整产业结构。目前,当地牧民收入基本以畜牧业养殖为主,未来红花尔基嘎查计划在其一级公路资源的支持下,招商引资建立旅游风景区,大力发展旅游业,从而增加收入渠道,解决产业结构单一的问题。

另外,村镇银行也要改进自己的贷款产品和运行机制。一是降低银行贷款利率,减轻牧区负担。二是增加授信额度,特别是在合作社、牧区企业方面希望有更多的创新和支持。三是银行、政府、企业和牧户构筑合作平台,形成订单牧业模式,提升牧业的产业化水平,促进畜牧产品的深加工,支持牧区的产业转型,为牧民增收保驾护航。

牧民的组织化和牧区经济的规模化是核心。此次座谈中,印象最深的是巴雅尔谈到要大力发展集体经济,单干农牧民没有品牌,没有规模,收入上不去。这是改革开放40年之后牧民对现有体制的一种反思和对未来变革的一种期待。以往分散化的牧区经营模式,不仅破坏了生态,使草原严重退化,更使得牧民的收入水平长期处于徘徊局面,降低了牧民的抗风险能力,在应对市场的挑战时其价格谈判能力很低,难以应对市场的价格风险。运用各种形式重振集体经济,看来是牧民普遍的吁求。

牧民对村镇银行的金融服务普遍表示满意。村镇银行的贷款额度高，支持力度大，贷款方式灵活高效，并充分考虑到牧民的生产和生活困难。阿拉木斯在鄂温克包商村镇银行贷款规模较大，因气候干旱还不上款，村镇银行对其实行展期，继续支持其生产活动。尼玛饲养了700匹马，年毛收入100万，贷款75万，在村镇银行两天即得到贷款。这些优质客户对村镇银行的认可度较高，对于银行而言，降低成本、提高还款率是一个关键问题。

二、锡林郭勒盟西乌珠穆沁旗：牧区金融特征与差异化监管

2017年7月9日考察组自鄂温克出发，沿伊敏河，经红花尔基樟子松林，沿中蒙界河哈拉哈河，向西南行，过白狼镇、乌兰毛都、阿力得尔，至霍林郭勒（属通辽市）。晚上宿霍林郭勒。中间经过阿尔山。油菜花初开，道旁柳兰花正盛，白桦林、樟子松满山苍翠，草原上牛羊马群处处可见。7月10日晨，自霍林郭勒出发，至东乌珠穆沁旗（人口7万，面积4.7万平方公里）乌拉盖（意即远方的河流）。乌拉盖乃《狼图腾》中知青生活拍摄地。中国小额信贷最早倡导者之一杜晓山先生1967—1977年曾在此插队，此刻正在东乌旗度假考察。后自乌拉盖至西乌珠穆沁旗。西乌全旗7万人，面积2.2万平方公里。东乌与西乌皆属锡林郭勒盟。西乌产白马，皆雄骏。

（一）西乌旗农商行：法人治理、省联社转型与信用建设

7月11日上午与西乌珠穆沁农商行、邮储银行、旗扶贫办、金融办等部门领导在县政府座谈。农商行王红霞行长谈到：这两年旱灾对牧民

影响甚大,银行通过延期还款、先还后贷、利息减免等方式帮助牧民克服困难;加强了牧民信用建设,信用村评定覆盖全旗,嘎查达参与评定信用户;积极开展手机银行,各嘎查均安装了 POS 机;尝试"卡贷款",一次授信,随用随贷,但尚未全面推广。农商行法人治理结构正逐步走向完善规范,省联社开始由管理型向服务型转变,但农商行在科技创新方面仍须省联社统筹协调。目前农商行存款余额 12.8 亿元,贷款余额 12.1 亿元,央行再贷款 2 亿元。

(二)金融办:差异化监管体制与金融办职能强化

金融办乌主任(财政局副局长)介绍了西乌旗总体金融服务情况。当地有农商行、邮储、村镇银行、工行、农行、中行、建行,以及小贷公司三家。他们希望人民银行为地方法人机构加大再贷款力度,放宽条件,并且让小机构有一定定价权,有确定贷款期限的权利。牧区信贷有很大的特殊性,嘎查之间有的跨 100 至 200 公里。贷款成本高,生产周期长,冬季要抗灾保畜,与农区的生产经营特征和周期都不同,因此监管部门要考虑到牧区的特殊性,给予特殊扶持。网络金融的监管是大问题。当地曾有过非法集资,波及范围广泛,血本无归者众多。金融办只有主任一人,而且兼任财政局副局长,很多事情需要金融办的协调,因此迫切希望金融办能够独立出来,增加编制。辖区内高利贷比较严重,规模达到 1 亿多元,利率 3 分左右。各苏木都有民间借贷登记服务中心,规范合约,出现问题便于法律介入与司法救助,这些法律援助由苏木司法所承担。辖区有牧民合作社内部资金互助 2 家。中和农信公司在此地虽无机构,但进行贷款,在合规合法方面存在较大隐患,需要高度关注。

（三）邮储和村镇银行：理顺体制，加强服务

中国邮政储蓄银行锡林郭勒盟分行成立于 2008 年 3 月 26 日。分行成立以来，锡林郭勒盟邮政储蓄业务规模不断扩大，目前已拥有联网网点 28 处，遍及 13 个旗县市区，拥有 13 个一级支行，员工 130 多人，金融产品也日益丰富。网络遍布全盟，沟通城乡。其中 63% 的储蓄服务网点分布在旗县及旗县以下，成为沟通全区城乡居民个人结算的主要渠道。现开办的主要业务有：以本外币储蓄存款为主体的负债业务；以转账业务、银行卡业务、代理保险、代理基金、代收代付等多种形式的中间业务；以及小额信用贷款为主的资产业务。

多年来，锡林郭勒盟邮政储蓄充分发挥自己的网络覆盖面广、吸收公众存款多、基层网点数量大的独特优势，积极开拓为全盟经济社会发展和人民群众服务的渠道，为全盟经济发展、金融业服务水平的改善和方便人民群众生产生活做出了积极的贡献。他们明确针对小微企业等普惠金融产品开发路线，加快信贷产品的推出速度，加大对全盟经济发展的信贷支持力度；发挥点多面广的优势，为城乡居民提供优质便捷的个人结算服务，陆续开办代理保险、代理国债、代发工资、代发养老金等多种金融中间业务；与锡盟政府财政部门密切合作，紧密配合，发挥农村网点覆盖面广的优势，积极推进低保资金的代发工作。

邮储银行西乌旗支行苗行长介绍说，邮储功能在于支持"三农三牧"，但西乌旗邮储银行在乡下没有网点，发展牧民客户成本较高，目前邮储银行只有一个旗总行，贷款成本高。邮储由于没有基层网点，只能依托邮政网点代收还款，而邮政在乡村的网点多，又可以代收储蓄，而储蓄上缴人民银行，不归邮储银行，等于把邮储银行的储蓄这条腿砍掉了。邮政与邮储在基层的关系成为对立关系，而非合作关系。由此看来邮储与邮

政的体制还存在很多重大问题,需要进一步理顺。

扶贫办那主任介绍了当地有档外贫困户136户,418人,贫困嘎查2个。扶贫办针对性地实施了棚圈补贴、养羊循环扶贫、贫困牧民大学生生活补贴、健康扶贫、就业扶贫、养老保险等举措。

包商村镇银行刘亚军董事长也讲了服务牧区的情况。西乌珠穆沁包商惠丰村镇银行,地处美丽的西乌珠穆沁旗草原,于2010年10月21日正式挂牌营业,现有员工39人,设有风险管理部、审计部、营业部、办公室、三农三牧金融部、小企业金融部和财务部七个部门,是西乌旗当地除工、农、中、建四大国有商业银行以外的第五家商业银行。村镇银行始终发扬"包容乃大、商赢天下、惠泽农牧、丰盈商企"的企业文化精神,坚持"服务三农三牧、小微企业和个体工商户"的市场定位,不断健全内控管理,着力提高经营管理水平和综合竞争能力,为地方经济发展和牧区建设提供了资金保障。截至2017年6月末,存款余额1.17亿元,七年累计发放贷款8.49亿元,95%涉牧,有效支持了牧区经济建设。七年间先后获得西乌旗委政府、西乌旗工商局及锡林郭勒盟行政公署授予的旗级"文明单位"称号、"重合同、守信用"称号及"2014年度金融支持小微企业突出贡献奖"。2013年村镇银行大小额支付结算系统畅通,2014年正式启用银联借记卡,2016年开通网银业务、升级芯片卡和开发门户网站,2017年开通手机银行,金融技术水平不断提升。目前惠丰村镇银行贷款余额1.6亿元,不良贷款率3%,仅有一个营业网点。总体来说,该村镇银行的成立为当地牧区金融做出了一定的贡献,但是问题在于目前村镇银行的基层网点少,牧民服务覆盖面还不广,对当地牧区的支持力度也有待加强,整体发展潜力是很大的。

三、赤峰市：公益性小额贷款机构的机制创新与转型

7月11日上午座谈结束后考察组即由西乌珠穆沁旗，经林西县，驱车500公里到达赤峰。

7月12日赴内蒙古赤峰昭乌达妇女可持续发展协会调研。郝金莲副秘书长介绍了协会发展状况。协会2001年成立，由市妇联主管，宗旨是通过小额信贷实现妇女脱贫与发展。"相信妇女、尊重妇女、服务妇女"，十几年来累计发放小贷4.5亿元，现有贷款余额3750万元；累计4万多户、16万人口受益。协会现有贷款客户6000户，还款率保持在98%以上，风险贷款率控制在2%以下，经营自负盈亏率在110%以上。其贷款模式可以归结为：贷穷不贷富，贷女不贷男，贷短不贷长，不用抵押，小组联保，整借零还。通过中心会议，可持续利率，创收项目自选，提供免费技术培训，严格自律等提高贷款覆盖面。协会建立了有效的理事会治理机制、用人机制、薪酬机制、考评机制、财务管理制度，靠制度管理人。成功之处有五个：（一）政府支持与妇联网络优势；（二）专门机构与企业化管理；（三）扶贫与妇女发展相结合是生命力所在；（四）用好国内外组织资金；（五）训练有素的员工队伍。但是他们也面临着很多问题和挑战：（一）机构性质导致对人才吸引力不强；（二）资金规模小；（三）自负盈亏能力有限，抗风险能力不足；（四）机构发展方向尚不明朗；（五）经营模式与人员的双重身份面临尴尬。

总体而言，该机构承担了大量社会责任，在扶贫与妇女发展方面发挥了很大作用，堪称中国公益性小额信贷的典范。未来应坚守自己的特色，不要轻易商业化，同时要实现资金来源多元化。天津银行业协会、内蒙古银行业协会、内蒙古赤峰银监局、贫困地区金融服务联盟等参加考察座谈。

四、河北康保：金融扶贫的六位一体机制创新

7月12日午后乘车经林西、翁牛特旗到克什克腾旗热水镇。7月13日上午自赤峰市克什克腾旗出发，经锡林郭勒正镶白旗，到河北省康保县。之后与康保县金融办张主任进行了交谈。

（一）构建"风险补偿金+银行+保险+担保+企业+贫困户"六位一体机制

康保县高度重视金融扶贫工作，出台了康保县人民政府《关于金融扶贫的实施意见（试行）》（康政〔2016〕30号）文件，构建了"风险补偿金+商业银行+保险公司+担保公司+龙头企业+贫困户"六位一体的金融支持脱贫攻坚平台，打通了一条"银行—企业—贫困户"借贷放款的"绿色通道"。

目前康保县共有1个政府融资主体，即康保城乡发展建设投资有限公司。公司成立于2015年11月，出资人是康保县财政局，注册资本金8530万元，主要职能一个是融资，一个是项目建设。到目前，共实现融资7.3亿元，主要实施了2015年棚户区改造、易地扶贫搬迁和美丽乡村建设三大工程。

康保县整合涉农资金5000万元设立贷款担保基金，与农联社、人保财险签订了"政银企户保"合作协议，执行银行基准利率，保险公司按1.2%收取保费，主要支持扶贫龙头企业；投入财政专项扶贫资金1050万元作为风险补偿金注入农行、信用联社、村镇银行，主要支持贫困户承借小额扶贫贷款参与产业园区、中小微企业股份合作，建立稳定的利益链接机制。

2016年10月，康保县政府在供销合作社成立了金融扶贫服务中心和担保中心，由招聘和抽调的扶农办、银行、保险公司等专门人员10人组成，运行良好；乡镇设立金融扶贫工作部，村设立金融扶贫服务站，明确了各级职能，通过联席会议，加强政策引导、工作联动、信息共享，积极研究解决各种问题，统筹推进全县金融扶贫工作。

康保县重视信用体系建设。制订了《全面推进"双基"共建农村信用工程实施方案》，成立了领导小组，着重解决信用体系建设中的重点、难点和突出问题。加大宣传工作力度，在全县广泛深入地开展信用体系建设的宣传教育，营造讲求诚信的社会氛围。全面开展了户、村、乡（镇）信用评定工作，落实了对信用户、信用村、信用乡镇的金融优惠政策，年底确保全县建档农户比例达到60%以上，建档农户信用等级评定比例达到100%，实现信用农户小额信用贷款获得率100%。

（二）康保各金融机构金融扶贫的主要产品和机制

目前康保县各个金融机构在扶贫方面的情况如下：农行共有3项扶贫金融产品，分别是：①合作扶贫贷。基准利率，三年期限；②农户小额贷。在基准利率的基础上上浮30%—40%，三年期限；③合作光伏贷。近期，张家口市农行将与康保县签订"合作光伏贷"合作协议。康保县农信社共有3项扶贫金融产品，分别是：①农户扶贫贷。基准利率，三年期限；②政银企户保贷。基准利率，没有期限，视贷款企业情况具体商定；③光伏扶贫贷。基准利率，八年期限。康保县村镇银行共有2项扶贫金融产品，分别是：①转股扶贫贷。基准利率，三年期限；②农户扶贫贷。基准利率，三年期限。

金融机构扶贫贷款投放情况。按照《康保县人民政府关于金融扶贫的实施意见（试行）》文件规定，全县27258户建档立卡贫困户，全部符合金融扶贫贷款条件，全部可以申请金融扶贫贷款。到目前，累计投放扶贫贷款3527万元。3家合作银行在扶贫贷款的发放上，除年龄限制外（不超过65岁的建档立卡贫困户均可贷款），再无门槛。

（三）康保金融扶贫工作的基本经验和目前面临的问题

康保县在金融扶贫方面创造了一些好的经验与做法。一是探索建立了"小额信贷"＋"农村产权"的信贷业务。充分发挥县农村产权交易中心作用，加速推进农村土地经营权、流转权、农宅经营权、林权、基础设施等农村产权市场化运作，通过产权交易中心进行交易凭证颁发、贷款抵押登记、价值评估等业务，解决了扶贫龙头企业发展规模经营缺乏有效抵押的问题，实现了金融服务平台与农村产权交易中心的深度合作。金融扶贫服务平台，将每个贫困户5万元小额贷款指标给予扶贫龙头企业，企业依托贫困户产权做抵押获得贷款发展生产。贫困户将产权、贷款指标变股权入股到龙头企业，年获得不少于3050元的收益。二是探索开展了小额贷款保证试点工作。为了充分发挥政府财政资金撬动、放大、引导作用，在康保镇、李家地镇、土城子、忠义等乡镇积极开展小额贷款保证试点工作，政府、银行以8:2的比例承担贷款本金损失，开创了"政银"合作扶贫小额贷款新模式，有效控制和分散了金融扶贫资金风险，并使中小微企业、农户在无须提供抵押和担保的条件下，以合理的融资成本获得银行扶贫贷款，拓宽了中小微企业、贫困户扶贫资金获得渠道。三是探索创新了涉农金融产品和服务。康保县农行通过"五融"平台（融通、融资、融智、融商、融户）破解"融通"了贫困户因年龄大而不能借贷的难题，2016年为县乾信牧业、嘉康康公司等企业完成借贷2400万元，贫困户每户每年获得效益分红3000元；积极支持银丰村镇银行启动"百企百村万户支农助微"工程，为100户企业、100名村组党员干部、10000个贫困户提供了1亿元扶贫信贷资金支持，进一步增强支农支小服务水平，树立了贫困户脱贫信心，增强了企业带动贫困户脱贫能力，为精准扶贫夯实了基础。

但是金融扶贫工作也遇到不少困难。县域内扶贫龙头企业、专业合作社、种养殖大户数量较多，但综合考虑运营效益、征信情况、市场前景等因素，不能向担保公司提供足额有效的抵押物，致使各银行在投放扶贫贷款时态度比较谨慎、把控比较严格，到目前放贷较少，远未达到协议规定的1:8的比例规模。目前扶贫资金的缺口较大，资金远远不能满足脱贫攻坚的基本需求。

五、乌兰察布市：金融机构风险控制、政府信用和农信社管理体制变革

7月13日下午经化德县、商都县到达乌兰察布市。银监局田茂盛局长接待并向我们介绍了当地农村金融机构的质量问题。

（一）乌兰察布市各金融机构基本情况

7月14日上午八时半到乌兰察布集宁包商村镇银行，胡益祥行长介绍了基本情况。该银行由包商银行发起，占股51%。注册资本金8000万，2011年成立，员工105人。现有存款余额7.44亿元，贷款余额4.84亿元，主要针对当地中小企业放贷，单笔贷款最高400万。由于金融机构之间竞争日趋激烈，存款利率下降，2017年上半年比去年同期利润下降531万。当地金融中介极为活跃，小额贷款需求旺盛，而银行贷款手

续比较烦琐，营销方式落后，服务意识较弱，获客能力差，从而丧失了大量客户。

上午九时到乌兰察布银监局与各金融机构座谈，参加者包括察右后旗农村商业银行、乌兰察布农村商业银行、农发行、邮储银行乌兰察布分行、卓资蒙银村镇银行、集宁包商村镇银行等。

田茂盛局长介绍了乌兰察布市总体情况。当地有26家金融机构、贷款总额644亿元，存款总额1083亿元，不良贷款率8.9%左右，其中农信社系统不良贷款率16%。

农行有13家支行，不良贷款率10%左右。该行针对八个国家级贫困县进行金融扶贫12亿元，总贷款65亿元。当地农牧业产业基础薄弱，农业产业规模不大，农副产品加工能力滞后，使得农业贷款可发展空间狭窄。如乌兰察布种有马铃薯400万亩，但市场化、集约化、规模化、产业化经营存在不足，深加工能力薄弱，与市场不能很好对接，导致作物价格低，存在滞销，农户种植马铃薯总体亏损。牧区养羊业也存在同样问题。农行正在推广实施惠农通工程，并在农村广布电子机具，推动互联网金融，推进农村电商业务。

农发行目前贷款50亿元，存款40亿元，主要是对公存款。尚无不良贷款。现已审批扶贫贷款52亿元，发放24亿元，正在创建"政策性金融扶贫实验示范区"，通过政府平台，把贷款批发给贫困户。农发行在异地搬迁扶贫、农业基础设施建设方面也有较大投入。

邮储乌兰察布分行2008年成立，目前有11家分支机构，覆盖7个旗县。贷款总额13亿元，其中对农贷款4亿元。存款总额50亿元左右。存贷比较低。金融产品创新与市场需求之间存在较大差距。目前正依托政府担保，在一些地区进行扶贫信贷服务，在四子王旗已支持1000多个贫困户。农户抵押担保问题依旧突出。

卓资县蒙银村镇银行2011年成立，存款总额10亿元，贷款6.1亿元，区内设有很多自助网点，弥补网点不足之缺陷。人民银行再贷款8000万，用于扶贫。其注册资本金5000万（后增资到8000万），不良贷款率3%。贷款质量总体上较好。

乌兰察布农商行2014年12月改制成立，存款52亿元，贷款29亿元，不良贷款率4.9%。在各村均设有服务点。

察右前旗农商行2014年改制成立，总资产33亿元，贷款余额23亿元，存款30亿元，不良贷款率31.48%。资产质量堪忧。其中部分原因是2014年之后支持房地产项目，造成大量坏账。其市场战略定位需要进一步清晰，不能垒大户，要更多将支小支农支微作为其业务重点，严控资产质量。

察右后旗联社目前存款25.3亿元，贷款12.7亿元，股本金8000万，不良贷款率4.7%。

（二）风险控制、政府企业信用与农信社治理模式变革

银监局田局长作了总结。从总体而言，乌兰察布农村金融机构风险问题值得高度关注，其中政府信用问题和政府债务清查问题是核心。政府投资项目存在很多拖欠问题，导致银行资产质量下降。地方上过度投资问题突出，大量企业投资是为了政策套利，无长期经营之初衷，故导致很多项目效率低下。企业投入产出低，经营不规范，账户不清，资金链一旦断裂，则殃及银行贷款。因此政府信用与企业信用亟待提升。当地农信社总体资产质量较差，其根源在于行政化倾向突出，治理结构不完善，省联社行政干预严重，风险管控主体缺失，同时农村很多问题制约了贷款规模与

质量，大量存款用于同业业务。农信社的治理问题突出，省联社的定位应加以变革，尽量减少行政性干预，保障县级法人真正的独立法人地位。管理体制的变革仍旧是提升农信社质量、降低农信社风险的关键一环。

座谈后由乌兰察布集宁区经察右中旗、卓资县、武川县，到达四子王旗。后直达达尔罕茂明安联合旗，当晚与当地银行业协会及村镇银行负责人在距中蒙边境160公里处叙谈。

六、包头市达尔罕茂明安联合旗：制度创新、信用体系建设与省联社变革

（一）第一个由贷款公司转制而来的村镇银行：达茂旗包商村镇银行

7月15日上午，在达茂旗包商村镇银行召开座谈会。参加者有达茂旗联社监事长王东升、村镇银行董事长宁路、包头金融仲裁院院长兼包头银行业协会秘书长周弘，以及村镇银行信贷员。

宁路董事长介绍情况。2007年3月16日成立我国第一家贷款公司达茂包商惠农贷款公司，注册资本金300万。时任银监会副主席的唐双宁亲临达茂旗剪彩。2017年3月16日贷款公司转制为村镇银行，这是我国目前唯一一家由贷款公司成功转型升级而成立的村镇银行，注册资本1亿元。当时转制升级的标准是要求资产质量较好，监管评级2级以上。贷款公司是包商银行的全资子公司，因而转制比较顺利。转制后包商银行作为主发起行，通过吸收部分自然人股东而使股权结构多元化。目前包商股权69%。5家自然人股东占25%，员工股600万，占6%（高管上限50万）。截至2017年6月末，该行累计发放贷款6942笔，27851万元，贷款余额42525万元。较年初增加2388万元，资产规模45842万元，不良贷款1622万元，不良贷款率3.81%。累计提取拨备2628万元，拨备覆盖

率162%。座谈中与会者认为，发起行股权比例，要掌握一个合适的度。比例过低则对公司治理失去话语权，易被其他股东所控制，而比例过高则会扭曲公司治理，其他股东参与的积极性会下降。通过转制前后的对比，对转制的重大意义形成了共识。转制前资金主要靠拆借，成本高，现在资金来源更丰富，可吸储，资金成本下降；转制前只能进行贷款服务，现在金融服务手段更加多元化，可以提供支付结算、理财等各种金融服务；转制前不允许贷款公司设网点分支，将来银行可以广泛设分支机构；原来产品品种单一，创新能力差，未来可以加大创新力度，创造丰富的适合农民的贷款产品。转制后资本金扩大，对银行战略调整意义重大，最高可以贷到1000万；转制后可以得到人民银行再贷款以及扶贫贷款，政策环境更加宽松，可以享受到更多政策红利。

目前达茂旗包商村镇银行坚持小额分散原则，加大普惠金融实施力度，笔均贷款仅4万元，贷款覆盖了旗内7个乡镇1个苏木，77个行政村达到100%覆盖，在347个自然村中所有的农业村和部分牧业嘎查都有业务，惠及人口占全旗12万总人口的42%。银行坚持灵活定价原则，推动了当地金融生态建设，通过整村信用评级，优化地方信用环境。目前存在的问题是只能使用存折，银行卡尚未投入使用，网上银行、手机银行业务尚未开展，在区内金融机构竞争日趋激烈的条件下，村镇银行面临的压力很大。人才也是制约因素之一。现在共有15个信贷员，最多的一人负责1700—1800户，其工作量几乎达到饱和状态。目前村镇银行尚未做到大数据利用基础上的自动授信，仍依靠信贷员的直观判断进行贷款，牧区金融一定要插上互联网和大数据的翅膀，依托大数据分析与互联网金融，大大降低运营成本，才能有好的前景，这是大势所趋。

（二）省联社管理体制的变革势在必行，农信社要建立规范的公司治理结构

达茂旗联社监事长王东升认为，农信社与村镇银行是既竞争又合作的关系。与村镇银行相比，农信社体制比较旧，客户经理服务意识较差，竞争意识较弱，未来要更多汲取村镇银行好的经验。县联社现贷款余额11亿元，存款余额17亿元，总资产19亿元，不良贷款率3%以下，资产质量相对较好，目前正在进行农商行改制工作。座谈中大家讨论比较多的是省联社的定位、职能与合法性问题。有些同志说，对于省联社过度的行政干预，尤其是高管任职的干预，普遍存在反感情绪，认为这与公司法有抵触，要从法律层面上加以深入研究。南方有些农商行已经对省联社的行政介入与高管任命进行了抵制，这说明省联社体制必须改革，否则农信社体系难以建立真正规范的法人治理结构。座谈会上还讨论了地区级（市级）法人的可行性问题。

（三）金融仲裁机构对推进金融法治与金融生态环境建设意义重大

包头金融仲裁院周弘院长认为，金融仲裁办事效率高，程序简易，具有保密性，未来发展潜力很大。包头金融仲裁院2015年4月在民政部门登记核准，是一个独立核算、自我管理的社会组织，主要管理多种金融主体之间在金融交易、金融服务中发生的商事纠纷，对推进金融法制、金融生态环境建设，建立多元化的纠纷解决机制非常有意义。包头金融仲裁院作为全国第一家金融仲裁机构，具有重大意义，在全社会金融伦理构建方面担负重大社会责任。

座谈会后考察组驱车经固阳县、土默特右旗，下午五时到达呼和浩特市，与内蒙古银行业协会宋建基副会长、包头银监局张晓娟局长、内蒙

古银监局张正国处长进行了交流。

七、巴彦淖尔市乌拉特后旗：降低牧区金融成本，加大信用环境建设

7月16日上午八时自呼和浩特市出发，经土默特左右旗、五原县、乌拉特前旗，下午到达乌拉特后旗。乌拉特后旗近几年工业发展迅速，财政收入增长较快，全县经济发展势头很好。

7月17日上午在巴彦淖尔市乌拉特后旗政府进行牧区金融座谈。参加者包括旗政府领导，扶贫办、金融办、农信社、农行、邮储等机构负责人。

（一）金融机构要大力支持新型农牧业经营主体

农牧局达布希拉图局长介绍了总体情况。全旗草原总面积3644万亩，耕地面积18.2万亩，全旗牧业人口1.3万人，农业人口1.96万人。近年农村牧区经济增长势头很好，新型农牧业经营主体发展较好，涉及农牧的企业26家，农牧民合作社179家，家庭农牧场14个，专业种养殖大户1785户。

这些新型农牧业经营主体规模大，金融需求旺盛，对信贷依赖程度大，资金运用趋于长期化多元化，融资困境日益突显。牧民80%以上已获得贷款，主要用于满足草场建设等生产性活动以及治病、子女就学等生活性需求。随着银行信贷业务向城市集中以及贷款行为更加谨慎，银行服务盲区也越来越大，对农牧区支持的份额在下降。对农牧民提供服务的主要是农信社，邮储对农牧民贷款比例较低。随着乡镇撤并，农牧区金融网点也在不断撤并，只有农信社在乡镇有网点。农行1996年开始商业化，

2004年以后农牧民到农行贷款的比例降低。农信社主要是短期贷款，利息较高，农牧民负担较重，抵押担保手段又少，长期贷款需求得不到满足。农牧局建议要加大对新型农牧业经营的支持力度，降低贷款门槛，给予利率优惠，并根据农牧业生产经营季节性、周期性特点确定贷款期限与还款方式。要创新金融服务，采取多户联保，支持新型农牧业经营主体，加强银担合作，解决抵押物不足问题。要探索土地、草牧场经营权抵质押业务。

（二）牧区金融运行成本高，牧户分散且信用环境建设亟待增强

金融办袁忠利主任介绍了全旗金融情况。境内有中、农、工、建，邮储、信用联社、担保中心等7家金融机构。截至2017年二季度，各机构存款余额39.1亿元，新增2.6亿元；贷款余额27.1亿元，新增4.6亿元。当地尚无村镇银行。截至2017年6月底，金融支持农牧区发展的规模达到5.5亿元。牧区居民贷款成本高，居住分散，贷款需求往往难以满足；牧民缺乏可抵押资产，信用意识淡薄，逃废债行为时有发生，地区信用环境建设亟待加强。从金融机构角度来说，牧户分布分散，相邻牧户距离5-10公里，经营规模小，也影响了金融机构放贷。当地牧区土地流转主要以租赁为主，尚未形成规模化流转，影响了草场资源的优化配置。这个问题在内蒙古牧区普遍存在，影响了金融机构放贷。当地民间借贷频繁，风险较大，利率在3分月息左右。扶贫办主任王建军介绍了全旗金融扶贫情况。乌拉特后旗不是贫困县，但有国家级建档立卡贫困人口536户1189人。乌拉特后旗将人均年收入低于6000元的人口识别为旗级贫困人口，共有903户，1956人。2015年全旗启动了"金融扶贫富民工程"，政府风险补偿金作为贫困户贷款担保，银行按1:10比例贷款。2017年已发金

融扶贫贷款1100万元，政府再给予3%贴息。银行通过"2户非贫困户+1户贫困户"的形式进行3户联保，非贫困户也可享低息，鼓励非贫困户为贫困户担保。目前因病致贫比例占40%以上。扶贫工作需要加大财政支持，提供更多的基础公共服务，同时要创新金融扶贫工作机制，加大产业扶贫力度。银行要积极探索债转股形式，扶植当地产业，从而带动贫困户脱贫。

（三）农信社、农行、邮储应扬长避短，发挥比较优势

农信社张奋龙主任介绍了农信社支持农牧民的情况。联社共有12个网点，农牧区网点6个，在各苏木布设21台自助存款机（农牧区设9台），139台POS机，在嘎查设立了56个助农服务点，实现了旗域金融服务全覆盖。截至2017年6月末，存款金额16.4144亿元，贷款余额10.4942亿元，其中涉农贷款6.9291亿元，占比66.03%，不良贷款率1.5%，资产质量较好。旗联社是支持农牧民的主力军，扶持农牧户及新型农牧业经营主体3541户，共为100余户建档立卡贫困户和60余户脱贫户投放贷款500余万元。联社不断创新信贷产品，推出农牧户小额信用贷款（10万以下，一次授信3年，随用随贷）、农牧户联保贷款（3-5户联保，单户最高授信15万元）、富民卡贷款（农牧户15万元，个体工商户20万元）、农机具贷款（农机公司担保，最高15万）、"公司+基地+农户"贷款、四权抵押贷款等金融产品，下调贷款利率，切实降低客户贷款成本，积极推进助农金融服务点建设，使牧民不出村就可享受各种金融服务。目前存在的主要问题是农牧民有效抵押物不足，四权抵押尚未有效开展，同时农牧民信用意识差，风险把控难度大。

农行乌拉特后旗支行乔海燕行长介绍了农行支持农牧民的情况。目前农行有3个营业机构（两个人工网点加一个自助服务网点）。发放"惠农富民产业基金"7000万元，用于美丽乡村建设；累计投放"金融扶贫富民工程"贷款452户，金额1825万元，发放建档立卡贫困户贷款74户，金额233万元，覆盖全旗6个苏木。2016年与市财政局共同出资30亿元设立"惠农富民产业基金"，定向投资于巴彦淖尔7个旗县区、800个嘎查、17个农牧场的"十户全覆盖"工程项目。大力推进了农村网上银行、电话银行、手机银行、自助银行机具等"互联网+"的创新模式。总体来说，农行有自己的资金规模、人才、技术等方面的优势，但也有网点、客户方面的劣势，因而在支持农牧民方面必须更多依托科技创新，打通农牧民金融服务"最后一公里"，降低贷款成本。

邮储银行乌拉特后旗支行行长张秀梅介绍了邮储情况。邮储只有一家网点，存款余额1.8亿元，贷款余额1.5亿元，不良贷款率0.5%。邮储网点少，对农牧区的服务面临极大困难。该行积极搭建银政、银企、银担、银保等服务平台，与就业办、扶贫办合作，开展再就业小额担保贷款和贫困户贷款。与担保公司合作，支持具有一定规模的农牧企业及社会化服务组织。目前支农支牧力度还有待加大。

八、包头市：高新银通村镇银行通往卓越之路及其面临的问题

7月17日下午至包头市，下午五时与包头高新银通村镇银行相关负责人座谈。

（一）较高资产质量与崭新的企业形象

许永胜董事长介绍了总体情况。截至2017年6月末，该行存款余

额20.9亿元，贷款累计59亿元，其中涉农贷款占比81.4%，不良贷款率1.77%。该行2011年11月20日成立，有8个支行，1个营业部。该行由乌拉特前旗农信社发起组建，农信社占股30%。

总体来说，银通村镇银行成立六年以来是比较成功的，其资产质量保持了较高的水平，存贷款规模较高，在当地老百姓中已经树立了一定的品牌形象。我们参观了村镇银行的营业大厅，印象深刻。在考察过的村镇银行中，这家村镇银行给我们的印象是具有很强的品牌意识和形象意识，营业大厅的布置独具匠心，既展示了银行的技术创新水平、规范化管理水平，也展示了其对客户的亲和力，为客户考虑周到，给客户以宾至如归之感。各种客户体验区、便民服务区的设置比较新颖别致，令人耳目一新。作为一个由农信社发起的村镇银行，这一点难能可贵。

由农信社到村镇银行，是一个关键的跳跃。农信社在几十年的经营中，造就了自己的优秀企业文化，扎根草根阶层，踏实肯干，在农村金融体系中起着中流砥柱的作用。但是农信社的企业文化中也有一些需要去除和批判的消极面，主要是创新能力差，管理不规范，治理结构不完善，亟待建立创新文化、合规文化、治理文化。银通村镇银行在由农信社文化向规范的商业银行文化转型过程中做了很多努力。

从经营层面来说，其业务定位比较清晰，主要还是支持区域内的小微主体。其总部所在地为包头市区，小微企业比较多，未来发展的潜力还是很大的。

（二）村镇银行存在客户基础弱、社会认知度低等问题

当然，村镇银行在经营方面还面临着一些问题，如社会公众的认知度低、组织存款艰难、业务品种单一、业务受限太多、人才缺乏创新能

力、政府政策支持力度小、客户基础弱、贷款成本高等。银行的定位、战略方向方面也存在一些困扰与模糊认识。

从宏观的政策支持来看，村镇银行应更多得到政府的财政支持、税收优惠，要加大宣传力度，提升村镇银行在全社会的品牌认知度。从村镇银行自身角度来说，要找准战略定位、市场定位，要扎根草根客户，笃力支持小微，同时要创新经营营销方式，在定价机制、信用管理等方面加大创新；要加大技术开发力度，加大对人力资源的教育力度；要建立具有个性的企业文化，既要继承农信社好的文化，也要摒弃与阻断不思进取、保守、僵化的消极文化，打造自己的企业文化。村镇银行还要不断完善与规范公司治理，增强公司法人治理的有效性。总之，与其抱怨宏观环境，不如埋下头来练好内功。

九、鄂尔多斯乌审旗：生态建设、金融环境与机制创新

（一）独具特色的乌审文化和治沙绿化的牧区大寨精神

7月18日晨自包头市出发，经达拉特旗，响沙湾景区，下午二时到达鄂尔多斯市东胜区。鄂尔多斯富有生机，是一个很有魅力的城市，它与榆林接壤，唐宋时曾属榆林郡。

7月19日上午在鄂尔多斯康巴什新区参观了鄂尔多斯博物馆，百年图片展令人印象深刻，尤其是20世纪50年代末期以来"牧区大寨"乌审的照片十分难得。午后四时许到达乌审旗首府嘎鲁图镇。乌审旗北与杭锦旗和伊金霍洛旗相连，东部南部与陕西接壤，人口10万，面积11654平方公里，地处鄂尔多斯高原过渡地带和毛乌素沙地腹地（毛乌素即"坏水"）。这里是"河套人"遗址所在地，也是农耕文明与草原文明交接

地带。萨拉乌苏河（黄水）流经乌审旗80公里。乌审旗治沙绿化的历史值得研究，20世纪50年代宝日勒岱等老一辈人用"大寨精神"种树治沙，成就显著，在全国影响很大，肖亦农著《寻找毛乌素——绿色乌审启示录》对此有详细研究。在乌审旗广场中央，立着萨冈彻辰像，他是蒙古史学家、思想家、佛学家和文学家，著有《蒙古源流》，乃蒙古学研究不朽之巨著（此书入《四库全书》）。萨冈彻辰1604年生于乌审旗，1669年去世，59岁写成上述巨著。乌审旗的敖包文化、苏力德文化也极有研究价值。苏力德是一种顶端为类似"山"字形的金属三叉戟的旗杆，戟尖下是皂色鬃缨，乃"精神之旗"。在乌审旗可以说几乎家家户户门前都立有苏力德。敖包乃"神灵聚会之地"，是氏族保护神，十三敖包是最典型的形制。我们应该重视敖包的生态意义，敖包表达的是对大自然的敬畏。

（二）加大牧区生态建设和对集体经济的金融支持，严控信贷质量，进行差异性监管

7月20日上午在鄂尔多斯乌审旗包商村镇银行举行牧区金融座谈会。村镇银行、金融办、扶贫办、农牧业局的有关人员参加了座谈。

农牧业局冯子玉介绍了乌审旗的牧业情况。乌审旗是内蒙古31个牧业旗县之一。畜牧业占牧区收入的70%。草原面积1000多万亩，农田80多万亩。20世纪80年代草原面积740多万亩，1997年增至909万亩，2005年达1060万亩，历届政府在草原建设方面力度很大，将生态建设作为各项工作的重中之重，以宝日勒岱、殷玉珍为代表的几代人都为治沙做出了贡献。目前生态建设仍然需要金融机构的大力支持。现牧区有200万—300万亩荒沙，金融机构应提供低息贷款以支持牧户植树，估计治理一亩需要投入3000元，总共需要投入60亿元。同时，要进一步调整养殖业结构，优化畜种，在这方面，金融业也可以给予大力支持。

扶贫办黎霞：2016年全旗国家级贫困户311户，735人，市级贫困户1232户，3393人；2017年国家级贫困户39户，104人，市级贫困户854户，2351人。积极开展金融扶贫，信用社是主力军。2016年开始金融扶贫贷款，放贷54个嘎查，"富农贷"每户5万—8万，政府实行贴息。2017年开始与乌审旗包商村镇银行和农行合作，扶持农业合作社，政府贴息或采取风险补偿金形式，其中农行200万，包商村镇银行260万。当地贫困人群主要致贫原因是疾病。另外，自然灾害，交通、电力等基础设施差也是重要原因。

金融办郑燕：全旗有金融机构10家，截至2017年5月，存款余额76.56亿元，贷款余额122.16亿元。目前整体信贷风险较高，近期不良贷款率有所增加。农信社正在改制，2014年不良贷款率35.2%，目前将至46.7%。谈到土地流转问题，大家认为还是本村内流转较好，防止农牧民失地，也希望加大对合作社的支持力度。

包商村镇银行王淑芝介绍，该行2010年8月1日成立，注册资本3000万，员工41人，有一个总行营业部和一家支行。股权结构方面，包商占股51%，员工持股10%，其他39%由3个自然人持有，资产4亿元，欠债3.7亿元，不良贷款率4.45%。2017年3月23日与旗扶贫开发中心达成协议进行扶贫贷款，已贷105笔，942万。突出的问题是牧区地大、人少，居住分散，信贷员早上出去晚上回来，也只能调查三五户，贷款成本高；同时农牧民的信用意识较差，还需要加强教育，让他们知道这是扶贫贷款，而不是政府补助。王行长也谈到规模问题。散户规模小，单笔贷款成本高，还是要扶持合作经济、集体经济发展，这样也便于金融机构对这些有规模的主体进行扶持，只对单个农牧民贷三五万，解决不了什么问题。我认为，合作社与集体经济既解决了牧民自身的规模经济、品牌、市场谈判能力、农牧产品深加工能力提升等问题，也解决了银行信贷成本与规模问题，是一个大趋势。但其中关键问题是保障合作社的素质，村镇银行可以与当地农村经营管理站合作，请经管站筛选优质合作社，政府可以设合作社贷款担保基金，牧民合作社也可以建立互助担保基金，以联合放大信用。

高级顾问奇开福（蒙古族）认为，村镇银行支持农牧民潜力很大，近年来发展思路逐渐清晰，不良贷款率逐年下降，人力资源素质也在提升，应呼吁政府对这样的服务于边疆民族贫困地区的金融机构加大支持力度，通过财政补贴、央行再贷款等形式支持农牧区金融机构的发展。

座谈会后参观了乌审旗博物馆、大学生创新创业园，后经鄂托克旗，到达乌海市。

十、阿拉善：推进金融扶贫，化解金融机构风险

7月21日上午自乌海出发，经贺兰山，乌兰布和沙漠，到达阿拉善盟。该盟在内蒙古最西端，西、南与甘肃接壤，东南隔贺兰山与宁夏相望，北与蒙古国交界。辖阿拉善左旗、阿拉善右旗、额济纳旗三旗。巴丹吉林、腾格里、乌兰布三大沙漠横贯全境。此地干旱严重，年降雨量只有50—85毫米。额济纳的胡杨林非常有名。

（一）方大村镇银行：经营理念清晰、品牌文化实力强

下午三时至内蒙古阿拉善左旗方大村镇银行考察，内蒙古银行业协会副会长高永红、秘书长魏继海陪同，马永亮监事长、李文贵副行长参加

第十五章 | 边疆民族地区普惠金融建设和金融扶贫机制探讨

座谈。该银行2009年2月23日开业,初始注册资本1100万元,后增资至1.081亿元,由内蒙古银行相对控股20%发起。共有10家营业机构,分支机构较多,员工279人。该行的品牌战略是"方大银行、百姓银行",其发展愿景是成为"信息化、差异化、综合化、区域化"经营特色明显,核心竞争力突出,在客户、渠道、效率、管理和文化方面都处于自治区领先地位的村镇银行。其核心价值观是"诚信、责任、普惠、本土、差异、人本"。其市场定位是"立足三农、立足微小、立足旗域、辐射周边",其经营哲学是"以小搏大,以优争先,以简求快,以快制胜"。其经营品格是"他人言利,我心向善,他人添花,我重送炭"。其企业精神是"滴水穿石的创业精神,敢于担当的普惠精神,乌鸦反哺的回报精神"。总的来说,该行在企业文化方面下了很大气力,逐步树立了自己的企业形象。

截至2017年6月末,资产总额67.58亿元,其中多项贷款余额29.40亿元,负债63.93亿元,其中各项存款余额60.07亿元,贷存比例为45.36%,不良贷款率为1.24%,资产质量较高。资本充足率12.57%,核心资本充足率11.46%,高出监管规定比例(6%)5.46个百分点,抗风险能力较强。目前政府鼓励牧区居民由牧民逐渐转移到城镇定居,以利于生态恢复,效果明显。村镇银行开发了转移农牧民二次创业汽车消费贷、三美好贷款(改善居住条件的美家园贷款、促进消费升级的美好生活贷款、帮助居民创业的美好事业贷款)等创新产品,促进农牧业现代化产业化,促进农牧民生活转型。同时为解决农牧区金融服务覆盖面问题,推进"金融服务进村入社区""阳光信贷"和"富民惠农金融创新"三大工程,设置在行式自助银行区9个,离行式自助银行6个(其中农牧区自助银行5个),降低了服务成本,有效改善了农牧区金融服务。开发品牌银行卡——胡杨卡、巴丹吉林卡、神舟卡,2011年上市。网上银行、手机银行业务 2012 年运行，电话银行 2013 年运行，微信银行 2016 年运行。截至 2017 年 6 月，累计发卡 118266 张，个人电子银行 49619 户，涉农贷款占各项贷款余额 95.89%，农户贷款余额 6.12 亿元，小微企业贷款余额 27.10 亿元，占比 93.66%，小微企业申贷获得率达 99.74%。该行大力开展合规文化教育，监管评级连续三年稳定在二级。

从总体上说，这家村镇银行是一家存贷款规模较大、资产质量较高、对农牧区信贷支持力度较大、经营理念清晰且具有一定品牌文化实力的地区性中心银行。当前遇到的问题是不能跨旗经营，目前其营业范围仅限于阿拉善左旗，在邻近的右旗与额济纳旗不能开展业务。实际上，在阿拉善这样的农牧区面积广大、人口稀少、金融机构网点少且竞争极不充分的地区，适当允许村镇银行和具备较高资产实力和较强竞争实力的农村商业银行跨旗县经营，开设分支网点，甚至进行兼并、收购等资本运作，对于扩大金融服务覆盖面、改善区域内金融市场结构、促进域内金融机构良性竞争升级转型、填补牧区金融服务空白、促进农牧业发展，都具有极为重要的意义。这个方面，银监会和多地银监局应适度改变大一统的体制，针对牧区情况对某些限制性监管条款加以变革、调整。

会后参观了阿拉善博物馆、奇石博物馆，阿拉善历史文化积淀丰厚，民族遗产丰富多彩，十分值得研究。尤其是汉代居延地区屯垦戍边，留下大量遗迹。晚上参加阿拉善啤酒文化节，感受此地的激情与活力。晚餐时与阿拉善农商银行董事长杨福本、阿拉善银监局副局长赵玉章、阿拉善金融办副主任李祝新等进行了交流。

（二）推进金融扶贫，支持农牧业产业化

7 月 22 日上午在阿拉善农商行举行座谈会，银监局、扶贫办、农牧

局、农行、方大村镇银行、阿左旗黄河村镇银行、邮储银行等机构参加。

扶贫办主任黄朝宏：阿拉善盟共有贫困户2757户，5866人，其中3800人在阿拉善左旗。阿左、阿右旗是自治区级贫困县。农牧民致贫的主要原因是病残，丧失劳动能力。当地牧区已开始全面禁牧，牧民散养牲畜情况已大为减少，大部分牧民开始集中到城镇居住，此举大大有利于阿拉善的生态恢复。2013年开始启动"金融扶贫富民工程"，"富农贷"授信9477户，授信额48665.9万元，累计投放144913.2万元，其中累计为建档立卡贫困人口发放富农贷款16158.9万元，占总投放额的11.4%，覆盖全盟30个乡镇，185个嘎查，覆盖率分别为100%、93.4%。2017年上半年，富农贷当年新增授信1281户，7125.5万元。当年累计投放"富农贷"30977.8万元。此项工程是扶贫办与农业银行合作，政府建立"扶贫担保补偿基金"，总额8600万，金融机构按放大十倍贷出。各旗也有部分担保基金。贷款主要用于为贫困户购买牲畜，并与龙头企业合作，为贫困户托养牲畜，这种模式可为贫困户降低风险。2013年年底，中国扶贫基金会、自治区扶贫办以及阿盟扶贫办、阿左旗扶贫办签署协议，注册成立中和农信项目管理有限公司阿左旗农户自立服务社，截至2017年6月底，已覆盖12个苏木116个嘎查，累计为1507户客户发放小额贷款6017.5万元，其中农牧户1376户，城镇居民131户。

阿盟实施金融扶贫富民工程贴息政策，贴息对象为扶贫龙头企业、收纳全村三分之一以上贫困户的农牧民、合作社和建档立卡贫困户。富民贷贴息率为5%、强农贷贴息率3%。贫困户最高可享受5万元贴息贷款，农牧民合作社可享受300万元贴息贷款，扶贫龙头企业可享受1000万元贴息贷款。贴息资金从各贫困旗县风险补偿金中安排。采取3+1、4+1的形式，优先对自愿联合贫困户的农牧民授信，以强带弱，以富带穷。打造旅游专业村，推出支持无生产能力的贫困户的"帮扶贷"，实行两免一直（免担保、免抵押、直通车）。对无法缴纳养老保险的农户，推出"农民养老贷"；对进城购房的农牧民推出"农民安家贷"；对种养殖大户、农村经纪人、个体工商户，推出"农村生产经营贷款"。目前存在的突出问题是银行多头授信，农牧民多头贷款，以贷还贷、以贷养贷的情况比较普遍，风险隐患很大。农牧民的信用意识也有待提高。

阿拉善农牧局马光锐科长：农牧局与金融机构合作，实施"菜篮子项目"，支持农牧民种菜养畜，建立风险补偿金，农商行按1:4放大，农行按1:6放大，对农牧民贷款，目前已放贷1900万。重点扶持农牧民合作社，邮储某银行给予大力支持，推行"政银保"合作模式。建立专项基金，与蒙绒公司合作，扶持当地羊绒产业。目前牧区人口正在大量减少，禁牧政策全面实施，牧民不再游牧，而是逐步实现集中居住，集中养畜。高度重视扶持牧业、农业的产业化，将产业扶贫作为扶贫工作的核心。目前阿拉善共有57家龙头企业，涉及种植业、高端畜牧业、沙产业、精品林果业、乡村旅游业五大产业。苁蓉、沙葱、锁阳等沙生植物有较高药用价值，但是必须产业化。农牧区还大力扶持新型经营主体，目前阿拉善有农民合作社102家，家庭农牧场485家。

（三）实施差异化监管，避免重复授信，加大金融服务覆盖面

银监分局副局长赵玉章：阿拉善现有5家农村中小金融机构，包括阿拉善农村商业银行、阿右旗农村信用联社、额济纳旗农村信用联社、阿左旗方大村镇银行、阿左旗黄河村镇银行，共有46家分支机构，从业人员729人。截至2017年6月，全盟农村中小金融机构资产总额241.20亿元，负债总额224.81亿元，所有者权益16.40亿元。各项存款金额

206.33亿元，各项贷款余额125.74亿元，不良贷款7亿元，占比5.57%。涉农贷款107.91亿元，占各项贷款的85.84%，农户贷款28.66亿元，占各项贷款的22.80%。主要是小额信用贷款与联保贷款，利率平均为7.89%，较去年同期下降0.34%，降低了农牧民贷款成本。深入牧区开展金融教育，提高农牧民对助农终端（云POS）、网银、手机银行以及金融消费者权益保护和防范电信诈骗等知识的普及。支持小微企业，截至2017年6月末，全盟农村中小金融机构小微企业贷款余额95.33亿元，较年初增加10.88亿元，增长12.88%。引导金融机构加大对农牧民扶贫、下岗再就业、大学生创业、棚户区改造的支持力度，分别贷款1642万、20399万、414万、6068万元。目前农村中小金融机构存在的突出问题是：第一，由于当地中小金融机构面临越来越严重的企业欠息欠贷问题，因此很大一部分资金存放同业，截至2017年6月末，全盟中小金融机构存放同业77.93亿元，占资产总额的32.31%。阿盟以工业为主，农牧业占比5%，农牧民人数在24万总人口中仅占5万左右。近年来大部分资源性行业资金链紧张，经营不善，导致中小金融机构不良贷款规模较高，2017年6月末，不良贷款余额7亿元，占比5.57%。第二，风险集中度高，垒大户现象严重。2017年6月末，千万元以上贷款达到196户，占全部贷款的48.19%，隐患较大。第三，金融覆盖不足，有11个苏木设有物理网点，当地农牧民人口少，居住分散，金融机构经营成本高，将来设物理网点是不合算的，经济相对较好的地方，应广设电子机具，推广自助银行。第四，农牧户过度授信问题突出，成为重要风险源。第五，农牧业产业化程度低，导致银行找不到好企业可以贷款，而较小的农牧业企业又得不到资金支持。第六，农牧民有效抵押品不足问题仍然突出，土地抵押在实践中可操作性差。有两个政策建议：第一，建议村镇银行覆盖空白旗县。2016年全国、全区农村中小金融监管工作会议上均提到，因地制宜推进村镇银行县城全覆盖工作，在经济欠发达地区实行"一行多县"，在经济发达地区实行"一县多行"政策。额济纳旗和阿右旗只有一家农信社，而辖内村镇银行有意愿在这两个旗设立分支机构，希望得到国家相关政策支持。第二，建议国家进一步支持中小金融机构化解风险，保持金融稳定。额济纳旗农信联社不良贷款达50%，是否可能有第二次票据置换，剥离不良资产。

农行阿拉善分行副行长马永岳：农行共有网点11个，巴彦浩特镇7个，吉兰泰1个，额旗、右旗、乌斯太各1个。各项存款余额77.35亿元，贷款余额59.19亿元，2009年推出惠农卡支持农户，一次授信，循环使用，随借随还，累计发放14113张。结合地方农牧民转产和转移搬迁，围绕沙产业、畜牧草产业和旅游业，重点支持有一定产业优势的种养殖大户、专业大户等。2016年以来农户贷款累计发放86245亿元，农户小额贷款累计80129万元，农村个人生产经营贷款累计6116万元，专业大户和家庭农场贷款累计10943万元。与政府合作搞金融扶贫富民工程，以"富农贷"和"强农贷"为抓手，扶持一批具有地方特色的农牧户和中小企业，助力农牧民脱贫致富。该工程覆盖全盟29个乡镇，153个嘎查，覆盖率达96.67%、77.27%。农行深入开展精准扶贫，建档立卡贫困户授信1624户（全盟建档立卡贫困户2757户，5866人），授信率59%。以产业基金形式，支持农牧区基础设施建设，成功落地10亿元"兴边富农"基金项目。设立惠农通服务店277个，覆盖全盟51个嘎查，覆盖率达到25%。布放"万村千乡"机具90台。为3000户农牧民开通网上银行业务。每年电子交易量十几亿元，非常可观。但是在经营中也面临着很多问题，如牧区管理半径极大，三旗之间距离500公里左右，交通不便，信息闭塞，牧户居住分散，成本极高；农牧民过度授信情况严重，风险大；中小企业发展不乐观，2016年左右中小企业普遍亏损甚至倒闭，累积了风险；政府扶持的农牧业产业带有主观性，可能带来不良结果，比如政府推广沙葱产业，但效果不佳。应启用央行征信系统，同时各行之间要互通信息，减少过度授信、重复授信、多头授信，银行的多头授信助长了农牧民的盲目投资冲动。农行要利用自己的科技优势，更多布放电子机具，推广手机银行、网上银行业务，克服其物理网点不足的缺陷。

农商行副行长万治友：阿拉善农商行2011年成立，截至2017年6月末，存款总额98亿元，贷款总额64亿元。控股额旗、阿右旗两家联社，在宁夏设立了4家村镇银行。根据阿盟提出的"农业收缩、农村整合、农民集中"和"牧业适度发展、牧区合理布局、牧民兴业护边"的总体要求，推动农牧业经济结构调整优化，转变农牧业发展方式，促进农牧业优势产业发展。阿拉善承担全自治区54%的禁牧业务，以支持生态建设，同时承担20%的生态移民任务。国务院自2011年起建立草原生态保护补助奖励制度，用于全面禁牧，草畜平衡。截至2017年6月末，全盟共有13个苏木、114个农牧业嘎查（其中牧业嘎查101个）、4.5万户农牧民（其中70%已经移民搬迁）享受补贴，人数33256人，补贴金达29595亿元，公益林补贴人数8000户，年度补贴金额达1亿元。农商行牧业贷款主要用于住房、农牧业加工，以信用贷款和联保方式进行放贷。每个基层网点配备两名信贷员，大部分苏木都有网点，走村入户，家家上门。并利用草原补贴政策放大杠杆比例，满足牧民进城后的购房等需求。支持牧民由散养向现代化牧业合作社、专业化新型牧业养殖发展，引入"政银保"、"政银担"机制，支持牧业联盟。加大助农电子终端布设，在牧区商店、卫生所等处广布助农终端云POS机等自助设备，开发"移动缴费宝"。截至 2017 年 6 月末，涉农贷款余额 539608.38 万元，较年初增长 17.82%；农户贷款 62752.58 万元，较年初增长 64%；牧业贷款 22707.52 万元，较年初增长 170.67%，户均 17.74 万元。目前的主要问题是：第一，全覆盖难以实现，十家农牧区网点地广人稀，进一步改善金融服务难度很大；第二，过度授信，每户有两到三家银行授信；第三，农牧民退牧后再创业问题难度大，希望政府进行支持；第四，信用环境建设的力度不够，应大力推动；第五，农牧业产业化问题需要给予重视。

阿左旗黄河村镇银行副行长刘志勇：该行成立于 2011 年 1 月，现有 5 个网点，2016 年监管评级为 3A 级。银行以"立足地方、支农支牧、支持小微"为己任，截至 2017 年 6 月末，资产总额达 286771 万元，负债总额 273264 万元，所有者权益 13507 万元，资本金 2000 万元，累计实现净利润 11507 万元。各项存款 25.5 亿元，各项贷款 17.7 亿元，涉农贷款 14.99 亿元，占比 84.66%。不良贷款率 0.54%，资产质量较高。资产充足率 10.53%，拨备覆盖率 469.8%。目前存在的主要问题是：一是受规模和实力的影响，科技支撑力量薄弱，农商行、农信社大多使用省联社系统，选择余地小，业务品种单一；村镇银行则使用发起行系统，一些新的业务难以开展，开发能力较弱。二是品牌形象弱，需要大力提升。三是呼吁政府监管政策差异化，避免一刀切。四是多头放贷，风险大。这些问题都是带有普遍性的。

邮储银行兰荣华部长：2016 年邮储银行设立三农事业部，加大对三农三牧的支持力度，与当地农牧业局、扶贫办签署了合作协议，力求加大对农牧业产业化、特色产业的扶持。但目前邮储银行介入产业发展难度较大，选择具有一定产业发展水平的农牧企业困难较多。

十一、银川：掌政农村资金物流调剂中心的创新与出路

7月22日下午五时由阿拉善来到宁夏银川掌政镇，考察掌政农村资金物流调剂中心。该中心2008年正式运营，为当地农村发展与扶贫做出了重要贡献。公司注册资本金3800万元，由服务区域内一百多名农民股东及知名民营企业家投资设立。该公司以"亲农帮农、惠民致富、互信互利、稳健经营"为服务宗旨，建立了以农民资金互助为基础、以社会民间资本为主导、以市场化运作机制为保障、以扶贫性金融为手段，将农民信用合作、商业性小额贷款、农资物流调剂三者密切结合的三位一体的商业化金融反贫困机制。目前共有掌政镇、金贵镇、望远镇、李俊镇、通贵乡、闽宁镇、灵武市七个网点。开发了农金贷、小芳贷（妇女创业）、商助贷等产品，扶持当地种养殖业、大学生返乡创业、妇女创业等。掌政中心充分利用血缘、地缘、人缘关系，利用乡土社会的信任机制，创造了独特的接地气的信贷模式；利用软信息降低风险，目前不良贷款率不足2%。我与王东宾博士2012年出版《金融减贫——中国农村微型金融发展的掌政模式》一书，全面总结了掌政中心的创新。目前存在的主要问题是资金来源问题，资金来源单一，业务受资金规模约束大。如果能升级转型为银行，则会增强其资金实力。同时未来可考虑有效对接有资质有实力的互联网金融机构，拓展其资金来源。金融机构委托贷款、政府委托贷款也可缓解部分资金压力，但多年来这一方面进展甚微。要进一步优化股东结构，引进更有资金实力的股东，同时坚持自己的经营理念，不要抄袭模仿大银行做法，不要垒大户。要坚持"植根乡土，关怀民生，日新其德，中道笃行"的企业宗旨，专注小微，专注乡土，找到自己的准确定位不要动摇。

7月23日中午,与掌政中心马小芳总经理讨论公司定位与发展问题。提议进一步加大员工持股力度,改善股权结构,做好农民信用合作,争取政府和监管部门的支持。在电子商务领域也可做一些探索,真正做到"三位一体"机制。

23日晚上回到北京。

十二、总结:边疆民族地区金融发展成就巨大,任重道远

(一)边疆民族地区发展意义重大

我国是一个幅员极其辽阔的国家,如果你到中国的新疆、内蒙古、西藏等地去看一看,就会赞叹祖国领土的宽广与美丽,一种自豪感便油然而生。二十多年来,我几乎走遍了祖国的边疆地区(包括新、蒙、藏、黑、滇、桂等地),去过的很多村庄就在边境线上。边疆地区一般也是少数民族聚居的地区,那里民族分布比较复杂,民族文化呈现极大的丰富性、多样性、融合性,因此边疆地区的民族问题解决得好不好,对我国民族和谐和国家稳定至关重要。同时,由于地域、文化、自然条件、历史发展等方面的原因,我国边疆地区的民族经济大多也处于比较不发达的状态,贫困发生率一般比较高,脱贫攻坚的任务比较繁重,老百姓的生活水平亟待提高,因此边疆地区的反贫困对整个中国的反贫困意义重大。很多边疆地区同时又是生态脆弱区,在新疆、内蒙古、西藏、云南、广西等大面积地区,高原植被和森林很容易被破坏,沙漠化、石漠化、森林退化等问题比较严重,一旦生态遭到破坏,就很不容易恢复,而且对整个中国版图上的生态都会产生严重的影响,因此保护生态对于边疆民族地区的生活和生产至关重要。所以,边疆地区和民族地区、贫困地区、生态脆弱区这三个

名词是高度重合的。由此看来，边疆地区的经济社会发展，就有着特殊的带有战略性的意义。

（二）边疆民族地区发展势头迅猛，金融支持兴边富民力度加大

中华人民共和国成立以来，政府高度重视边疆民族地区的发展，东北、西北、西南边疆地区的工农业在1949—1979年获得了空前的发展，基础设施建设和民生建设突飞猛进，当时执行的区域均衡发展战略起到了重要作用。民族地区和谐稳定，民族区域自治政策得到广泛实施，民族矛盾得到空前化解，民族融合、融洽达到前所未有的程度。可以说，中华人民共和国成立后的前三十年奠定了边疆民族地区经济社会发展的坚实基础。改革开放以来，"富民兴边"行动的效果明显，边疆民族地区经济社会得到进一步发展，扶贫攻坚计划更是着力解决边疆民族地区的贫困问题，使边疆民族地区的贫困人群大为减少。十八大以来，我国脱贫攻坚到了决胜时期，边疆民族地区的发展受到高度重视，在这个时期，边疆民族地区的基础设施建设取得很大成就，生态建设进步明显，少数民族人口的民生问题得到重大改善。

近年来，金融支持兴边富民的力度不断加大。我国金融服务的真空地带和短板地带大多在边疆民族贫困地区，随着边疆民族地区的金融服务覆盖面加大，金融机构空白乡镇数量大幅减少，老百姓获得的信贷支持和各种金融服务大幅提升，信贷可及性提高显著。一些金融机构（农信社和农行等）在边疆民族地区加大信贷支持力度，在极为艰苦的条件下开展对边疆少数民族群众的金融服务。在这样艰苦的地区，金融机构维系成本很高，风险很大，但这些金融服务对于民族地区经济社会发展却作用巨大。我去过西藏考察，整个西藏地区是没有农信社机构的，农行承担了绝大部分的金融服务,在西藏高原开展业务,其难度是可想而知的。近年来,银监会鼓励各金融机构通过发起村镇银行的方式,到边疆民族地区进行金融服务;我在内蒙古、新疆等地区都考察过这种村镇银行,他们由内地的金融机构发起,在边疆地区开展金融业务,通过跨超高区域的资本整合和文化融合,促进了边疆民族地区经济社会的发展。当然,从总体来说,边疆民族地区的金融服务距离群众的需求和区域发展的需求还是有一定差距的,有些边疆民族乡镇没有金融机构,很多农牧民还没有获得金融支持,同时金融机构运行质量差异很大,有些金融机构的不良贷款率已经严重超过警戒线,区域金融安全受到一定威胁,这些问题都要引起决策者的高度注意。

(三)边疆民族地区开展金融业务的困难和挑战

在边疆民族地区开展金融服务,面临着很大的困难。总结起来,这些困难和挑战包括:

第一,边疆民族地区的地域广大,在新、藏、蒙等地的广大地域,人口稀少,每家每户居住分散且相距遥远(在内蒙古阿拉善和呼伦贝尔等草原牧区,各个苏木的距离有时达上百公里,这两个地区的地域面积都是二十六七万平方公里,西藏那曲的地域面积达36万多平方公里),客观上造成客户到金融机构的距离远,成本高,金融机构服务客户的成本也高,贷前和贷中审查耗费的人力物力大。

第二,边疆民族地区特有的地域地貌特征(比如草原、沙漠、山地),造成金融机构所搜集到的客户信息往往出现不完备的情况,信息扭曲和失真的概率更高,甄别信息和更新信息的成本也更高。

第三,边疆民族地区的文化多样性比较明显,各地民俗、文化、生活形态、生产方式差别很大，导致金融服务的需求多样性也非常明显，与内地有很大区别。这就给金融机构的产品设计提出了更高的要求。

第四，边疆民族地区经济社会发展一般而言较为滞后，因此在接受现代金融服务的过程中往往存在认识方面的偏差，老百姓对现代金融机构的了解比较欠缺，对金融机构的运行、定价、服务等知之甚少，客观上加大了金融服务的困难。这就需要金融机构花较大的气力进行金融教育和金融宣传，使边疆地区群众更好地理解和接受金融服务，从而解决边疆民族地区金融服务需求不足的问题。

第五，边疆民族地区的自然条件差，造成金融机构设置和维系服务网点的成本高。

第六，边疆民族地区虽然民风淳朴，但信用体系建设往往存在滞后现象，没有完备的征信体系，加上少数民族群众对金融信用的理解不深，客观上加大了金融机构信用管理的成本，对资产质量的提升构成了一定的挑战。

第七，边疆民族地区一般而言教育比较滞后，导致金融人才奇缺，这极大地影响了其管理质量、运行质量，金融创新和风险处置的能力较差，一些现代金融技术的运用受到很大限制。可以说，这些问题都影响了金融机构在边疆民族地区的生存质量，进而影响到金融机构对边疆民族地区的金融服务水平。

（四）边疆民族地区金融机构如何应对挑战完善金融服务

对所有在边疆民族地区开展业务的金融机构来说，必须以创新和务实的精神面对这些挑战和困难。在金融产品设计、金融流程设计等方面，要更多地考虑边疆民族地区的文化特点、生产生活特点等，有针对性地进行开发和设计,确保产品和流程设计能够适应当地的文化形态;应该深入研究边疆民族地区的产业特征和居民生产特征,瞄准具有民族特色的、有较大潜力的产业进行重点扶持,做到支持边疆民族地区产业发展和保障金融机构可持续两者的统一;应该通过技术创新,通过设置电子机具和开展基于互联网的金融服务,尽量减少设置物理网点的成本,降低金融机构的运行成本,在加大金融服务覆盖面的同时,不增加金融机构的设置成本;应该通过更为人性化的方式,通过少数民族群众喜闻乐见的方式开展金融教育、金融业务营销,使少数民族群众能够亲近金融机构,而不是远离或对其敬而远之,往往一杯喷香的奶茶、一句民族问候语、营业网点的富于民族特色的装饰,都可能拉近少数民族群众与金融机构的距离;要大力培养当地少数民族金融人才,在金融机构内部进行有针对性的培训,尤其要培养具有当地民族语言能力的少数民族金融人才,使其更好地发挥作用。

对于农行这样的全国性商业银行而言,由于其纵向一体化的决策方式,在解决边疆民族地区的金融服务方面,就要特别注意给予这些地区分支机构更多的自主权,而不要在产品、服务、流程等方面搞一刀切,搞大一统。要注意各个边疆民族地区的地方特色和特殊点,给地方分行以更多的因地制宜进行创新的权利和空间,注重差异化和多元化,激发边疆民族地区分支机构的积极性和主动性,这一点对于农行这样的大型银行尤为重要。我在很多边疆民族地区进行过调研,地方分行对总行的最大诉求就是希望能够获得更多的自主空间,不要用全国统一的,尤其是适用于内地的政策来对待边疆民族地区。

对于农信社这样的历史悠久的支农金融机构而言,应进一步加大金融创新力度,变革农信社管理体制,提升人力资本水平,改善管理质量,增强合规文化。

对于村镇银行而言，要加大品牌建设力度，提高社会认知度，并扩大金融服务覆盖面，加强网点建设和金融创新，努力提高对农牧区的服务水平。

（五）从中央、地方政府、银行、监管、产业发展、乡村治理等多角度加大牧区金融建设力度

从中央角度，应加大对边疆地区、贫困地区、民族地区、生态脆弱地区的财政倾斜与转移支付力度。

从地方政府角度，边疆民族牧区地方政府应通过财政、税收、政策扶持等方式，加大机制创新力度，与银行、担保、保险、龙头企业以及其他主体共同打造激励机制，促进金融扶贫，化解金融风险。

从各类银行角度，边疆民族地区的银行类机构应通过金融创新，力推电子化、普惠化，立足小微，严控风险，避免垒大户与重复授信，提高资产质量。

从监管角度，要帮助边疆民族牧区金融机构化解风险，实行监管差异化，更多考虑牧区整体情况，允许村镇银行等跨县开设分支机构，鼓励跨区发展。高度关注高风险机构，加大破产兼并收购等政策实施力度，促进资本整合。

从产业发展角度，要支持牧业特色产业发展，帮助其实现产业化，加大生态恢复力度，使牧区产业可持续发展。

从乡村治理角度，要加强乡村伦理文化建设，倡导诚信，同时发展集体经济，鼓励农牧民互助合作，为金融生态建设与农村经营机制创新奠定基础。

(六）新技术和新思维在边疆民族地区金融服务方面意义重大

新技术和新思维在边疆民族地区金融服务方面的作用是极其突出的。本次考察过程中，我深深感到，在这样地域广阔的边疆民族牧区开展金融服务，如果没有技术创新的支持，其成本将会非常高，因此在这些地方，基于互联网技术和移动通信技术的金融科技创新的重要性，其实反而比内地更高。阿拉善总面积近30万平方公里，我们考察的农行阿拉善分行，共有11个网点，其中巴彦浩特镇（阿左旗首府所在地）7个，吉兰泰1个，额济纳旗、阿右旗、乌斯太各1个，在辽阔的额济纳和阿右旗的分支机构显然距离需求有很大差距。农行阿拉善分行借助现代金融技术，大力布设电子机具和非物理金融服务点，极大地降低了运行成本，提高了经营效率，方便了群众。该行每年的电子交易量达到十几亿元，非常可观。我们考察过的农行巴彦淖尔乌拉特后旗支行，在支持边疆牧民方面也更多地通过科技创新开展业务，以弥补物理网点的不足，他们大力推进农村网上银行、电话银行、手机银行、自助银行机具等"互联网+"的创新模式，依托科技创新，打通边疆牧民金融服务"最后一公里"，大大降低了贷款和金融服务成本，而且获得了大量的客户。村镇银行、农信社和邮储银行也在不断加大互联网金融创新的力度。从这些例子可以看出，在广大的边疆民族地区，互联网技术和移动通信技术可以在一定程度上弥补物理网点的不足，突破自然条件限制和地域限制，为边疆民族牧区的金融发展提供了一条捷径。边疆民族地区的金融一定要插上互联网和大数据的翅膀，利用技术创新开展更有效的产品设计和金融服务，才能适应边疆民族地区的特殊金融环境。在这方面，政府应给予一定的财政支持，帮助边疆民族地区金融机构更新技术设备、布设电子机具、开展技术培训，降低金融机构的运行成本，提升其总体科技水平。

后 记

本书收录我自2016年年底至2017年10月之间发表的论文和演讲共15篇。开篇《论新十大关系》的起因是2016年12月8日在北京大学经济学院研究生课程"金融发展理论"上的期末总结讲话，后扩展成一篇近三万字的报告，发表于潘维教授主持的北京大学中国和世界研究中心的刊物《观察与交流》上。《论新十大关系》所讨论的问题，几乎涵盖目前中国所面对的所有重大核心问题，也是中国面对的最棘手和最具挑战性的问题。《论新十大关系》的理论基础是"系统动态平衡发展理论"，这个理论强调的是系统的、动态的平衡论。在最近几年间，我一直在考虑用一种什么样的理论来概括一种新的发展论，以对我国几十年以来的发展论进行理论上的发展并对其中的若干偏向进行一定的矫正。因此在本书出版之前，我借写序言的机会，把这个理论完整地表述出来了。

这几年我一直关注边疆民族地区的经济发展和金融发展问题，与鄂温克包商村镇银行的接触,对于我而言,是打开了一面窗子,使我透过这面窗子,看到边疆民族地区的一些新景象、新问题。在鄂温克包商村镇银行董事长郭建荣先生的推动和倡议下,2016年12月4日北京大学经济学院与鄂温克包商村镇银行签署了战略合作协议,并举行了牧区村镇银行发展研讨会。内蒙古银行业协会宋建基副会长、山东省城商行联盟董事长史跃峰先生、中国社科院农发所孙同全教授、北京工商大学张正平教授等莅会演讲。2016年12月24日,我参加了鄂温克包商村镇银行北大经院科研实践基地的揭牌仪式,并参加了鄂温克包商村镇银行组织的冬季五千米长跑,还和史跃峰先生,潘川和栗技科艺术家伉俪等朋友在鄂温克牧区幼儿园开展了慰问活动,感受到该行蓬勃向上、团结友爱的员工文化。2017年年初,我与郭建荣董事长共同商议成立索伦书院,以此作为鄂温克包商村镇银行企业文化创新的一个载体。2017年1月21日,我撰写了《索伦书院记》,并书写了"索伦书院"匾额。2月22日,我与李倩副行长在北京大学见面,共同商讨索伦书院运行细节以及共同推动边疆民族地区普惠金融建设事宜。2017年7月7日,我再次来到鄂温克,参加鄂温克包商村镇银行"索伦书院"揭牌仪式和员工文化节,揭开了"内蒙古牧区普惠金融考察万里行"的序幕。

2017年暑期(7月7日—23日)的"内蒙古牧区普惠金融考察万里行"活动是由贫困地区金融服务联盟与北京大学产业与文化研究所共同发起的,鄂温克包商村镇银行郭建荣董事长、余姚农村商业银行沈红波董事长对整个活动给予了大力支持,罗明杰先生、赵海明先生、陈朝华先生、王东宾博士等考察团一行自呼伦贝尔鄂温克出发,贯穿内蒙古全境,走访了锡林郭勒盟、赤峰市、乌兰察布市、包头市、巴彦淖尔市、鄂尔多斯市、阿拉善盟,沿途并考察了河北康保县和宁夏回族自治区银川市掌

后记

政镇，前后17天，行程11000里。考察期间，与内蒙古自治区银行业协会、地方银监部门、人民银行地方分支机构，地方扶贫办、金融办、农牧业局及农行、农信社（农商行）、村镇银行、邮储银行等各类金融机构进行了广泛的座谈和考察，衷心感谢各地的领导和朋友对万里行考察活动的支持与襄助。

近两年我继续针对乡村建设和扶贫问题开展了大量调研。2016年12月10日，我参加了由李昌平院长组织的中国乡村建设研讨会，农业部农村经济研究中心研究员蒋中一先生、中国人民大学温铁军教授、中国社科院农发所张晓山教授、中央党校徐祥临教授等参加了研讨。调研和研讨使我对内置金融问题有了更深的理解，本书收录了我的即席讲话。2017年5月19日—21日，在李昌平院长的支持下，在孟斯和禹明善先生的陪同下，我和王东宾博士、呼倩、王琼慧到河南信阳郝堂村，实地考察村庄内置金融与乡村建设问题，收获颇丰。2016年12月31日到内蒙古巴彦淖尔市乌拉特后旗参加"一带一路——乌拉特骆驼文化与发展战略学术研讨会"，并被授予荣誉市民称号。感谢北京语言大学张虞溪先生等同人的组织工作，感谢乌拉特后旗巴图书记、贾培新旗长、萨仁格日勒副旗长，乌拉特后旗金融办袁忠利先生等的热情接待，使我对乌拉特的文化、历史和经济状况有了初步的了解。时隔半年，2017年7月16日—17日，我再次与"内蒙古牧区金融服务考察万里行"团队一起重访乌拉特后旗，与贾培新旗长等再次座谈交流。2017年1月13日—15日，我与王东宾博士赴山西平遥、大宁、吉县考察，与大宁县赵晨伟县长的交流使我受益颇多。3月13日—14日，我赴广东河源市考察，并为基层大学生挂职干部讲授扶贫问题。6月23日—25日，我与王东宾博士，燕京学堂徐杨同学、刘若曦同学，清华大学王天雨博士等赴余姚考察河姆渡农业文化遗产以及临海现代农业示范区。8月7日，我再次考察赤峰，并在赤峰银监局为全市金融机构做了一次演讲，本书收录了这篇讲话。8月9日—17日，我与王东宾博士访问张家口，考察赤城县、张北县、尚义县、宣化县、怀来县的金融机构和金融监管部门，其间与燕京学堂马莹祎同学和钟京同学考察了全球重要农业文化遗产宣化春光乡观后村的古葡萄园。此次张家口调研，得到张家口金融办刘河主任、杨峻副主任、董贵副主任等老朋友的大力支持与帮助。8月25日至9月8日，在中国农业银行战略规划部周万阜先生、田学思先生、陆先界先生的支持下，我和中国农业银行战略规划部丘永萍博士、兰永海博士赴福建、浙江两省，考察农村集体经济发展与金融服务问题，沿途考察了浙江杭州、桐庐、义乌、永康、临海、台州路桥区、瑞安，福建闽侯、福州、武夷山、沙县、上杭、连城、长汀、南靖等县市，与当地农业局、林业局、金融办、农行、农信社、农民专业合作社、村委会和村级股份经济合作社负责人等进行了广泛的座谈和交流，各地农村集体经济发展的新经验和新模式层出不穷，令人兴奋。浙江的考察得到农行浙江分行朱子龙先生、陈湘文先生的全程陪同，福建的考察得到农行福建分行吴梓超先生的全程陪同，一起走过浙闽的山山水水，谨致衷心的感谢。

这一年我和我的团队继续对国有企业改革和文化产业等进行了系列的研究和实地调研。北大国企改革研究团队的双周研讨会气氛热烈，团队成员之间相互探讨，师生从游，同窗切磋，研究进展极快。对国有企业和文化产业的考察也很密集。2017年2月9日—11日，我与王天雨博士、王东宾博士赴河南开封考察文化产业，宋都文化集团谢东伟等陪同。2017年3月3日—5日，我与王东宾博士和冯璐博士赴苏州考察，葛健先生、陆文清先生陪同。3月6日—7日，我与王东宾博士、杨北京博士到廊坊发展集团和大城县考察国企与文化产业，廊坊发展集团王大为先生、王东坡先生，大城县委侯贵松书记等对考察给予大力支持与协助。3月25日—26日，我带领国企改革研究团队考察北京亦庄开发区，颜敏博士做了大量组织工作，我们在亦庄与开发区领导共同召开了国企改革讨论会，王东宾、徐余江、冯璐、杨敏、轩兴堃、王哲、呼倩等参加。4月22日—23日，在蔡国喜校友的协助下，我们在天津考察国有企业改革，调研了城投集团及其下属企业，王东宾、徐余江、轩兴堃、王子宇、颜敏、杨北京团队成员等参加。调研期间与恩师金树良老师，南开大学宣朝庆教授、周呈奇教授、冯杨教授等亲切交流。8月18日，在中企研的组织下，与中央财经大学胡翠副教授等考察北新建材。9月15日—16日，在海口应中国电信海南分公司之邀进行学术考察，并在海口讲述中国宏观经济发展。2016—2017年间，国企研究团队在各学术期刊上发表了近二十篇文章，获得了较大的社会影响。2017年7月，我应《财经》杂志之邀撰写了关于国企混合所有制改革的封面文章。衷心感谢团队每一个成员付出的辛勤劳动，与这些青年才俊的学术交流成果丰硕，令人难忘。另外，2017年4月和8月，我两次接受《企业文化》杂志刘若凝社长和林锋先生专访，谈中国金融文化的历史与现状、中国企业家精神的历史传承和创新问题。专访稿蒙林锋先生整理发表于《企业文化》杂志。本书收录了这两篇专访，谨向若凝和林锋两位老朋友表示衷心感谢。

作为一个学者，能够生活在这样一个富于创造、充满生机的年代是非常幸运的。中国正在发生巨大的变化，中国在世界的位置也正在发生巨大的变化。而一个学者的使命，就是在这巨变的时代贡献自己的才智，通过对本土经济现象的深入观察与思考，创造属于中国自己的理论，为中国和中国人更为美好的未来而努力。2017年2月16日，我曾与著名学者、北京大学燕京学堂袁明院长有一次极为愉快的长谈。谈话结束后,袁明老师给我发来一篇她近期的演讲并附短信:"一起做在中国大地上讲好中国故事的大文章。"袁明教授的话,既是一种期许,也是一种鞭策。"讲好中国故事",做好这篇大文章,任重道远,但责无旁贷。

丁酉仲秋,正值国庆,住故乡莱州之大基山中,云高气爽,山静月清,草成此跋,心内大畅。

2017 年 10 月 4 日